［三訂版］
グローバリゼーション・スタディーズ
―国際学の視座―

奥田孝晴 ［編著］

山脇千賀子／藤巻光浩／椎野信雄
海津ゆりえ／井上由佳／今津文美 ［著］

創成社

序　章
PREFACE

　グローバリゼーション・スタディーズとは,いったい何を対象とした学問なのだろうか。実は,この本の著者たちの間でも,この点に関しての一致した意見はないと思う。でも,だからといって読者にはがっかりして欲しくない。むしろ,「それはなにやら面白そうだ」と少なからず興奮して欲しい。そうしたパイオニア精神が,まさにグローバリゼーションをこの世にもたらしたのだから。

　この本は,読者の皆さんとグローバリゼーション・スタディーズを作っていくためのきっかけとなることを目的としている。世界で起こっていることに興味はあるけれども,あまりにも巨大で漠然とした興味のため,どのようにアプローチしていけばよいのかわからないという初学者にとって絶好の入門書になって欲しいし,専門的な知識をすでにもっている人たちにもグローバルな視点を獲得して自分の世界観を相対化するための一助となって欲しい。そうした,さまざまな背景をもった人たちでこれから作り上げていくのが,グローバリゼーション・スタディーズだといってよいだろう。

　21世紀に生きる私たちの世界は,相互依存的な出来事にますます満ち溢れてきている。世界のどこか小さな村で発生した病気が,人類全体の存続の危機をもたらすかもしれない,というようなニュースを聞いても,私たちはたいして不思議とも感じないような生活をしている。つまり,私たち1人ひとりの意思とはかかわりなしに,地球上の存在は互いに影響を及ぼさずにはいられないことを,人類は自覚しつつあるといえよう。

　すべてのことがグローバルに展開してしまうことは,一方で私たちの世界を拡大しているようにみえるが,他方で世界を一元化・均質化することによって

縮小しているようにもみえる。グローバリゼーションによって世界の異なる言語や文化をもつ人々とコミュニケーションできるようになることは，世界に平和をもたらす素晴らしいことだという楽観論を主張する人々がいる。しかし，一方で世界の人々が共通言語を獲得することは世界観の多様性を縮減して，画一的な文化を地球レベルに拡げることになり，逆にコミュニケーションの醍醐味が失われてしまうことになるのではないかという悲観論も存在する。

　こうした矛盾するようなグローバリゼーションがもたらしている複雑な事態について，私が勤務している大学（文教大学国際学部）に入学してきたばかりの学生たちに講義すると，ここ数年で少なくない学生たちから以下のような趣旨の質問が出てくるのに気が付いた。「それで先生は，グローバリゼーションが良いことだと思っているのですか？　悪いことだと思っているのですか？　先生の立場を明確にしてください。そうでないと，この授業の意味が良くわかりません」というような質問だ。「最初から善悪が明らかな相手とでないと付き合えない」といわれているような気になる。

　こうした質問が出てくるようになった背景には，近年のグローバリゼーションに伴うスピード至上主義的価値観や目的合理的価値観の普及があるように思われる。現代社会に生きる私たちには，効率よく自分の目先の目標を達成するのに役立つことばかり求める「癖」が付いているのではないだろうか。世の中には，そんな宣伝コピーが氾濫している。「短期間に効率よく資格取得できます！」，「海外旅行ですぐに役立つ英会話！」などなど。これは，現代日本だけの特徴なのではなく，世界のいたるところでみられる「グローバルな考え方」になった。そのこと自体が，21世紀的状況だと言えるかもしれない。

　この本で私たちは，一旦，上述したような楽観論と悲観論を対等に扱うことを目指している。どちらとも，じっくりと付き合ってみたいのだ。どちらだけに価値があるというような二者択一的発想から自由になりたいのだ。二元論的世界観がもつ暴力性への気付きも目指したい。あらかじめ誰かが決めた枠組みのなかで選択することだけが知的営みなのではないはずだ。本書を通じて，自由な空気のなかで自由な発想を生み出すための土壌づくりを行いたいと

私たちは考えている。

　どうだろう？　読者の皆さん，私たちと一緒にグローバリゼーション・スタディーズ探検の旅に出ようという気になってきましたか？　では，未知の海への船出ながらも，さしあたっての海図であるこの本の構成を紹介しよう。

　本書は「第Ⅰ部：グローバリゼーションへの史的アプローチ」と「第Ⅱ部：グローバリゼーションの『現場』とその問題点」からなる二部構成になっている。

　第Ⅰ部では，国際学とは何か（定義あるいは問題意識）を考えるとともに，グローバリゼーションと呼ばれる事象の見方，取り組みを扱っている。特に歴史を振り返ることによって，現在の私たちの生き方を支えている価値観・考え方，システムや制度などが，どのような過程を経て作られてきたのかを確認することを大きな目標としている。その歴史的過程へのアプローチとしては，現在の私たちが直面しているグローバリゼーションの起源として，1492年の「諸事件」に注目することからはじめてみたい。

　第Ⅱ部では，第Ⅰ部を基盤として，現在の私たちがかかわりをもつグローバリゼーションのさまざまな側面に独自のスポットライトをあてるかたちで，現代社会の重要な特徴をあぶりだそうと考えている。第Ⅰ部では，過去を理解することによって時間的な流れのなかで現在の私たちの置かれた状況を明らかにしようとしているのに対し，第Ⅱ部では，現代社会のグローバリゼーションとかかわるテーマ群を「テーブル」の上にまずは乗せてみて，いわば空間的・同時的な広がりのなかで私たちが向かい合っている状況への理解を深めようとする構成となっている。

　私たちとしては，まずは第Ⅰ部を読んでもらうことを前提とした構成にしているのだが，第Ⅱ部のなかで特に興味をひかれるテーマに関する章から読みはじめてもらってもよいかもしれない。グローバリゼーション・スタディーズを作り上げることに参加するのに，むやみに縛りをかけたくはない。

　ただし，グローバリゼーション・スタディーズを作り上げることは，そのプロセスに参加する人たちの考え方だけを寄せ集めることで完成するわけではな

い。グローバル社会でどのように生きるのか，という生き方の寄せ集めをすることでもある。別の言い方をしてみよう。グローバリゼーション・スタディーズは，あなたが世界の人たちとどのようにつながるのかを行動で示すことによってしか，完成されないものかもしれない。

　だからこそ，まずは，この本での探検をはじめてみよう。

2012年3月

山脇千賀子

本書の使い方
NOTES FOR USAGE

　本書は，第Ⅰ部と第Ⅱ部に分かれています。そして各章において，「グローバリゼーション」という運動をみる視点を提示しています。しかし，「グローバリゼーション」とは，1つに括って説明するには，あまりに多様なものです。「序章」で示した通り，第Ⅰ部は，歴史的なアプローチを採用しています。そこでは，「強いられたグローバリゼーション」について書いたものを集めています。しかし，一方的に「強いられたもの」も存在するのですが，そこには必ずといっていいほど，抵抗があります。その抵抗を加味した内容になっている章もあります。第Ⅱ部では，さまざまな現場からみた比較的新しい「グローバリゼーション」について書いたものを集めました。しかし，新しい形態が必ずしも，万能ではありません。したがって，第Ⅱ部に「答え」を求める「読み」は，皆さんを「誤った」方向に導くことになるでしょう。便宜的に二部に分けましたが，「グローバリゼーション」は多様なものであるということを理解してほしいと思います。

　本書では，各章を深く勉強・研究するための工夫がなされています。

1.【キーワード】
　各章の冒頭に，章の理解に不可欠な言葉をリスト・アップしました。このリストに載った言葉は，章のなかで定義付けがされていたり，詳しく説明がされているものです。これらの言葉を理解できるようになれば，本書を卒業することができるでしょう。その後は，もっと専門的な本を読むことができるようになるでしょう。

2．【ディスカッションのために】

　新しい時代のグローバリゼーションのなかでは，人々の連帯が不可欠です。連帯のためには，相手の顔をみて話し合いをしなくてはなりません。各章を読み終わったあとで，お互いに意見を交し合って欲しいのです。しかし，いきなり意見を交換するのは難しいでしょう。各章の終わりに，意見交換（＝ディスカッション）のためにアジェンダ（課題）を用意しました。積極的に活用してください。

3．【リーディング】

　各章の終わりに，その章をさらに深く知るために必要な図書リストを設けました。基本文献でありながら，あまり難解でないものを選びました。

4．【トピックス】

　各章の内容に関連のあるものを，必要に応じて，各章の終わりに付けました。その章の内容を，さらに発展させることを目的としています。

5．【参照⇒第○章セクション番号およびトピックス】

　各章のなかで，相互に関連のあるものは，この参照のマークを記し，どの章のどのセクションを参照すればよいのかを示しました。時には，【トピックス】を参照することもあります。

6．文章のスタイルが，内容によって変わります。抽象的なテーマを扱う際は，親しみやすくするために，インタビュー・スタイルになっています。また，講演の内容を書き起こしたものは，臨場感を伝えるため，そのまま話し言葉のスタイルになっています。それから，章によっては内容を考慮して柔らかい文体になっている章もあります。文章のスタイルが内容と連動しているので，そういう側面もお楽しみください。

目次
CONTENTS

序　章（山脇千賀子）iii

本書の使い方　vii

第Ⅰ部　グローバリゼーションへの史的アプローチ

第1章　国際学入門：
**　　　　視座と立ち位置，そして「知」の挑戦（奥田孝晴）————3**
- １　はじめに：ガウダマ・ブッダの言葉から …………………………3
- ２　視点・見方の落とし穴，理不尽な世界の仕組みへの気付き ………5
- ３　「自分とのかかわり」を大切に ………………………………………7
- ４　国際学がこころざすもの：
  　「あなた」と「私」から「われわれ」の関係へ ……………………8
- ５　"IMAGINE" の重要さ ………………………………………………10
- ６　おわりに：「知」の挑戦をはじめよう ……………………………12

第2章　新大陸の「発見」と「征服」：
**　　　　グローバル化と植民地主義のはじまり（山脇千賀子）————15**
- １　はじめに …………………………………………………………15
- ２　「発見」の意味 …………………………………………………16
- ３　「征服」の2つの意味 …………………………………………20
- ４　「征服」への抵抗 ………………………………………………25
- ５　おわりに：他者とのコミュニケーション ……………………26

第3章 もう1つの1492年：
ことばが単なる「道具」になった年（藤巻光浩）――30
- 1 はじめに ……………………………………………………30
- 2 もう1つの1492年 ……………………………………………31
- 3 「声の文化」と雑種化 ………………………………………34
- 4 おわりに：ことばの身体性とは ……………………………38
  - ［トピックス①］ 英語帝国主義（藤巻光浩） 43

第4章 近代日本と植民地主義：
『脱亜論』の近代日本とアジア（奥田孝晴）――45
- 1 はじめに ……………………………………………………45
- 2 「日帝36年」 …………………………………………………47
- 3 強制連行とヒバクシャ ………………………………………49
- 4 北緯38度線と戦後日本 ………………………………………53
- 5 『脱亜論』から「五族協和・王道楽土」へ …………………56
- 6 おわりに ……………………………………………………58

第5章 近代と世界経済システム：
ヒト，モノ，カネの移動が生み出す「環太平洋の世紀」（奥田孝晴）――62
- 1 はじめに ……………………………………………………62
- 2 グローバル化時代の背景：植民地化と垂直分業システム …65
- 3 「グローバル経済」の新局面：自由貿易と水平的分業システムの時代へ ……………………………………………………67
- 4 「雁行的経済発展」がもたらしたもの ………………………69
- 5 おわりに：大日本主義から小日本主義へ，そしてアジア太平洋市民へ ……………………………………………………71

第6章 グローバリゼーションとジェンダリズム：
世界の地球化と男女性別の自然概念化（椎野信雄）――75

1. 世界の自然概念化を学び捨てる ……………………………75
2. グローバリゼーション：世界の地球化 ………………………75
3. 中世の封建制から絶対君主制国家へ ………………………81
4. 世界の地球化におけるヨーロッパ主権国家（宗主国）の成立 ……83
5. （中央集権的）主権国家の国民国家化（市民革命の時代）………85
6. 「国民」の男女性別化 …………………………………………86
7. 近代社会の性別の自然概念化：近代家族の装置 ……………89

第7章 近代市民社会の登場とその現代的意義：
ブルジョア市民社会からシティズン市民社会へ
（椎野信雄）――93

1. 市民革命 ………………………………………………………93
2. 市民革命のための「啓蒙思想」………………………………95
3. 資本主義社会の成立 …………………………………………97
4. ブルジョア市民社会の時代 …………………………………98
5. 産業資本主義の発展 …………………………………………99
6. 国家システムと経済システムの関係 ………………………100
7. 「市民」概念について …………………………………………101
8. シティズンシップ論 …………………………………………102
9. 市民権としてのシティズンシップと市民実践としてのシティズンシップ
   …………………………………………………………………104
10. 「新しい市民社会論」の流れ …………………………………105

第8章 グローバリゼーションと観光：
歴史的意義と現代的意味（海津ゆりえ）――107

1. エクアドルの空港で …………………………………………107

②　旅する動物 …………………………………………………… 108
　③　大衆観光時代と旅する権利 ………………………………… 114
　④　リアリティからの乖離 ……………………………………… 118
　⑤　グローバリゼーションと国際観光 ………………………… 120
　　［トピックス②］　オキナワからみる世界と日本，そして私たち・・・
　　　　　　　　　　（奥田孝晴）　123

　　　第Ⅱ部　グローバリゼーションの「現場」とその問題点

第9章　異文化理解の光と影：
　　　　博物館からみえるもの（井上由佳）──────135
　　①　はじめに ……………………………………………………… 135
　　②　博物館とは？：その定義と設立の歴史 …………………… 137
　　③　博物館と異文化理解 ………………………………………… 140
　　④　英国における日本展示を考える：日本発見展を事例に … 142
　　⑤　おわりに：異文化理解に向けて …………………………… 146
　　　［トピックス③］　モスレムからの視点（クレイシ・ハールーン）　152

第10章　環境とツーリズム（海津ゆりえ）──────159
　　①　はじめに：「観光客は迷惑な存在」 ………………………… 159
　　②　環境問題とは何か …………………………………………… 160
　　③　ライフスタイルとしての「エコ」と環境 ………………… 162
　　④　環境・経済・社会：三つ巴か補完か ……………………… 172
　　⑤　おわりに ……………………………………………………… 174

第11章　「食」とグローバリゼーション（山脇千賀子）──176
　　①　はじめに：日本の食事情は特殊か ………………………… 176
　　②　近代国民国家体制と「食」：アイデンティティを求めて …178

- 3 ハイブリッド化する食文化：新大陸と旧大陸の交流 ……………………180
- 4 食のグローバル化と環境差別：
   国境を越えた企業活動がもたらしているもの ……………………183
- 5 フェア・トレードとスローフード運動：
   反グローバリゼーションの文脈 ……………………185
- 6 おわりに ……………………187

第12章　音楽のグローバリゼーション：
多文化・クレオール主義と国際コミュニケーション
（藤巻光浩，山脇千賀子）――――――――190

- 1 はじめに ……………………190
- 2 音楽の日常化／日常の音楽化：複製時代の音楽 ……………………190
- 3 ワールドミュージックをめぐって：文化の商品化と多文化主義 ……195
- 4 おわりに：響き合う音楽 ……………………202

第13章　多国籍・多文化の子どものいる教室から：
日本における国際教育の現状と課題
（今津文美，山脇千賀子）――――――――207

- 1 はじめに ……………………207
- 2 日本の学校で外国籍の子どもが経験すること：みえない同化圧力 …208
- 3 日本の学校における「国際化」の課題：現場と政策のあいだで ……210
- 4 多国籍・多文化の子どものいる教室での取り組み (1) 一般教室 ……213
- 5 多国籍・多文化の子どものいる教室での取り組み (2) 日本語・国際教室
   ……………………214
- 6 地球市民教育をすすめるカリキュラム：学校をこえて／学校から …215
- 7 おわりに：私たち自身の教育として ……………………218

第14章 「核」と市民社会：
「原子力帝国」の脅威と向き合う（奥田孝晴） ────221
- ①はじめに：今，「放射能と電気」のことを考える ……………221
- ②「冥王の火」………………………………………………………224
- ③「赤ん坊は満足に生まれた」：ヒロシマ・ナガサキへの道 …225
- ④高速増殖炉「もんじゅ」からみる核社会の未来 ………………229
- ⑤青森県六ヶ所村 ……………………………………………………231
- ⑥グローバル化する原発ビジネス …………………………………234
- ⑦核社会の行方 ………………………………………………………236
- ⑧「暗闇の思想」から ………………………………………………238
- ⑨おわりに ……………………………………………………………241

第15章 市民社会とグローカリゼーション（椎野信雄）────247
- ①はじめに ……………………………………………………………247
- ②「幸せの経済学」…………………………………………………249
- ③グローバリゼーションとは何か …………………………………251
- ④ローカリゼーションとは何か ……………………………………258
- ⑤グローカリゼーションと市民 ……………………………………264

第16章 共同的自助と国際協力：
「私たち」と「彼ら」の望ましい関係性を求めて
（奥田孝晴）────270
- ①はじめに ……………………………………………………………270
- ②「開発」，「協力」，「援助」のウサンクササ …………………273
- ③「協同的自助」の精神：非公式教育の現場から ………………276
- ④マイクロクレジット：「共同的自助による自立」の試み ……279
- ⑤「一つの橋の思想」から …………………………………………282
- ⑥おわりに ……………………………………………………………284

第17章　地球市民のコミュニティ・デザイン
　　　　（海津ゆりえ，井上由佳）――――――288
　1 グローバリゼーションのなかでコミュニティを捉える ……………288
　2 コミュニティとその変容 ……………………………………………289
　3 実践ワークショップ「コミュニティ・デザイン」………………291
　4 コミュニティ・デザインの事例 ……………………………………298
　5 グローバリゼーション下における地球市民のコミュニティ・デザイン
　　　………………………………………………………………………300

終　章　「大切なもの」がみえるものとなるように（奥田孝晴）――302

索　引　307

第Ⅰ部

グローバリゼーションへの史的アプローチ

第 1 章
国際学入門：
視座と立ち位置，そして「知」の挑戦

> 【キーワード】
> つながり・かかわり・交わりの学，視点の相対化，理不尽な世界への気付き，グローバリゼーションと「私」のかかわり，共犯関係，実践の知，「自・他の関係」から「われわれの関係」へ，想像する力

1 はじめに：ガウダマ・ブッダの言葉から

　「国際学とはいったい何を学ぶ学問なのか」という問いに答えるのは，実はそれほど簡単なことではない。長い歴史をもち，体系化された内容を備えたほかの既成学問——たとえば物理学とか経済学とか——に比べて，国際学はまだ"未成熟"であるばかりでなく，多くの人たちにとってこの言葉が与えるイメージもかなり異なっており，一言で「こういうものだ」と断じることには，なおためらいがあるからだ。ただ序章でも触れられているように，この本はグローバリゼーションと呼ばれる今の世の中で急速に進んでいる現象，あるいは問題について関心をもってもらうことを直接の目的としており，国際学もまた，このことと密接なかかわりをもっていることだけは確かだろう。「国際学はまだ未成熟である」と書いたが，それは必ずしも悪いことではなく，むしろ 21 世紀という時代がそうした学域の登場を必要としていることの裏返しにほかならない。また，この学が充分に若々しいものであるがゆえに，誰もが課題をもち寄って口をはさむことができ，その解決に向かって自分の知力・体力を使うこともできるだろう。そして，多くの人たちがここにかかわることによって，国際学の内容は豊潤となり，ますます広く，深く体系化が図られていくことも期待

できる。いうなれば，国際学とは既成の学問とはいささか趣を異にした，ある種の参加・行動型の「知の運動」ということができるかもしれない。

　70億人の人々が暮らしを営み，また数多くの命が現われ去り行く地球という惑星は，宇宙からみれば1つの閉じた球体空間であり，1つの「かたまり」である。地球をあらわす英語であるGlobeという言葉は，もとは1つの「束」を意味しており，国境や人種や民族の違いにかかわりなく，ヒトやモノやカネやブンカが"壁"を乗り越えて行き交う，つまりは1つの「かたまり」のなかで営まれる活動（それは必ずしも人間だけではない。動植物，昆虫，あるいはウイルスや気候の変動だってそうである）が際立って活発になってきたのが，現代世界の大きな特徴だろう。すなわち，私たちが暮らしを営む「世界」という時空間を1つの「かたまり」として捉え，理解することが今はとても大切になっている，ということだ。

　国際学の課題を考え世界のありようを理解するために，ヒントを与えてくれる言葉がある。今から2500年以上も前にインドで仏教をひらいたガウダマ・シッダールタ（ブッダ）が語ったとされる，「あれ在りに縁りてこれあり」という言葉である。ブッダによれば，生きとし生けるものはすべて何がしかの関係性（これを因縁という）をもってつながっており，すべての事象は相互に依存して存在いる。たとえば，「西」という方角は「東」という方角があってはじめて成り立つし，その逆もまた真である。同様に，「あなた」という存在はほかの「誰か」がいて初めて「あなた」たり得る，というわけだ。相互に依存しているなかでのつながり・かかわり・交わりが森羅万象を貫いているという世界のイメージは，今の私たちにとっては，そう理解するのに難しいものではないだろう。たとえば，あなたが「99円ショップ」で買う小物は，たぶん外国で作られており，あなたはそれを買うことを通じて，直接は目にとまることはないものの，作った人，運んだ人たちと関係し，つながることになる。また，おそらくそれらの品々は，かの地に進出した日本の企業が現地の人々を雇って作られたものに相違なく，日本からのカネ（一部はあなたが銀行に預けたお金であるかもしれない）を通じても，私たちは彼らと関係し，つながる。科学技術の発

展や交通通信手段の飛躍的な進歩をふまえて，よく「地球は昔に比べて狭くなった」との比喩が使われるが，相互のかかわりの濃密さという点からみれば，確かにブッダの時代に比べて，私たちの住む地球は格段に狭くなっているのだろう。したがって，この世のつながり・かかわり・交わりの度合いもまた，いっそう深いものとなっている，というわけだ。

2 視点・見方の落とし穴，理不尽な世界の仕組みへの気付き

　世界にはさまざまな国家があり民族がいる。それぞれがもっている文化もまた多種多様にあるということは，誰もが知っていることだろう。しかし，そうした"常識"とはうらはらに，私たちはこれまで「〜国民」，「〜人」として受けてきた教育，あるいは慣習や文化のあり方からくるさまざまな制約に取り込まれて，自国中心的というか，自己中心的な価値観やものの見方からなかなか自由になることができない。また，そうした落とし穴にはまっていること自体にあまり気付いていない。たとえば，地球が閉じた球体の空間であることは地球儀をみれば明らかで，地理的な「世界の中心」が地球の表面上にはどこにもないことは容易にわかるのだが，多くの人々がとらわれている世界の見方とは平面的な地図，それも日本を中心にした地図上に基づいた理解に留まっている。そこでは日本を軸として右（東）にアメリカ大陸が，左（西）にユーラシア大陸が描かれており，多くの日本人はこの位置関係を不動のものとして受け入れてしまっている（興味深いことに，「自己中心的な地図」の描かれようは東西を問わず変わらないようで，イギリスでは自国を中心にして日本は遥か東の端（それゆえに極東＝Far East というわけだ）に描かれており，また南半球のオーストラリアには自国を中心にして南北さかさまに，つまり日本が遥か下方に位置している世界地図がある）。

　「世界の見方」がこうした硬直した"常識"にとらわれてしまうと，しばしば事態を見誤ることもある。たとえば，米ソ冷戦時代にはアメリカ合衆国と（旧）ソ連はそれぞれ数万発の核ミサイルをもち，相手の主要都市に照準を合わせてにらみ合っていた訳だが，いささか不謹慎ながら，私が「『いざ核戦争』という時，それらの多くはどの方角に飛んで行くのでしょうか」という質問を

ぶつけると，多くの学生諸君は「アメリカからは西へ，(旧)ソ連からは東へ向かって飛んでいきます」（「上！」と叫ぶのは，この際，まあご愛嬌だとしておこう…）と応え，正解である「北」という答えはなかなかあがってこない。北極点を中心にみた時，アメリカと(旧)ソ連が北極海をはさんで実は隣りの国であり，したがって最短距離を飛ぶはずの核ミサイルの圧倒的多くが北へ向かっていくだろうことは地球儀的目線からすると一目瞭然なのだが，「メルカトル図法的世界像」（しかも日本列島がその中心に座している）を知らず知らずに刷り込まれてしまっている頑迷な頭脳には，この事実がなかなか思いつかない。

　これはほんの一例だが，平面的で自己中心的な視点にとらわれて物事を見据えている限りは，立体的・多面的な世界のありようはなかなか見通せない。「もし，そちらの立場からみたらどうだろうか」，「もし相手の立場にたった時，この問題をどう考えるだろうか」…すなわち認識の中心軸を少しずらしてみる，あるいは入れ替えて考えてみると，世界の有り様はずいぶん違ってくるだろう。少し難しい言い方かもしれないが，自分が属していると考えている国家（近代社会の産物としての国民国家）や民族，あるいは国境にとらわれずに物事を見，考えること，すなわちこの世界にはさまざまな見方，多様な価値観があり，今の視点を絶対視せずに，「視点を相対的させる」という作業が国際学の探求には必要であるように思われる。それは，「正解」あるいは「事実」さえもが必ずしも1つではなく，世界のありようもまた見方によっては異なっている，ということを理解する第一歩であると同時に，普段はあまり意識しない問題や，今日の世界の仕組みが生み出しているものの，ともすれば見落としがちな不条理，理不尽さに気付くための知恵ともなるだろう。

　たとえば，皆は太平洋にあるツバル諸島が水没の危機に瀕している，あるいは南アジアの貧困国バングラデシュの海岸線が年々後退して，多くの島が沈みつつあることを知っているだろうか。いうまでもなく，それらは近年の地球温暖化の直接的な被害といえるものなのだが，その原因となるCO_2の排出に対しては，当のツバルやバングラデシュの人々はほとんど責任を感じる必要がないほど微々たる量しか出していない。むしろ，その責任の多くは温室効果ガス

を大量に吐き出している諸大国こそが負うべきものに違いない[1]。他国が出したCO₂であるにもかかわらず，直接のかかわりをもっていない自分たちの土地が沈んでゆくという運命を受け入れなければならないというこの理不尽さは，もしあなたたちがツバルの島民だったら，バングラデシュの海岸線に住む人だったら，と想像してみることで容易に察しがつくだろう。このことからも，わかってもらうことができるのではないだろうか。グローバリゼーション，あるいは「国際化」という現象は，実はけっして輝かしいもの，積極的なものではなく，この世は幾多の不条理に取り囲まれており，しかもそれは私たちの日々の暮らしとけっして無関係のものではない，ということを。

③「自分とのかかわり」を大切に

ほかの章でも触れられているように，私たちが日々の暮らしを営んでいる地球という「宇宙船」は，けっして平等に席が割り振られている乗り物ではない。たとえば，先進諸国では多くの人が栄養過多からくる肥満，成人病に悩んでいる一方で，第三世界（発展途上諸国）では十分に食べ物が得られず，栄養失調に苦しむ人が数多くいる。また戦争，離散，差別，搾取など，やるせない現実が次から次へと押し寄せる【参照⇒第16章①：いわゆる「タイタニック号的な世界」のあり方】。グローバリゼーションとは，そうした矛盾だらけの世界が身近に迫ってくる現象，あるいはそうした不条理さをより直接的に突き付けられる現象であるともいえる。

そうした時代にあって，私たちにはいったい何ができるのか，あるいは逆に何をしてはいけないのだろうか。もちろん，世界のありように対する理解をより深め，問題の所在を明らかにするために情報を集めたり，本を読んだりするという意味での勉強は必要だろう。だが，果たしてそれだけでいいのだろうか，という疑問は残る。世界のさまざまな問題に私たちの暮らしがそれらと何らかのかかわりをもっているとするならば，私たちは自身の今の暮らしのあり方を問い直し，より善いものへと変えていく努力が必要なのではないだろうか。

たとえば，1960年代後半～70年代初頭のベトナム戦争の時代，日本各地の

米軍基地からはアメリカ軍の爆撃機がベトナムに飛び立ち，大量の爆弾や枯葉剤を人々の頭上に降り注いでいた。そうした事実からすれば，「平和国家」との建前とは裏腹に，日本は日米安保体制（最近ではもう一歩進んで，「日米同盟」といわれている）に基づく協力の名のもとに，あの戦争に加担していたとさえいえなくもない。そして，日本はベトナム戦争と時を同じくして高度経済成長を遂げ，日本人は経済的な恩恵を受けていた。そうした観点からすれば，私たちの暮らしもまた，あの非人道的で大義のない戦争の上に成り立っていたということがいえるのではないだろうか。さらにいえば，その構図は21世紀に入って起きたアフガニスタンやイラクでの戦争の際にも，基本的には何ら変わっていないのではなかったろうか。

　前節のCO_2排出に絡んだ構図でも明らかなように，こうした「かかわり」のもとで私たちが知らず知らずのうちに加害者的な立場に立ってしまう（あるいは立たされてしまう）ことを，しばしば「共犯関係」というのだが，グローバリゼーション＝地球の「一束化」がますます進む今日にあっては，そうした共犯関係に陥ってしまっていないかを絶えず確かめてゆく作業が，私たちには非常に大切になってくる。要するにこういうことである。「世界を考える」とは「自分と世界の関係を考える」ことにほかならず，それはまた「世界の中にいる自分のあり方・立ち位置を考えること」でもあり，ひいては「自分のあり方」そのものを考えるということにつながる。国際学では「自分とのかかわり」の大切さがしばしば問われる。それは，かかわり・つながり・交わりの学としての国際学が単なる机上の知識以上に意味をもつものであることを物語っており，「行動のための叡智」（実践の知）を目指すという意味合いをももっている，ということではないだろうか。

4 国際学がこころざすもの：「あなた」と「私」から「われわれ」の関係へ

　そうした実践の知は，私がいま教壇に立っている大学（文教大学国際学部）では，すでにいくつかの種として学生諸君の間に播かれ，芽吹いているように思われる。

たとえば，海外研修で訪れるバングラデシュの非公式学校（発展途上諸国では貧困のために正規の学校に行けない子どもたちが数多くいる。そうした子どもたちを対象にして，非政府機関［NGO］を中心にした学校現場がある。【参照⇒第16章③：「共同的自助」の精神】）ではトタン屋根の粗末な校舎で授業が行われており，それに胸を痛めた学生諸君が，日本で募金活動を行って集めた5千ドルを投じ，コンクリートでできた1フロアの教室建設に貢献した事例がある（文教大学ダッカ・キャンパス？－現地の新聞は，確かそう報じていた）。また，韓国や中国で起きた「反日運動」を契機にして，その原因の1つである東アジア諸国の「歴史認識の相違」問題を正面から取り上げ，キャンパスの留学生や学外市民たちと日本・中国・韓国の歴史教科書を読み比べ，議論し，遂には「東アジア市民による東アジア市民のための東アジア近現代史」を皆で書き切り，通史を出版するという離れ業を演じた学生たちもいる。そして，その本を英語に翻訳し，海外の人々にも読んでもらおうと取り組んでいる学生たちもそれに続いている。キャンパス敷地に広がる雑木林に踏み込み，自らで間伐と林道を整備し，「憩いの森」を整備しようと取り組む学生たち，あるいは環境・エネルギー問題の啓蒙活動のために，「自らの手による分権的なエネルギー作り」を合言葉にして，Green Bond（緑の債券）と称する寄付証書を発行するというアイデアで資金を募り，太陽光発電装置をキャンパスに作り上げてしまった学生たちもいる。そして，東日本大震災が起きた直後から義援金を集め，また被災現地に出向いて作業を手伝うなどのボランティア活動に努力している学生たちもいる。それぞれが「世界と自分とのかかわり」を考え，悩みながらも踏み出していったさまざまな行動が，相応に形のある成果を生み出し，後輩や市民の方々を刺激するに足りる実践の知を蓄積していく。このキャンパスは，誰もがそうした行動に立ち上がることができるという意味において，"ワクワク感"を伴った知的挑戦の現場となっている。

　こうした体験を通じて気付かされることは，「世界の中の自分」という存在が「世界の中の他者」と否応なく何らかの関係性—それがブッダのいう「因縁」というものだろう—をもっている，あるいはもたされており，しかもそれらが

相互に依存しあっているという事実である。それは空間的にも時間的にもいえることで、たとえば多くの発展途上諸国がなお貧しい状況にあるというとき、その大きな原因の1つには、現在の先進諸国がかつては宗主国としてこれらの地域を植民地とし、現地の人々を差別、搾取し、資源や作物を強奪したという歴史的関係があったわけだし、そうした状況からようやく抜け出したアジア諸国が近年目覚しい経済発展を遂げることができたのは、先進諸国を含む周辺地域の発展ダイナミズムの成果を移転できたことに大きく拠っているという空間的関係もある【参照⇒第5章2：グローバル化時代の背景、同3：水平分業体制時代のグローバル化】。私たちは「自分」と「他者」との間に当然のことのように境を設け、自・他の区別を受け入れているのだが、実はことはそう単純なものではない。ある意味で、境界はそれほどしっかりしたものではない。世界が「狭くなっている」今日、相互に依存し合い、一方で起きた事件が即、他方にも影響を及ぼすというなかでは、いっそう境界の意味合いは薄れてしまっている。もしそうであるとすれば、国際学が目指す「自分と他者との望ましい関係」とは、実は世界の人々すべてが同じ仲間であることを自覚し、(そんなに簡単なことではないことは充分に承知したうえで) 国家や民族のしがらみからもっと自由になって、より遠くを見渡せる高い思想地平、いわば地球市民という立場に立ち、「あなたと私の関係」から「われわれの関係」へと作り変えていくことではないだろうか。

5 "IMAGINE" の重要さ

近代経済学の大成者といわれる A.マーシャル［1842-1924］は、経済学を学ぶものに大事な資質として「冷静な頭脳と温かい心」をあげている。豊かな知識に裏付けられた理性と研ぎ澄まされた感性、優しいマインドはまた、国際学を学び、実践しようとするすべての人々にとっても分かち合うべき目標だろう。さらに、敢えてそれに加えるものがあるとすれば、私は「想像する力」あるいは「思いやりの能力」をあげたい。当事者でなければ到底わからないことは数多くあることは認めるにしても、悲惨な運命からかろうじて免れる幸運を得て

きた私たちにとってできることは、「もし私がその立場だったら…」とその現場に立った時のことを想像し、その地点から物事を眺め、考えてみる、つまり視点を相対化してみることが、国際学の研究にとっては決定的に重要だ。

　物事には裏表がある。ある事象をAという地点（人）からみた時と、Bという地点（人）からみた場合、その風景はおのずと異なっているだろう。両者の間にはしばしば「力」の強弱、大きな格差――これを「権力の非対称性」というのだが――が存在しており、情報量の差や教育の影響、マスメディアからの「刷り込み」などの弊害もあって、ともすれば、私たちは「強者」あるいは「中央」的見方にとらわれ、立場の弱いもの、「地方＝周辺」から物事をみたり、考えてみることがなかなかできない。たとえば、大量の電力を消費して「豊かな」生活を営む東京（あるいはトウキョウ的なるもの）は、危険施設でもある原子力発電所が立地する地方の我慢や犠牲のうえに維持されているという関係に無頓着である。それはまた、現在の世代が「豊かさ」を求めるために、危険な放射性廃棄物を積み残し、後世の世代に大変な負担を強いるという関係への無関心にも通じるだろう【参照⇒第14章5：青森県六ヶ所村の核燃料再処理工場について】。2011年3月に発生した福島第一原発の事故が投げかけた問題とは、放射能汚染の恐怖のみならず、そうした中央・地方間、現役世代・将来世代間にある「権力の非対称性」の不条理でもあった。あるいは、世界の中心（と多くの人が思い込んでいる）アメリカ合衆国やほかの先進諸国は、自分たちの「豊かさ」がこれまで「世界の周辺部」に留め置かれてきた第三世界（発展途上諸国）を多かれ少なかれ抑圧してきたことで成り立ってきたことに無神経だ。怖いのは、知らず知らずに私たちもまた「トウキョウ（中央）的目線」、「アメリカ（先進国）的目線」でしか世界全体をみることができず、一方的な理解、硬直化した考えにとらわれてしまうというワナに陥ってしまうことだろう。

　そこから自由になるためには、まずは「知恵」を働かせ、中心ではなく周辺に身を置いてみること（実際、その「現場」を訪ね、そこからいろいろなことを考えてみることは大いに有益だろう）、あるいは権力の非対称性を自覚して、「そちらの側」に立ってみるという知的な作業が必要となるかもしれない。要は、そう

したことができるためには，今，自分がとらわれている固定観念や常識を離れ，違った視点や相手の立場を想像してみる力が重要だ，ということである。

　想像する力はまた，より善き明日，未来をイメージし，その理想に向かって行動してゆくという地球市民としての生活の指針作りにも欠かせないものだろう。ジョン＝レノン［1040-1980］は自作曲"IMAGINE"のなかで，国家も争いもない世界，飢えも強欲も消えた世界，明日のために皆で分かち合うことができる理想世界の姿を歌っている。そんな理想世界を実現するためにはどうすればよいのかを想像するところから，明日の設計図を描いてみるのも1つの手ではないだろうか（キレイごと？　そんなの夢じゃないか？　―レノンは，さらにこうもいっていることを忘れないで欲しい。「でも，自分は1人じゃないんだよ。まずは，君もこの夢の実現に参加しておくれ。そうすれば，世の中は変わり，われわれは1つになれるんだ」と）。

6 おわりに：「知」の挑戦をはじめよう

　この章では，これから国際学の学びをはじめようとする人たちにいくつかのことを語ってきた。実践知，つまり生活の指針作りと実際の行動を促す国際学は，「学び」と同時にそれ自体が「運動」でもあり，「運動」はまた新しい「学び」を生み出してゆくことを提起する。すなわち，世界と自分とのつながり・かかわり・交わりを考え，「学ぶ」＝「行動する」＝「より善き生活を営む」ことは，国際学にあっては同じことなのだ。私たちは世界の人々とともに考え，ともに働き，ともに生きてゆくことを通じて，「自分」と「他者」がやがて「われわれ」という関係性のなかで融合し，地球市民としての自覚を得ることができる。協働，共生といった言葉で締めくくることができるこうした生活の原理こそが，国際学が提起する「知」の運動の原点であることを強調しておきたい。

　各章で詳しく述べられるように，不条理や理不尽さに満ち，多くの問題を抱えた今日の世界のありようからすれば，「国際化」とは一般的に世間に振りまかれている肯定的なイメージとはかなり異なっており，むしろその実態は暗澹

たるものだ[(2)]。グローバリゼーションがもたらすさまざまな矛盾の荒波に，いかにして立ち向かい，世界の人々との協働と共生を図るか，その航路を決めるのは皆さん方1人ひとりの実践知にほかならない。

さあ，「知」の挑戦をはじめよう。

【ディスカッションのために】
1．「国際学」という言葉に対してもつイメージは，人によってかなり異なっていると思う。この章での論考をふまえて，あなた方がこれまでもっていた「国際学」のイメージについて，あらためて考え直し，話し合ってみよう。
2．「こうした世界に住みたいな…」，「こうした世界が実現できたらいいな…」。あなた方の心のなかにある「あるべき明日の姿」とは，どのような原理・原則のもとにある世界なのだろうか。ジョン＝レノンの"IMAGINE"にならって，君たち自身の"IMAGINE"を作詞してみよう。
3．2で語り合った世界のイメージを実現するために，私たちは何をすべきなのだろうか。また，何をしてはいけないのだろうか。話し合ってみよう。

【リーディング】
アジア共通現代史教科書編纂委員会／奥田孝晴監修『東アジア共同体への道～学生市民が紡ぎ出す東アジアの近現代史』（文教大学出版事業部，2010年）
池田香代子／ダグラス・ラミス『世界がもし100人の村だったら』（マガジンハウス，2001年）
石弘之『子どもたちのアフリカ』（岩波書店，2005年）
ジョゼフ・スティングリッツ（楡井浩一訳）『世界に格差をバラ撒いたグローバリズムを正す』（徳間書店，2006年）

【注】
(1) 国際エネルギー機関（IEA）が公表した2008年のCO_2排出量65億トンのうち，主な排出国は以下の通り。（カッコ内は％）中国（22），米国（19），EU（13），ロシア（5），インド（5），日本（4），カナダ（2），イラン（2），韓国（2），メキシコ（1）。
(2)「国際化」という言葉がもつ響きには，一般的には「前向き」あるいは「華々しい」イメージが付きまとっているのではないだろうか。あえて非礼を承知でいわせてもらうならば，多くの若者が抱いている「国際化」のイメージとは，漫画的に表現すれば外国人，それも欧米系の白人たちと当たり障りのない話題の英会話を交わし，笑顔を振りまくといった，ごく浅薄で，単純で，また極めて画一的なものだ。

(奥田孝晴)

第 2 章
新大陸の「発見」と「征服」：
グローバル化と植民地主義のはじまり

---【キーワード】---

グローバル意識，1492年，コロンブス，世界観・歴史観，進歩史観・発展段階史観，ヨーロッパ中心主義，精神的征服，ラスカサス，南北問題，国際先住民年，世界の先住民の国際10年，近代社会

1 はじめに

　世界は1つ。そういわれて，現在の私たちに違和感はない。たとえば，世界の人々が熱狂するオリンピック。サッカー・ワールドカップ。1つのイベントに全世界の人々が参加しているという一体感をあじわう機会である。そして，こうしたイベントに参加する時には，世界はいくつかのまとまりに分割されて予選が行われる。地球上の五大陸（ユーラシア大陸・アフリカ大陸・北アメリカ大陸・南アメリカ大陸・オーストラリア大陸）という区分を基本にして，ヨーロッパ・アジア・アフリカ・北アメリカ・南アメリカ・オセアニアという地域区分がされているのが，一般的だ。

　ところが，現在私たちが感じているように世界＝地球を1つのまとまりとして「自然」に考えるようになる（これをグローバル意識といってよいだろう）のには，歴史的なきっかけがあった。そもそも地球上に五大陸があるということが世界の人々に確認されるのには，このきっかけが大きな役目を果たしている。

　それは，1492年にスペイン・カトリック両王からの援助を受けたコロンブス（スペイン語圏ではコロンと呼ぶ）が西インド諸島に到達したという「事件」である。一般に，この「事件」は教科書や年表で「新大陸発見」として紹介さ

れているだろう。アジアの富を求めてヨーロッパから西に向かう航路を探していたコロンブスが，旧世界であるヨーロッパでは知られていなかった南北アメリカ大陸の存在を「発見」した，というように記述されているのではないだろうか。

しかし，歴史的事実に照らしていえば，その表現は正確ではない。西インド諸島という命名に表現されているように，コロンブスが到達したところはインド＝アジアの一部だと考えられていた。コロンブスは合計4回，大西洋を横断する航海をしているが，第三次航海の時（1498年）に初めて新大陸本土に上陸したことはあまり知られていない。

したがって，1492年を「新大陸発見の年」と呼んでいるのは，歴史的事実に基づいているのではなく，あくまでも象徴的意味においてだ，と考えなければならない。コロンブスがヨーロッパの西に「未知の領地」を発見したことによって，後に新大陸として「征服」・植民が行われることになった最も直接的きっかけとして，歴史にその「事件」を記しておくべきだ，と後の人々が考えたということがポイントになっている。

今の私たちが，世界を1つと考えるようなグローバル意識の起源として，この「事件」の意味をここでは考えてみたい。ヨーロッパ人が未知の領域である南北アメリカ大陸をどのようにして「発見」・「征服」して，植民地としたのか。それが，ヨーロッパ人のどのような世界観・歴史観と関係しているのか。現代世界の私たちの意識と比較しながら分析してみよう。

2 「発見」の意味

本章のタイトルに記してあるように，「発見」と「征服」にわざわざカッコをつけているのには理由がある。それは，この場合の「発見」や「征服」という言葉を価値中立的な意味においては使用できないと考えるからである。これらの言葉は，あくまでもヨーロッパ世界からの見方を示している。1492年の「事件」は，南北アメリカ大陸およびカリブ海地域でもともと生活してきた先住民の見方からすれば，ヨーロッパ人の到来および侵略のはじまりといえる。

こうした視点の対立について考えてみよう。

　南北アメリカ大陸において，コロンブスが西インド諸島に到達したといわれる10月12日は国家の祝日になっている。ただし，この日をなんと呼ぶのか，国によって違う。米国では「コロンブス・デイ」と呼び，ヨーロッパ文明がアメリカに到達した記念日として祝われる。ヨーロッパからの移民によって現在の米国という国がつくられるようになったきっかけとして記念されている。これとは別にアメリカを植民地にしていた宗主国イギリスから独立した記念日が存在することは広く知られているだろう。したがって，わざわざ独立記念日とは別に「コロンブス・デイ」を設けるくらい，「発見の日」を重要な「事件」と位置付けていることがわかる。また，コロンブスの名前からとられた都市名も米国にはいくつかある。それだけコロンブスを「ありがたい」存在として考えているわけだ。

　スペイン植民地だったアメリカ諸国では，同様な意味合いで10月12日が「スペイン性の日（Día de la Hispanidad）」と呼ばれていたものが，今世紀後半には「人種の日（Día de la Raza）」へと変更されてきた。この変更こそ，ヨーロッパ世界側の視点から先住民側の視点への転換だといえるだろう。

　では，まずヨーロッパ世界側の視点とはどのようなものだったのだろうか。ヨーロッパ文明のアメリカ大陸への到達は，ヨーロッパ側からいわせれば自分たちの「世界」を拡大することを意味する。しかし，先住民たちにいわせればヨーロッパ人たちがくる前から自分たちの「世界」があった。ところが，先住民たちの「世界」はヨーロッパ「世界」とは対等のものとは認められずに，一方的にヨーロッパ「世界」への同化が「文明化」であり，人間として進歩することなのだという考え方が強要された。つまり，先住民は野蛮で人間として遅れた存在だと決め付けられた（実は，人間としてさえ認めようとはしなかったヨーロッパ人もいたが，この点についての詳しい議論はここでは省略せざるをえない）。

　ヨーロッパ人たちは，アメリカ大陸に存在していた数々の文明（マヤ文明，アステカ文明，インカ文明などが有名）が生み出した建造物やよく組織された社会を目の当たりにするが，それが彼らの文明をヨーロッパ文明と対等なものと位

置付ける根拠になるとは考えなかった。当時の航海者や征服者たちの記録には,「ヨーロッパでは見たこともないほどの素晴らしい」人・文化・社会・自然環境・動植物についての記述をいたるところで目にすることができる。しかし,それはキリスト教にまだ触れたことのない邪教にまみれた下等な人間の世界であるという先入観から,決してヨーロッパ文明と対等に比較できるものとは考えなかった。

　ここで,キリスト教は神の下でのすべての人間の平等を説いているのではなかったか,という疑問がわきあがってくる読者もいるのではないだろうか。ヨーロッパ人と新大陸の先住民は,なぜ対等とは考えられなかったのだろうか。

　ヨーロッパ人たちはその証拠として,先住民たちの偶像崇拝や人身御供のような宗教儀礼をあげる。たとえば,神へのメッセージとして,勇敢な戦士の心臓が供えられたという儀式がある。キリスト教徒にいわせれば,こうした宗教儀礼はキリスト教以前の野蛮な遅れた信仰の証ということになる。つまり,宗教には遅れたものと進んだものがあるという考え方だ。キリスト教こそがもっとも進んだ宗教であり,キリスト教へ改宗することが人間の「進化」と考えられた。このように,人間は普遍的に進歩するべきものであるが,実際にはより進んでいる人・社会と遅れた人・社会が存在するという考え方を,進歩史観または発展段階史観という。

　ところで,こうした考え方は,21世紀現在に生きる私たちの経済に関する世界の考え方と大変似ていることに気が付かないだろうか。私たちは,経済的に「進んでいる」国を先進国,開発が「進んでいない」国を発展途上国と呼んでいる。現在は遅れている国でも,努力をすればいつかは進歩できるはずだという考え方に基づいた分類だということができるだろう。つまりは,発展段階史観が「先進国」や「途上国」という言葉で表わされていることになる【参照】⇒第16章2:「国際協力」,「開発援助」の問題点】。

　いずれにせよ,人間は遅れた地点から発展した地点をむすぶ普遍的な歴史的発展の路線のどこかに位置付けられると考えているのが発展段階史観である。潜在的に人間は「平等に」発展できるはずであるが,たまたま現在は遅れた地

点にいる野蛮人を文明化する方向へ教え導く必要がある，とキリスト教徒たちは考えたわけだ。キリスト教徒にとっては，人間が神の前で平等であることは真実だけれども，人間には「発展段階」というものがあって，その段階に応じて先住民たちを正当に扱ったという主張になる。

　つまり，ヨーロッパ人は新大陸で出会った先住民に独自の文化を認めず，むしろ自分たちと「同じ人間として」認めたことになる。同じ人間ならば，先住民をキリスト教徒に改宗しなければならない。それが人間の進歩に必要なのだ。ヨーロッパ人が新大陸で出会ったのは，異なる文化をもった先住民なのではなく，ヨーロッパ文化＝キリスト教文明を身に付けていない「遅れた人間」なのだ。だからこそ，新大陸は遅れた人間が生活する場として「発見」されたことになる。

　このような世界の見方は，まったくのヨーロッパ中心主義である。ヨーロッパ文化＝キリスト教文明こそが人類の発展の頂点であり，これを世界に広めることこそが，遅れた野蛮な人々を進歩させることにつながるという主張だ。コロンブスの新大陸「発見」とは，こうしたヨーロッパ中心主義的世界観を世界に広める（＝グローバル化する）第一歩になった【参照⇒序章および第6章②：グローバル化の意味について】。このように「人類の進歩」を目指す「普遍的な」ヨーロッパ文明が，世界進出するための流れをつくったコロンブスは，特別に賞賛されるべきだという立場が，10月12日を「コロンブス・デイ」または「スペイン性の日」として祝う人たちの歴史観・世界観である。

　他方，10月12日を「人種の日」と名付けた人たちは，コロンブスの新大陸「発見」を，異なる文化をもつ人々が出会った歴史的時点として位置付けようとしている。ヨーロッパ人と先住民の出会いは，人間には異なる種類の文化をもつ「人種」があることに気が付いた時として記念されるべきだ，という考え方である。

　新世界に到達したヨーロッパ人は先住民を「同じ人間」として扱おうとした。しかし，「人種の日」と名付けた人々は，両者をまったく異なる歴史と文化をもった「他者」として，「互いに違うこと」を前提とするべきだ，と提案して

いる。キリスト教にはキリスト教の考え方があり，先住民の宗教観はそれと違うからといって，キリスト教に改宗しなければならない，という理屈にはならない，という主張である。世界には相容れないような異なる文化や宗教が存在していることを認めようという"多様性への気付き"を提案している。

　これに対して，ヨーロッパ人たちが新大陸で実際にやったことは，異なるものへの感性の遮断である。自分たちの歴史観・世界観をすべての人間にあてはまる普遍的・一般的なものとして，一方的に先住民たちに押し付けた。しかし，先住民からみれば，なにゆえにそれが「普遍的」なのかわからない。それは，非ヨーロッパ地域へのヨーロッパ世界の侵略としかいいようのないものなのではないだろうか。先住民の世界に，平気でズカズカと入り込んできて，自分たちの論理を押し付けるヨーロッパ人のどこが「普遍的」なのだろうか。

　この「普遍性」を先住民に「理解」させるために行われたこと，ヨーロッパの優越性を理解させるために行われたことが「征服」であった。次に，新大陸における「征服」とはどのようなものだったのかを考えてみよう。

③「征服」の2つの意味

　歴史上よく知られている「征服者＝コンキスタドール」としては，コルテスとピサロをあげることができる。1521年にアステカ帝国王のクアウテモクがコルテスの率いる軍隊により捕虜となり，アステカ帝国は滅亡。1532年にインカ帝国王アタワルパがピサロの率いる軍隊の捕虜となり翌年処刑されて，インカ帝国は滅亡。というような記述が，日本の歴史教科書に書かれているはずだ。このように書かれると，いとも簡単に両帝国は滅びているようにみえるが，そこにはさまざまな要因が作用していた。

　そもそも，スペインから渡ってきた少数の武装集団（兵員150～500人程度）が，なぜ帝国と呼ばれるほどの大規模に組織化された国家（当時の先住民人口は1千万人と推定されている）の軍（兵員数千人以上）に勝利することができたのだろうか。先住民が団結してスペイン人たちを帝国から追い出そうとしたら，これほど小規模の武装集団は恐れるに足らないはずではないのだろうか。

「征服者」が成功した要因としてよく指摘されるのは，①先住民社会における鉄器の不在，②スペイン人の騎馬隊による戦術の目新しさ，③旧大陸からもたらされた天然痘を初めとした病気の急激な流行，などである。実は，これらを強調することで，ヨーロッパ文明の方が進んでいたから先住民文明は滅びたのだという主張がしやすくなるのだということは，あまり気付かれていないだろう。

ここで見逃されているのは，先住民社会の事情である。ヨーロッパでもさまざまな王朝の盛衰があったように，アメリカ大陸の先住民社会の間でも異なる民族がそれぞれ独自の王朝を築いていた歴史があった。そうした歴史の積み重なりのなかで，先住民間の民族的対立もあった。アステカ帝国を倒したのはスペイン人たちだけだったように語られるが，実際には以前からアステカ人と敵対していたトラスカラ人がスペイン人と協力して同盟軍を組んで，アステカ軍と戦っていた。

インカ帝国の場合も，スペイン人たちが南アメリカ大陸に到達していたころ，王位継承問題が起こっていて，異母兄弟であるワスカルとアタワルパがそれぞれに別の本拠地をおいて争いあっていた。そのため，どちらかが，スペイン人たちを利用して自らの王権を安泰なものにしようと考えても不思議ではない状況にあった。そもそも「帝国」と呼ばれるほどの広大な領地を治めるのには，帝国によって支配される以前からあった社会支配階層の力が活用されている【参照⇒第5章①②および第13章③：植民地支配の構造について】。これらの地方ごとの首長には，インカ帝国の王側とスペイン軍とのどちらにつくことを選ぶのかという選択権があったと想定できる。

実際の「征服者」の戦略は，こうした現地社会の事情をうまく利用したものだったにもかかわらず，「征服の歴史」が語られる時には不当に先住民社会の多様性が無視され，スペイン人によって滅ぼされた「劣等な文明だった」という点だけが強調されているのではないだろうか。そこでは，原因と結果の意図的な混交が起こっている。スペイン人によって先住民社会が軍事的に征服されたことと，先住民文明がヨーロッパ文明と比較して劣等かどうか，という問題

は，本来ならば直接的な因果関係にあるとはいえないはずである。

　にもかかわらず，軍事的征服が文明の程度に対応しているためヨーロッパが成功したと考える枠組みが成立したのには，前節で説明した進歩史観が大きな影響を及ぼしている。人類の歴史は進歩の歴史だという「先入観」である。つまり，滅びてしまった文明は，次の時代を作った文明よりも進歩していなかったという考え方である。「文明の進歩」を測る基準は，単一なものではないはずなのだが，滅びた時点でその文明は「遅れた劣等なもの」になってしまう。

　また，いとも簡単に「滅びた」という言葉を使ってしまったが，滅びたのはアステカ帝国やインカ帝国という支配体制であって，そこで育まれた文化が一挙にヨーロッパ文化に置き換わってしまったわけではない。カリブ海地域においては，文字通り先住民はほとんど全滅状態に追い込まれたが，新大陸の先住民は生き延びた。支配階層の一部がヨーロッパ人に入れ替わっても，その他大勢の一般庶民の生活が一変したわけではなかった。たとえば，ヨーロッパ人が新大陸にやってくる前から先住民たちには独自の銀採掘・精錬技術があり，ヨーロッパ人の支配下に入った後も，数十年にわたり先住民が鉱山の富を分かち合った。また，人々が生き残れば，千年以上かけて培われた新大陸の環境に適応した農耕技術や食文化などの生活に密着した文化も簡単に消えることはない。こうした状況にもかかわらず，私たちは簡単に「先住民文明は滅ぼされた」といってきたのだが，それはあくまでも「滅びた文明は劣等だ」という論理を主張するのに利用されていることになるのではないだろうか。

　こうなると，「征服」と簡単に表現されている歴史的事件によって，実際のところ具体的に何が，どのようにして行われたのかを詳しく分析してみる必要があるように思われる。ここまでは，ヨーロッパ人が行った軍事的征服に注目してきたが，もう1つの重要な「征服」がある。それは，キリスト教に改宗させるという「精神的征服」である。軍事的征服を担ったのは，新大陸で黄金の山をみつけて略奪して故郷にもって帰ろうという山師的な荒くれ者だったのに対して，精神的征服を担ったのは「善意」の塊のようなカトリック神父を初めとした宗教者だった。この両者が同じ船に乗って新大陸に「征服」にやってき

たのだ。

　ただし，荒くれ者たちと宗教者たちの「征服」にかける情熱の方向性は，いささかすれ違うことになる。征服当初は，荒くれ者たちの先住民からの略奪や先住民の酷使・虐殺などがあまりにも過酷であったため，カリブ海地域では先住民が全滅することになったという事情があった。そこで先住民の奴隷化を禁止して，スペイン人と先住民の関係性をキリスト教原理のもとに正すことを目標として，さまざま活動を展開したのが宗教者たちだった。もともとは荒くれ者の1人としてカリブ海に渡ったラスカサスが，自らの蛮行を深く悔いてカトリック修道会であるドミニコ会士となり，先住民の人権を擁護するための活動の一環としてスペイン国王に行った報告は，日本語でも読むことができる。その成果が反映されて，インディオの奴隷化を最終的に禁止した「インディアス新法」が1542年に発布されることになった。このように，軍事的征服者と精神的征服者はお互いに歩み寄りながら「征服」を進めたといえよう。

　軍事的征服が先住民社会の支配構造をうまく利用して行われたのと並行して，精神的征服である布教を行うのに実践されたのは先住民言語の学習であった。一般には，植民地になると宗主国の言葉を押し付けられるというイメージがあるのではないだろうか。19世紀末からアジアに植民地を獲得した日本が，台湾や朝鮮半島を初めとした植民地の人々に日本語の使用を強要したため，かの地の高齢者には日本語を話す人々が少なくないということはよく知られている通りだ【参照⇒第3章および第4章①：植民地主義が言葉を奪うことについて】。かつてイギリスの植民地だった米国や豪州やインドなどで英語が公用語として使われているのも，植民地時代からの遺産である【参照⇒トピックス①：英語帝国主義について】。スペインの植民地となった現在の中南米諸国においても，公用語としてスペイン語が使用されている。しかし，そうした力ずくの「言語の支配」の背後で進められたのが，ヨーロッパ人による先住民言語の学習だった。

　先住民を改宗させるためには，キリスト教を教えなければならない。その手段として，先住民の言葉を宣教師たちが学習して，先住民とコミュニケーションを図る必要があった。もちろん，先にスペイン語を学習させてからキリスト

教を教えることも不可能ではなかっただろうが，先住民の言葉でキリスト教を理解させることがより多くの先住民の改宗には不可欠だと考えられたのである。ただ強引に自分たちの言語を先住民に押し付けるのではなく，先住民に対する一定の理解を示しながら改宗を進めたというところがポイントだ。

　この戦略は大きな成功を収める。新大陸でのキリスト教伝道活動がはじまって，わずか30〜40年の間に，新大陸で生まれた（アマゾン熱帯森林地帯を除く）ほとんどすべての子どもたちがキリスト教の洗礼を受けることになった。このようにキリスト教という宗教的原理の下に先住民をおくことによって，先住民の行動をある枠組みに閉じ込めることができるようになる。キリスト教徒になった先住民は，心から進んでヨーロッパ人司教の権威にひれ伏すようになるだろう。その時が，「精神的征服」の完成となる。

　このように，一方では軍事的征服によって政治的支配体制を確立し，他方ではキリスト教への改宗による精神的支配体制を築きあげて，新大陸のヨーロッパ人による「征服」が達成された。力ずくのようにみえた軍事的征服も，実は先住民社会の支配構造を「理解」することによって可能になったことだし，精神的征服も先住民の言語や文化の「理解」に基づいて行われた。つまり，支配は「理解」からはじまることを，この事例は示している。ここで，理解にカッコを付けていることの意味は5節で説明しよう。

　いずれにせよ，ヨーロッパ人たちは，キリスト教という共通の基準を，新大陸の先住民と共有するようになった。しかも，キリスト教をもたらしたのはヨーロッパ人なのだから，先住民に対して圧倒的に有利な立場を保持できる。数百年の長きにわたり，先住民はキリスト教の司教になることはできなかった。つまり，先住民を「教え導く」のはヨーロッパ人であり続けた。このように，ヨーロッパ人が優位に置かれる原理を先住民に共有させることが「征服」だった。ヨーロッパ人が支配者となる思想・体制に，相手を抱え込むことが「征服」と表現されたのである。

4 「征服」への抵抗

　こうしたヨーロッパによる「征服」を「善」とする視点と「悪」とする視点のせめぎあいは，現代世界においても続いている。その例は，1492年からちょうど500周年にあたる1992年に行われるさまざまな記念行事をなんと呼ぶのかをめぐって，国際社会で議論が沸騰したことにみられる。それは，1992年を国連先住民年として制定しようと両アメリカ大陸の先住民組織や世界のNGOの働きかけがあったのにもかかわらず，スペインなどの妨害によって結局1993年までに引き延ばされたてんまつに代表される。

　これは，前述したように新大陸の「発見」・「征服」を，どのように評価するのかという立場の争いである。先住民組織の視点からすると，ヨーロッパ人による新大陸への「侵略」の歴史・「侵略」に対する先住民による抵抗の歴史が，1492年にはじまったことになる。これに対して，ヨーロッパ側からは，1492年を異なる文化をもつ者同士の出会いのはじまりだったと位置付けた。つまり，征服後の500年間を対等な文化交流の歴史と位置付けようとしたわけだ。植民地として新大陸を支配した事実が厳然として存在するにもかかわらず，である。

　征服されたとされる新大陸の先住民社会に起こったことをもう少し詳しくみてみよう。前節で，布教がはじまるとまもなく先住民のほとんどがキリスト教徒として洗礼を受けることになった，と述べた。しかし，だからといって先住民がもともと育んできた祖先崇拝の伝統や，自然のなかに聖なるものをみいだす多神教的世界観を捨ててしまったわけではなかった。異端審問がペルーでは16世紀半ばに行われるようになったが，それでも先住民の精神世界を完全に「征服」することはできなかったといえるのではないだろうか。その証拠に，今でもキリスト教徒であるはずのアンデスの先住民たちは，母なる大地の神パチャママへの感謝の儀礼を続けているし，その他の農耕儀礼や年中行事などには多神教的世界観が反映されている。

　こうした土着の世界観・宗教観が根強いことは，キリスト教を布教しようとしたヨーロッパ人にもわかっていた。だからこそ，ヨーロッパ人は土着文明の宗教祭祀センターであった神殿などの上層部分を破壊した土台の上に，キリス

ト教会を建立したのだった。そこは，先住民にとって信仰の中心地となるが，果たしてこうした教会で神に祈りを捧げる先住民の心の中に浮かんでいる「神」が，キリスト教のものなのか土着信仰のものなのか，区別することが困難になる。もともと自分たちがもっていた宗教観にひきよせて先住民がキリスト教を受け入れたことを「改宗」といっているのであれば，これを「キリスト教化」と手放しで呼んでいいのかどうか，判断の分かれるところだろう。キリスト教的外見にカモフラージュされて生き残った先住民の精神世界の方に重点を置いた見方もあるからだ。

　キリスト教化というグローバル化の圧力に対する抵抗は，必ずしも正面きっての対決だったわけではない。実際に植民地時代には武力闘争になった例にも事欠かないが，このようなカモフラージュという抵抗が先住民によって駆使されていたことに，私たちは気付く必要があるだろう。

5 おわりに：他者とのコミュニケーション

　新大陸の「発見」・「征服」について理解することは，現在私たちが生活している政治経済・思想的な意味での「近代的世界」の成り立ちを知ることにつながる。16世紀以降，ヨーロッパにおいて資本主義が発達する土台となったのは，新大陸から略奪された大量の富（金銀）だった。大航海時代によって世界規模での（＝グローバルな）市場が成立することになる。大西洋をはさんで，南北アメリカ大陸・ユーラシア大陸・アフリカ大陸の間では，三角貿易と呼ばれる交易が盛んになった。ヨーロッパの毛織物を中心にした産品を積んだ船は，アフリカで商品を売りさばいた後，荷を奴隷に積み換えて新大陸に向かった。そして，新大陸のプランテーションでアフリカ系奴隷の労働によって生産された砂糖やラム酒などがヨーロッパに積み出された。結局，こうした交易によって利益を得ているのはヨーロッパ人になる。数百年にわたってこうした交易が積み重ねられた結果が，現在の「先進地域」と「発展途上地域」の格差＝南北問題となっている【参照⇒第5章2および第6章2～4：ヨーロッパ世界と「世界の一体化」との関係，問題点について】。

ヨーロッパによる新大陸の「発見」・「征服」は,「理解」に基づいて行われたと既述した。「相互理解が足りないから争いが起こる」という論理はよく聞かれるが,「支配・搾取のための理解」と「対等な存在としての理解」は区別されなければならないだろう。ヨーロッパ人は,自らが支配者となるために必要な限りにおいて,新大陸の先住民を非常によく理解したのである。その理解は,先住民をキリスト教徒にするため,支配の対象とするために活用された。ヨーロッパ人は先住民から学ぶべきことがあるとは決して考えなかった。

　他方,先住民の側は有無をいわされずにヨーロッパ人と共生する道を模索せざるを得なくなった。自らの文化を壊滅させられることなく,民族としての誇りを保ちながら生き延びるためにはどうしたらよいのか。先住民のなかには,ヨーロッパ人との衝突・接触のなかで全滅してしまった民族もある。異なる文化をお互いに尊重しながら生きることはできないものなのか。現在も,その模索は続いているといってよいだろう。

　前述のように1993年が国際先住民年となり,1994年12月10日からの10年間が「世界の先住民の国際10年」と制定された。世界の先住民が直面している人権問題等の解決のために国際協力を強化することが目的だとしている。裏を返せば,先住民問題が提起するものは,地球レベルでの国際的対応が不可欠だということを示している。

　先住民問題が私たちに突き付けているのは,多様な民族がお互いの民族の固有性を抑圧せずに共存できるシステムをいかにして構築できるのか,という問題である。さらには,大地とそれとの調和に生きる先住民を代表とする人間が生成する生態系に破壊的な影響がもたらされている現状にどのように取り組むべきなのか,という「環境問題」の提起である。

　環境との相互的コミュニケーションを積み重ねて生き延びてきた先住民に対し,ヨーロッパ人の環境に対するコミュニケーションは一方的な「支配」を目的とするスタイルをとり続けている。人間は環境を好きなように変えたり,コントロールしたりすることができる(あるいはそのために努力を続けるべきだ)という考え方が,「近代社会」の根幹にある【参照⇒第3章3】:道具としての「他

者」の言語について】【参照⇒第10章：地球環境主義との関連について】。しかし，それが果たして環境とのコミュニケーションとして望ましいものであるのかどうか，考え直すべき時にきているといえるだろう。

歴史を振り返ってみると，ヨーロッパ人は先住民を新大陸の環境の一部として扱ってきた。つまり，支配の対象とすることはあっても，共感する対象ではなかった。先住民と同じ主体として対話をすることはなかったのである。先住民がもつ世界観や歴史観のなかにヨーロッパ人が学ぶべきことを見出すことはなかった。そして，一方的にヨーロッパ人の世界観や歴史観を先住民たちに受け入れさせるための努力を惜しまなかった。ヨーロッパ人にとって先住民は対話の相手ではなかった。

こうしたコミュニケーション・スタイルをもったヨーロッパ人により推し進められたグローバル化が私たちの生きている「近代社会」を形成してきた。人間社会は発展するものであって，地球上にはより発展の進んだ社会と遅れた社会が存在するという前提が疑われることがほとんどないのが現状である。しかし，新大陸の「発見」・「征服」の意味を検討してきた後に私たちの眼前に広がる世界観は，こうした進歩史観・発展段階史観に基づいた世界観とは異なるものではないだろうか。21世紀に生きる私たちには，近代社会におけるグローバル化の意味を問いなおすことが課されているといえるだろう。

【ディスカッションのために】
1. 大航海時代には，アジア地域へのヨーロッパ人の到来・侵略もあった。日本へは1543年に漂着したポルトガル人により鉄砲が伝来し，1549年にフランシスコ・ザビエルがキリスト教を伝えたとされている。あなたが当時の日本列島にもともと居住している人間だとして，こうしたヨーロッパの異なる技術や宗教をもってきた人々にどのような感情をもつことになるのか想像してみよう。そして，こうした人々に対してあなたはどのような対応をとることになるだろうか。

2．異なる文化をもつ人に対して，「同じ人間である」という前提でコミュニケーションをとる場合と，「違う人種である」という前提でコミュニケーションをとる場合とでは，どのような利点と欠点があるのか，考えてみよう。特に，支配・被支配関係を構築する場合にはどうか，共同してある目標を達成しなければならない場合にはどうか，対比しながら考えてみよう。

3．あなたが他人を理解したいと思うのはどのような場合だろうか。どうしたら，他人を理解したことになるといえるのだろうか。

4．「先進国」・「発展途上国」という言葉が表現している世界観・歴史観とは異なる視点から，特徴別に世界を区分して表現することはできないだろうか。あなたなりに複数の可能性を模索してみよう。また，そのような試みを行った例がないか，文献やインターネットなどの資料で探してみよう。

【リーディング】

石原保徳『世界史への道——ヨーロッパ的世界史像再考』（丸善ライブラリー，1999年）

エリック・ウィリアムズ（川北稔訳）『コロンブスからカストロまで』（岩波書店，1978年）

大貫良夫編『民族交錯のアメリカ大陸』（山川出版社，1984年）

西川長夫・原毅彦編『ラテンアメリカからの問いかけ』（人文書院，2000年）

高橋均・網野徹哉『ラテンアメリカ文明の興亡』（中央公論社，1997年）

ツヴェタン・トドロフ（及川馥訳）『他者の記号学——アメリカ大陸の征服』（法政大学出版局，1986年）

イマニュエル・ウォーラーステイン（川北稔訳）『近代世界システムⅠ・Ⅱ』（岩波書店，1981年）

バルトロメ・デ・ラスカサス（染田秀藤訳）『インディアスの破壊に関する簡潔な報告』（岩波文庫，1976年）

（山脇千賀子）

第3章
もう1つの1492年：
ことばが単なる「道具」になった年

【キーワード】

レコンキスタ（国土再征服運動），マラーノ，カスティリャ語文法典，アントニオ・ネブリーハ，声の文化，異端審問所，ことばの身体性と道具性

---

1 はじめに

「コミュニケーション」という言葉を聞いて，皆さんは，何を思い浮かべるだろうか。特に，「コミュニケーションのための言葉」というと，どのようなものを想像するのだろう。たぶん，「意思疎通のための『道具』である」というのが一般的な答えであろう。「道具」であるとは，私たちが目的を達成するために「使用する」ものということである。それでは「使用する」ことのできる「道具」とは，どのような意味を含んでいるのだろうか。私たちが「使用する」ことができるわけだから，「道具」は，意のままに「使用する」ことのできる，自分の存在の「外」にあるものということになるだろう。つまり，「道具」とは自分の一部ではないのである。

しかし，「コミュニケーションのための言葉」がこのように単なる「道具」であると考えられるようになったのは，あるものの発明がきっかけになっている。そして，その発明が私たちの現在暮らしている社会への認識に大きな影響を与えているのである。それ以来，私たちの（「言葉」に関する）世界観に大きな変化が起こったといっても過言ではないだろう。

2 もう1つの1492年

　ことばを「道具」にしたのは，口語文法典の発明が1つのきっかけだった。1492年にイベリア半島で，人類史上初めて口語文法典ができた。この年は，本書にとり大変重要な年である。前章においては，1492年はコロンブスによる「新大陸発見」の年であり，世界のあり方が大きく変わった，ある特殊な意味をもった「グローバリゼーション」のはじまった年であることを確認した。私は，この1492年に別の側面からアプローチしてみたい。

　「1492年」は，世界史年表をみると，「レコンキスタ（国土再征服運動）の完成」，「ユダヤ人の追放令が発布」された年であることがわかる。残念ながら，私がここで紹介しようとする出来事は，大雑把な世界史年表などには掲載されていない。しかし，それは「レコンキスタの完成」と「ユダヤ人追放令の発布」と大いに関係がある。まず，レコンキスタとは，キリスト教会が，異教徒であるイスラーム教徒から，その国土を奪い返すことを目的とした，カスティリャ王国をはじめとするキリスト教王国の政策のことを指す。歴史教科書などは，この運動がイスラーム教徒からの「国土回復運動」であると説明するが，この本では，「国土再征服運動」と呼ぶことにする。

　「レコンキスタの完成」という事件は，1492年に起こったもう1つの出来事である「ユダヤ人追放令」の発布との関係のなかで，考察すべきである。これらの出来事は，ばらばらに起こった事件ではなく，密接に関連している一連の出来事としてみるべきである。レコンキスタは，全イベリア半島をキリスト教国として統一するという理想が政策として具体化したものだった。しかし，イスラーム教徒を追放するというのは，レコンキスタの一部でしかなく，もう1つの（キリスト教にとっての）異教であるユダヤ教を排斥することも含めて，キリスト教王国完成を目指したものであった。

　8世紀中ごろより，イベリア半島は，アフリカを渡って上陸してきたイスラーム教徒が建てた後ウマイア王朝の勢力下に置かれてきた。それに加え，セビーリャなどの都市には多くのユダヤ人が古くから移り住み，さまざまな宗教を信じる人々によって多種多様な文化が形成されていた。つまり，もともとイベ

リア半島にはキリスト教徒だけが居住していたわけではなく，イスラーム教徒やユダヤ教徒も共存する豊かな多文化社会が形成されていたのである。レコンキスタは，ユダヤ教徒，ならびにイスラーム教徒から，キリスト教徒たちが自分たちの国土をキリスト教的な思想で奪い返す（再征服する）という宗教的な意味と，王国統一という政治的な意味を組み合わせたものであった。

　レコンキスタというと，物理的な国土再征服のことだけを意味するように思いがちだ。しかし，国土は再征服した後でも，その状態を維持しなくてはならない。たとえ軍事力で土地を奪い返したとしても，再び軍事力によって侵略されてしまう可能性だってあるのだ。軍事力だけに頼る土地の再征服は脆弱であることを，イベリア半島の国王たちはよく知っていた。

　また，ユダヤ人たちのなかには，イスラームの人々と比べ，民族的・宗教的にキリスト教に同化したようにみえる状態で生活を送っていた者たちがいた。ヘブライ語のほかに，アラビア語，ラテン語，ギリシャ語，そしてイベリア半島統治のことばであるカスティリャ語を使うことができたユダヤ人は，政治・外交の仲介，通訳，商人，学者などをして生活を営んでいた。このようにユダヤ人は，文化と文化の媒介者として，イベリア半島の多文化社会形成に影響を与えていたのである。

　スペイン王国は，イスラーム教徒を追放した後の土地に，ユダヤ教徒を入植させ，さらに同化させることを試みた。当初スペイン王国にとり，ユダヤ人はイスラーム教徒ほど異質にはみえなかったのである。しかし，そのユダヤ人もまた，スペイン王国には宗教的・文化的に不純な存在に映るようになったのである。したがって，スペイン国王は武力だけではない，それでいて決定的な異教徒追放や同化の手段としての政策を考え出したのである【参照⇒第6章4：主権国家について】。

　その手段が，口語文法典の確立という政策であった。これが，この章でテーマとなる「もう1つの1492年」の出来事である。もちろん，キリスト教による宗教的な統一を目標としていた訳であるから，精神的な支配を通じての同化が主な目的であった。しかし，イベリア半島からイスラーム教徒を軍事力によ

って追放することはできたとしても，さまざまな地方から入植してきたユダヤ人には，宗教的教義の押し付けだけでは同化を促すことができなかったのである。なぜなら，彼らのなかには，この地に居住するうちに独自の宗教文化を発達させていた者も多く存在していたからである。

この時代，このようなユダヤ人たちは「マラーノ」と呼ばれていた。「マラーノ」とは，豚を意味する軽蔑を含んだ呼び名である。マラーノのなかには，キリスト教文化に完全に同化した者も多くいた。実際，この時代，イベリア半島に居住していたユダヤ人25万人の内，約2分の1にあたる15万人がキリスト教に改宗したといわれている。しかし，なかには，礼拝を初めとする公的な場では厳格なキリスト教徒を演じながら，家のなかなどの私的な場所ではユダヤ教徒にこっそりと戻っていたマラーノもいた。また，教会などの公的な場に参加する夫だけがキリスト教に改宗しても，妻と子はユダヤ教徒のままでいたこともあったようである。

このような生活のなかで，2つの信仰が交じり合ってしまうマラーノも出てきた。公的な場で，カスティリャ語を話しキリスト教徒を演じ，ユダヤ教徒であることを隠して生活するなかで，マラーノの信仰に徐々に「混乱」が生じてしまったのである。もちろん，この信仰の「混乱」は，キリスト教教徒の目に映った信仰の「混乱」であり，マラーノにとっては，信仰の混乱でも何でもなかったのである。むしろ，この地に移住をしたり文化と文化の媒介者として生きるなかで，マラーノ独自の信仰形態が生まれ発達した，という解釈の方が妥当な説明になるだろう。

キリスト教会は，この信仰の「混乱」を防ぐために，マラーノの私的な信仰のことばであるヘブライ語（旧約聖書のことば）や，カスティリャ語がヘブライ語と混ざることによってできたことばを，彼らの信仰生活のなかから抹消することを思いついたのである。これは，カスティリャ語をスペイン王国の「国語」にすることでもあった。カスティリャ語は，イベリア半島で使用される方言の1つであったが，一部の有力者たちのことばに過ぎなかった。そして，この話しことばの文法を確立することにより，イベリア半島に居住するすべての非カ

スティリャ語スピーカーの話しことばを矯正することにしたのである。この文法を体系化したものが、「カスティリャ語文法典」である。

　これは、アントニオ・ネブリーハという人によって考案された。この文法典の適用は、口語（つまり話しことば）に対して行われた。ヨーロッパでは、書きことばの文法は古くから存在した。たとえば、ギリシャ語とラテン語は、文法書をもっていた。この2つのことばは、古くからヨーロッパの精神的な支柱であるキリスト教的思想を支え、ヨーロッパ精神をもささえる重要なことばとして機能したため、文法が整理されてきたのである。これらのことばの文法をマスターすれば、プラトン、アリストテレスなどの古代ギリシャの文献や、新約聖書（ギリシャ語で書かれている）を読むことができた。ギリシャ語・ラテン語は、ちょうど日本の国語教育における漢文にあたるものであると考えるといいだろう。現在の日本人にとっての漢文と同じようにギリシャ語・ラテン語は書きことばであり、当時は特定の人々にその使用は限られていた。彼らは学者であったり（この時代の学者は、聖書の読解・解釈をその仕事としていた聖職者だけを指し示す）、一部の学識ある（と考えられていた）政治家に限られていたのだ（政治家と聖職者が重複していたのもこの時代の特徴である）。つまり、文法という道具は、一部の人々にのみ使用可能なものであった。そして文法書をもつことばは、書きことばとしての機能しかもたないことがほとんどであった。しかし、ネブリーハが考案したこのカスティリャ語文法典は、口語（話しことば）に対して適用されていたことが大きな特徴である。

　では、なぜ、彼は口語を文法の対象にすることが大事であると考えたのであろうか。それでまず、口語とはどのようなものなのかを考えてみる必要がある。

3 「声の文化」と雑種化

　皆さんが、頭に思い描く「話しことば」と、ここで私が話そうとする「話しことば」とは、少し違うものである。なぜかというと、皆さんが考える「話しことば」は、すでに「書きことば」の洗礼を受けているからである。そのため

に，それは「（本物の音声を模したと考えられている）書きことば」の付属物のように考えられているからである（これを「音声中心主義」というが，ここで詳細な説明はしない）。実際，皆さんは，「話しことば」より「書きことば」の方が地位が高いと考えていないだろうか。書きことばが「本物」で，話しことばが「にせもの」であると考えてはいないだろうか。学校教育における「国語」という授業のなかでは，皆さんは教科書を音読していたのではないだろうか。「書きことば」を声に出していたに違いない。逆に，話したことばを「書く」という作業はほとんどしてこなかったのではないだろうか。私たちは，「書きことば」を規範・ルールとして，それを声に出すことに，何の不自然さも感じることはない。書いたものを声にすることに，私たちはあまりに慣れすぎているのである。つまり，「話しことば」は「書きことば」の規範があって初めて存在していると私たちは感じているのだ。また，方言などのように話しことばだけで成立していることばは，常に書きことば・標準語のルール（つまり，文法）によって矯正される。逆に，方言が標準語を矯正することはない。話しことばが常に書きことばのルールに縛られていることを当たり前と考える現代世界に住む私たちは，書きことばのルールの存在しない，話しことばだけの世界を想像することができるのだろうか。

　話しことばだけが，書きことばのルールとは関係なく存在している世界のことを「声の文化」と呼ぶ。「声の文化」には，多くの特徴があることを示した研究者がいる。その特徴のなかであげておきたいのは，それが大変流動的であるということである。「声の文化」のなかでは，「話し」のルールや語彙が，相手によって変わることがよくある。相手が自分と違うことばを話す人間であれば，なるべく相手の理解できることばに近付き，完璧ではないにしろ相手との交流を図ろうとする。たとえば，私たちが英語を話す人々に向かって自分の名前を発音する時，私たちはあたかも英語を母語とする人々が発音するように自分の名前を発音するだろう。「ス・ズー・キィ」であるとか，「ナカ・ムー・ラァ」などといったりする。明らかに，日本語で日本人相手に発音する時とは違い，相手の発音やアクセントに合わせている。あるいは，話しことばはお互い

に影響を受けやすい，といえるだろう。友人の話す方言がいつの間にかうつってしまったことはないだろうか。つまり，「声の文化」は，相手によってその形態が変わりやすいのである。その形態は，時代によって変わるだろうし，場所によっても変わる可能性を秘めている。民族の大移動などがあるときには，移動先の文化との接触は避けて通ることができない。人と人が交流して，お互いの文化が交じり合ったりする。次の世代になると，そのごちゃまぜの文化が，すでに定着した文化になることもある。「声の文化」においては，文化やことばが自由に交じり合う可能性が常にそこにあるのだ【参照⇒第11章3 4：食のグローバリゼーションについて，第12章3 4：多文化・クレオール文化について】。

　したがって，文化，民族，宗教，国家などの「まとまり」を均質なものに保ちたい人々にとり「声の文化」は脅威となる。イベリア半島の場合も，イスラーム教徒，ユダヤ教徒などの異教徒が流入し新しい文化を形成した。それに伴い，自分たちの生活が脅かされたと感じた人々が多かったのだ。未知のようにみえる宗教観，文化，ことばが流入してきた結果，多くのものが混ざり合い，多種多様な文化が出来上がった地域がイベリア半島であった。人種も混ざり合っただろうし，宗教観も混ざり合っただろう。すでに指摘してきたように，イベリア半島のマラーノたちの創り出した独特の宗教文化にも同様のことが起こっていた。カスティリャ語やヘブライ語と交じり合うことによって生まれた信仰は，独自のものであった。もちろん，これはイベリア半島に住んでいたキリスト教徒からみてのことであるが。

　文化と文化が混ざり合いことばが混ざり合うことは，文化が変化することを余儀なくさせられる。変化を回避し，混じり合った宗教文化を「純粋」で均質なものに戻すための決定的な手段が口語文法典であった。ことばの政策というのは一見，補助的なものにみえるかもしれない。宗教裁判という暴力的な手段の方が，支配の手段としては直接的なものにみえるのかもしれない。実際，宗教裁判においては，多くのマラーノが残酷な拷問を課され，殺されていった。しかし，宗教裁判だけでは，信仰の純化を達成できるとは考えなかったようだ。支配者からみたマラーノは，公的な場ではカスティリャ語を話しキリスト教へ

の信仰を表していても私的な生活の場において聖書をヘブライ語で読みユダヤ教を信仰するために，純粋性を妨げるものにみえてしまった。したがって，暴力的な支配よりももっと根本的で効果的な支配が求められたのである。それが，ことば，特に話しことばによる支配だったのである。

　この文法典は，声の文化として日常生活の中に浸透していたカスティリャ語を，確固たる王国の正文法典に「格上げ」させる（現代世界に生きる私たちから見ての「格上げ」だが）。「声の文化」としてのカスティリャ語は単なる俗語でしかなかった，つまり一方言でしかなかったことはすでに記した。この「格上げ」によって，この俗語がさまざまな人々に使用されるときにはらむ，ことばや文化の「交錯」，それに伴う「変化」の可能性を排除することができるようになったのである。この力は，ちょうど地方から東京に出てきた若者が自分の方言を標準語に直すこととよく似ている。一見，何も規則がないのに自分の使うことばに「恥じらい」を感じ，自分で自分のことばを自発的に直すのだ。自分の意思に従って方言を直したようにみえても，実は見えないことばの規範が存在し，それが彼ら・彼女らのことばに影響を及ぼすのである。話しことばが規範になる（つまり，文法をもつ）ことによって，ことばが変化する可能性を排除するのである。その結果，ほとんどの関東圏の学生は標準語を話すようになる。しかも，自発的に。このように，人々にことばを自動的に修正させる力をもつのが口語文法典なのである。この文法典を考案したネブリーハは，当時の女王であったイサベルに以下のように述べる。

　　女王様が，さまざまな異なる言語を話す多数の野蛮の諸族や諸民族を支配下に置かれ，その征服によって，かれらが，征服者が被征服者に課する法律を，またそれにともなって我々のことばを受け入れる必要が起きた時，その時かれらは，ちょうど私どもが今日，ラテン語を学ぶためにラテン文法の術を学ぶのと同じように，この私の術（＝カスティリャ語文法典）によって，私たちのことばを理解するようになるでしょう。また，カスティリャ語を知る必要のある私たちの信仰の敵のみならず，バスク人，ナヴァラ

人，フランス人，イタリア人やそのほか，スペインにおいて，何か交渉や話をせねばならないとか，我々のことばを必要とするすべての人々が，子供のときから，習慣によってそれを学ぶほどにならないまでも，私のこの書物によってそれを知ることができるでありましょう[注]。

こうして，話しことばは変化の自由を奪われ，書きことば，つまり文法の支配の下に置かれることになった。そして，話しことばの文法は，統治・支配の手段として重要な役割を担わされてゆくことになる。ここでは，書きことばの話しことばに対する優位性が「当然」のものとなる。そして，この支配は緩やかにみえるために，あまり重要な歴史的出来事として世界史年表には登場しない。しかし，緩やかにみえるために，人々はその支配構造を見落とすのだ。人々が見落としてしまいがちなものであったために，この支配は強固なものになっていったのである。

4 おわりに：ことばの身体性とは

　口語文法を施行する人々にとって，文法の保障する「言葉」は，彼らの話しことばであり書きことばである。しかし，よく考えて欲しい。書きことばと話しことばが一致している人々は，文法など知らなくてもペラペラとそのことばを話すことができる。その人たちにとって文法は，すでに身に付いているものということになる。彼らには「文法」書の必要がない。皆さんも，自分の話すことばを考えてみてほしい。文法書などみなくてもそのことばを使用できるであろう。なぜならば，それはあなたの「身体」の一部であるためである。とても自分自身から切り離すことなどできるはずもない，自分の一部なのである。では，話しことばを書きことばに従属させる口語文法典は，主に誰が使用するためのものなのだろうか。

　すでに指摘してきたように，この文法典を使用することになったのは，「マラーノ」と呼ばれたユダヤ人であり，レコンキスタ以降もスペイン王国に留まることになった人々であることは疑いの余地はない（この章では言及しなかった

が，ほかにも「ジプシー」と呼ばれたロマなども居住していた)。特にユダヤ人は，キリスト教に改宗した後も，改宗ユダヤ人（コベルソ）として常に不条理な「異端審問所」の行う宗教裁判にかけられる危機にさらされた。民族の出自を示す自分たちの名前でさえ使用することができないほどの危機であった。ヘブライ語風の名前をもつものがいると，それは「異端審問所」に宗教裁判を行う口実を与えてしまったのである。名前もまた「声の文化」に属しているものの1つと考えることができるだろう。名前は，規範に関係なく，古代から民族の精神性（ここでは信仰）を呼び戻すことができるほど自由なものだから。名前の選択の余地を，たった1つの言語に制限するというのも，口語文法典の果たす役割の1つである。実際に，支配的な立場にある言語文化は，その支配領域を逸脱する名前を禁止していることがよくある。日本語による支配も例外ではない。後の章で取り上げる日本の植民地統治下にあった朝鮮半島などで行われた創氏改名も，この典型的な例である【参照⇒第4章1 2：日本の朝鮮支配について】。ユダヤ人は，ひたすら自分たちが改宗者であることを隠し，キリスト者として生活を送ったのである（なかには，比較的ユダヤ人にとって住みやすかったジェノヴァに逃げた人々もいた。前章で取り上げたコロンブスの先祖もこの一派であった）。

　口語文法典は，支配のための「道具」としてその存在意義を確立したのである。カスティリャ語という1つの話しことばに，書きことばの権威を付与し，支配的なことばとして流通させたのである。支配者にとってのカスティリャ語は，自由に使うことができるという意味で透明な存在であり，キリスト者としての存在を支えるために重要なものであった。正統なスペイン王国人＝キリスト教信者という等式を考えると，カスティリャ語を当たり前のものとして使うことが必要十分条件であったのである。その一方，ほかのことばや方言を話していた人々は，カスティリャ語を押し付けられたのである。しかも，それは文法という権威の後ろ盾をもち，異教徒を威嚇・支配する機能をもっていたのであった。口語文法典は宗教的支配のための政治的な「道具」として用いられ，王国内の民族・宗教の均一化を促すことになったのである。改宗者・異教徒は，

「道具」としてのカスティリャ語を与えられたのである。

　ことばが「道具」として機能しているときは，支配者の「まなざし」がそこにあることがわかるだろう。「コミュニケーションのための言葉」なんて単なる「道具」でしかない，と考える人は，支配者と同じ考え方をもっている人か，または「言葉」がもつ政治性に対して無知であるかのどちらかであろう。「ことば」は，私たちにとり，自分が誰であるかを自他に向かって証明するための，そして自分の存在とは切り離すことのできない大事な「何か」である。自分にとって「ことば」は，単なる「道具」以上の自分とは切り離すことなどできないものである。これを「ことばの身体性」と呼ぶ。

　他人にことばを強制する時，支配者にとっては，「言葉」は単なる「道具」である。しかし，押し付けられた人々にとって，それは決して単なる「道具」ではない。もし，「ことば」を単なる「道具」であると考えるとしたら，私たちはこの大切な「ことば」を自分の存在の「外」にある，自由自在に「使用すること」ができるものであると考えることになるだろう。しかし，それは，相手の「ことば」を奪い，その代わりに新しい「言葉」を埋め込み，心を純化することが可能であると考える支配者の論理である。この支配者の論理を，「植民地主義」という【参照⇒第2章[2][3]：植民地主義と人種主義について】。植民地主義者は，「言葉の身体性」を奪うのである。

　しかし，「私たち」は，「ことば」を植民地主義者のように考えたくはない。「ことば」は，使えば使うほど自分自身の一部になり，自分が誰なのかを確認してくれる身体の一部である。カスティリャ語を話すことがイベリア半島のキリスト者にとり自分が存在し続けるために必要なものだったように，ことばは使うことによって自分が「誰か」であることを確認する大切なものである。しかし，この口語文法典の発明以来，ことばは大きな変化を遂げ，「道具」の地位を与えられはじめた。「道具」は人間存在の「外」にあるものと考えられるために，大事にされることはない。たとえば，釘を思い出して欲しい。私たちは，釘を打ちそこなったときには，すぐに新しいものに取り替える。まがった釘は使い物にならないし，しかもそれはすぐに交換可能であると考えられてい

るからだ。ここでは，釘は単なる「道具」なのだ。同様に，ある「ことば」が，自分たちが思っているものとは違ったものに変化していると考えた時，それは壊れた「ことば」として修理されたり取り替えられたりしてきた。そのための規範が，口語文法典であった。カスティリャ語文法典について考えるとき注目すべき点は，その矛先を話しことばに向けることで，信仰つまり「心の純化」を図ったことにある。そして，この試みは大きな成功を収めたために，後に近代国民国家形成のモデルとして多くの支配者によって真似され，植民地支配にも利用されたのである。ことばを単なる「道具」と考える時，私たちは他人の心をコントロールしようとする「支配者・植民地主義者」のまなざしをもつことになる。そして，現在も私たちは，ことばを単なる「道具」のように使おうと考え，このことばのもつ政治的な危険性を忘れ続けている。

【ディスカッションのために】
1．自分にとって「ことば」は単なる道具なのだろうか。もし，そうでないならば，それは自分にとってどのようなものか。自分と自分の話すことばとの関係について考えてみよう。
2．皆さんにとって，「英語」とはどのようなものか。単なる「道具」か。それ以外のものか。
3．方言を書き取ってみよう。その際，皆さんはどのような気持ちになるか。
4．書きことばによそよそしさを感じ，話しことばに親密さを感じるのはなぜか。その理由を考えてみよう。

【リーディング】
ウオルター・オング（桜井直文訳）『声の文化』（藤原書店，1999年）
西垣通『1492年』（岩波書店，2000年）

田中克彦『ことばと国家』（岩波書店，1981年）
　　　　『ことばとエコロジー』（筑摩書房，1999年）
小岸昭『マラーノの系譜』（みすず書房，1998年）
フィリップ・コンラ（有田忠郎訳）『レコンキスタの歴史』（白水社，2000年）
正木恒夫『植民地幻想：イギリス文学と非ヨーロッパ』（みすず書房，1995年）
P. ヒューム（岩尾龍太郎ほか訳）『征服の修辞学：ヨーロッパとカリブ海先住民，1492-1797年』（法政大学出版局，1995年）
安田敏朗『「言語」の構築：小倉進平と植民地朝鮮』（三元社，1999年）
　　　　『植民地のなかの「国語学」』（三元社，1998年）
井上ひさし『国語元年』（中公文庫，2002年）
大澤真幸『電子メディア論』（新曜社，1995年）

【注】
この部分は以下のなかで引用されたものである。
田中克彦『ことばと国家』（岩波新書，1981年）59～60頁。

（藤巻光浩）

［トピックス①］英語帝国主義

　英語を使用する人口が，最も多い地域はどこかご存知だろうか。実は，アジアである。英語を使う人口だと，20億人（全世界の人口が60億人）。英語を母語として使う人口は，3億5千万人もいる（ちなみに，北米とヨーロッパでは3億人）。この質問に対して，北アメリカとか，イギリスであるとか応えた人も多いだろう。それほど，英語＝英米という等式が出来上がってきていることを証明するものである。みなさんの受けた英語教育のなかでは，英語を勉強する時，背後にある文化なども学ぶようにいわれ続けてきた。英語を勉強するなかで，アメリカやカナダや，イギリスをはじめとする英連邦の国々の文化を勉強するように教育されてきたのである。しかも，それらの文化は，みなさんの憧れの対象として登場したことだろう。しかし，英語話者の最も多い地域がアジアであることを考えると，私たちは「英語＝アメリカ文化・イギリス文化」という等式を，変え直していかなければならない。しかも，「アメリカ人」「イギリス人」により話されている英語が正統的な英語である，という考え方も変えていかなければならない。

　アジアのなかで最も英語話者の多い国は，インドである。利用するだけの人で10億人。母語話者で2億人ともいわれている。インドはインド人によるインド人のための英語が，浸透している地域である。ある国際コミュニケーション学者が，インドの大学で調査をした。この調査の1つに，インドの大学生の考える理想的な英語とはどのようなものかを調べるものがあった。皆さんも，同じ大学生である。あなたは，どのような英語が理想的であると考えるのだろうか。インドでの調査結果は，以下の通りであった。アメリカ人の話す英語を理想とした学生の比率＝4.0％。イギリス人の話す英語＝33.5％。知的なインド人により話された英語＝60.8％。ここで，「知的なインド人により話された英語」を理想とした答えが最も多かったのが印象的である。インドの大学においては，英語は大学社会の一部になっている。

　日本でこの調査をしたら，「アメリカ人の話す英語が理想である」という答

えが圧倒的に多くなるだろう。特に，英語の勉強を一生懸命している人ほど，「アメリカ中西部で話されている英語が一番！」とかなり具体的な答えを出すことだろう（アメリカ英語の平均的なアクセントをもつのが，中西部であるとされているらしいから）。しかし，ここでいう「平均的」というものは，何を基準にしたものなのか私にはよくわからない。「純粋なアメリカ英語」ということなのだろうか。「純粋なアメリカ英語」とは，何を基準に決定されるのだろうか。

近年，「英語＝英国・北米文化圏」という等式は英語帝国主義として批判されてきた。英語帝国主義とは，無理やり英語を強制させるといった古いタイプの帝国主義のことを指すわけではない。むしろ，1人ひとりが，「英語だけが学ぶべき言語で，その文化背景までまとめて学ぶべきである」と思い込む気持ちを起こさせる作用のことを指している。この作用は，1人ひとりに自発的に英語と北米文化・英文化をセットとして学ばせ，「英語＝英国・北米文化圏」であるかのような錯覚を起こさせるものである（しかも，北米にメキシコが含まれることを知る方はどれくらいいるだろう）。実際，日本では，英会話スクールはドル箱産業と呼ばれるほど盛況である。しかも，そこで雇われる講師は，アメリカン・アクセントかブリティッシュ・アクセントをもっていることが採用条件の1つでもある。それは，消費者が，この2つのアクセントをもつ英語だけを求めているからである。

さて，私たちが，「英語を道具にして世界を相手にする」という時，もっと真剣に「英語」のことを考えなくてはならないことがわかってきただろう。そして，ここでの「世界」とは，いったいどのようなものなのかをもっと考えなくてはならないのである。

【リーディング】
津田幸男『英語支配の構造―日本人と異文化コミュニケーション』（第三書館，1991年）
ダグラス・スミス（斎藤靖子ほか訳）『イデオロギーとしての英会話』（晶文社，1978年）

（藤巻光浩）

第4章
近代日本と植民地主義：
『脱亜論』の近代日本とアジア

【キーワード】

在日韓国・朝鮮人，外国人登録証，出入国管理事務所，韓国併合，日帝36年，植民地偏向型経済，創氏改名，朝鮮・韓国の被爆者，北緯38度線，朝鮮戦争（六二五戦争），朝鮮特需，サンフランシスコ講和会議，戦争責任・戦後責任（問題），福沢諭吉の『脱亜論』，脱亜入欧

---

1 はじめに

　古い話で恐縮ながら，あれはもう40年近くも前のこととなってしまった。1970年代のはじめ，大学進学を名目に上京した当時血気盛んだった私は，都内各地で行われていたヴェトナム反戦のデモに時折顔を出し，そこで知り合った新しい友人たちとの関係を作りつつあった。デモに参加していると，自然と土地勘も備わってくるのか，私は割合短期間でこの大都会での生活に慣れていった。普段は自動車に譲っている道だが，ことデモとなると路上を我が物顔に歩くことが許されるのだから，歩行者天国（古い言葉だな…）ばりのささやかな開放感にも浸ることができ，私は結構エキサイティングな気分で参加していた。

　ところが友人のなかに，いつ誘ってもデモに行かない奴がいた。その人物は普段からアメリカのヴェトナム攻撃を激しく非難していたので，「いっしょに行こう」と誘うのだが，「いや，それはダメ」と拒むのである。数度目のコンパの時だったか，彼はその理由を教えてくれた。「実は俺は在日韓国人で，外国人登録証をもって歩かなくちゃいけない。もし捕まっちゃったら，もしかしたら本国へ強制送還されちゃうからね」と，冗談とも本気ともつかない口調で

いうのだ。

　彼の話を聞くうちに，私はこの国に「在日韓国人・朝鮮人問題」なるものが存在するという，至極当然の事実をはじめて実感し（恥ずかしいことに，そうした問題はそれまでの自分にあっては，あくまでも教科書，参考書のなかにしかなかった），その問題のシビアーさに慄然としたことを今でも覚えている。彼いわく，自分は東京生まれの東京育ちで韓国に知り合いは誰もいないこと，コリア語をまったくしゃべれないこと，それにもかかわらず，自分は日本にあってはあくまでも「外国人」であり，したがって外国人登録なるものが必要で，出入国管理事務所（俗にニューカンという）に出向き，いくつかの質問に答えなければならないこと，政治的活動により最悪の場合は本国に強制送還の憂き目に遭う危険性があること（当時，韓国は朴正熙独裁政権の戒厳令下にあった），したがって，政治的行動には慎重でなければならないこと，等々を私に話してくれた。

　なによりもショックだったのは，彼が小さい頃から韓国人であるがゆえに理不尽な民族的差別にあってきたこと，そして日本国家と日本人にいいようのない不信と諦観を抱いていることだった（不謹慎な例えであることをあえて承知でいわせてもらえるならば，「ドラえもん」のなかで，のび太くんは「のび太のくせに生意気だ」という，いかんともし難い，ただそれだけの理由でいじめられている。在日外国人への差別の多くは，ある種の固定観念，偏見に基づいた，そうした理不尽さと共通した部分をもっている）。今でも愚問だったと後悔しているのだが，その彼に，私は恥ずかしげもなく，こんなことを聞いてしまったのだった。「お前，そんなにも嫌いな日本になぜいるんだ？」…その時の彼の表情は，今でも忘れることができない。

　本章では，グローバリゼーションと向き合う基点としての『この国のかたち』（司馬遼太郎）を今一度吟味してみよう。そして日本人とほかのアジアの人々との共生を考えていくための前提として，近代日本が彼らとどのように向き合ってきたかを，近代史の文脈において眺めていく。それはまた，私がかつて発したそんな愚問に対しての，ささやかな回答ともなるはずだ。

2 「日帝36年」

　先の問いかけに対する答えは，極めて"シンプル"な，しかしながら極めて重い歴史的事実に求められるだろう。それは1910年，大日本帝国が「韓国併合」を行い，朝鮮半島を植民地として支配した事実，そしてそれが日本の敗戦を迎える1945年まで続いた，という事実だ。ちなみに，この間の日本統治時代を朝鮮半島では「日本帝国主義支配の36年＝日帝36年」と呼ぶということを，その友人から当時の私は聞かされた。

　　　地図の上　朝鮮国にくろぐろと　墨を塗りつつ　秋風を聴く

とは，詩人石川啄木の歌だ。当時の啄木は赤貧生活のなかにありながら，近隣民族を力によってねじ伏せたこの国の将来が，そしてやがてやってくる世相が暗く重いものとなるだろうことを予感し，朝鮮民族の悲哀を自分たちの生活に重ね合わせ，その不安を詠じたのだった。しかし，そうした感慨をもつ日本人はごくごく少数で，当時の多くの日本人は「韓国併合」に万歳し，日本が世界の強国に列して「一等国」となり，アジアの盟主となったと，手放しで喜んでいたのだった。少し話が前後するが，その5年前，ロシアの極東支配をはねのけた日本帝国は1つの岐路に立たされていたように思われる。それは，当時の権力者たちがそう考えたように，日本が朝鮮半島から南満州一帯に植民地的権益を獲得し，欧米列強に倣ってアジアの人々の頭上に君臨する帝国主義国家としての道を進むのか，それとも孫文やケマル＝アタチュルクたち，抑圧されたアジアの民族運動指導者たちがわずかに期待をかけたように，その道と訣別し，抑圧されるアジアの側に立つのか，の選択だった。1905年の「ポーツマスの決断」は結局，前者を選ぶことにつながり，以後，軍事力拡大を梃子とした大日本帝国の大陸への強権的なコミットメントは，ますます強くなっていった。当時，朝鮮半島にいた1,500～1,700万人の人々は，その最も大なる犠牲者といえた。

　事実は"シンプル"でも，結果は極めて悲惨かつ複雑なものだった。朝鮮半島を植民地とした大日本帝国はこの地域に住む人々に対し支配者として振るま

い，さまざまな"改造"を強要した。

　土地の収奪（「韓国併合」から数年の間に100余万町歩の田畑と1,120万余町歩の山林が日本の国有地に編入され，やがて日本人地主の所有地となった）により，朝鮮では多くの農民が小作人に零落し，高率の小作料に苦しめられた。また，日本内地の工業振興策や食糧事情に対応して，朝鮮では桑，綿や米の作付けが強制された。これはイギリスがインドに対してそうであったように，植民地を宗主本国の原料供給地化するという植民地型偏向経済（colonial-propensity economy）への強制的な転換を迫るものだった【参照】⇒第2章5：中南米における植民地搾取の方法について】。「日帝36年」の間に朝鮮半島でのコメの生産量は増加をみたが，その一方で，日本内地へのコメの搬出量は増産ペースを遥かに上回っており，結果として，朝鮮人1人当たりのコメの消費量は1930–36年には1915–19年のそれに対して4割方減少してしまい，コメ不足が深刻化した[1]。

　また，1930年代になるとソ連との戦争を想定して軍事物資への需要が増したので，その兵站基地として主に半島北部を中心にした科学肥料，セメント製造工場，電源開発のための水力発電所などの建設が進んだ。しかしこれらは，あくまでも中国大陸への侵略を想定した備えであって，その事業のほとんどが日本人財閥によって行われたものであり，朝鮮民衆のための工業開発ではなかった（余談ながら，現在中国−北朝鮮と国境となっている鴨緑江にいくつかのダム建設を主導した日本人の1人に，野口遵という人物がいる。新興財閥の総帥だった野口は，ここで多くの朝鮮人・中国人から土地を取り上げ，また低賃金で賦役して財を成した。敗戦後，彼は熊本県水俣市にあった化学工場を復旧再編し，新日本窒素肥料株式会社を設立する。その後進であるチッソ株式会社が有機水銀を垂れ流し，1950〜60年代に大規模な「水俣病」の惨禍を引き起こしたことを思う時，戦前の植民地支配と戦後の公害問題との間にある，「奇妙な因果関係・連続性」に思いを馳せざるをえない）。

　まだある。日本の支配者達は「皇祖同根論」，「内鮮一体」に基づいて日本語教育，天皇崇拝，神社参拝を朝鮮の人々に強制した。学校では「国語」（朝鮮語ではなく日本語！）学習が強要される一方で，朝鮮語の学習時間は削られ，遂には母国語である朝鮮語の使用が全面的に禁止となる小学校もあらわれた。そ

ればかりではなく，1939年からは日本人風の姓名を名乗らせる「創氏改名」を強行した。これらは，天皇制の基礎となる「家（家長）」制度のもとに朝鮮の人々を同化させる一方で，儒教文化の伝統のもとで形作られた，固有の血族・宗族の絆を重んじる朝鮮民衆のアイデンティティー（「自分とは何か」の根底となる実態と意識）を現在のみならず，過去に遡ってまで抹殺する試みだった。大日本帝国によるこうした「民族アイデンティティーの抹殺政策」は，1919年の朝鮮民衆の反日・反植民地運動である「三一独立運動」以降の"文治主義"への転換以降，より組織的に行われていったが，それは相手の皮膚を1枚ずつ引き剥がすような，無慈悲で，極めて残酷な仕打ちだった。

③ 強制連行とヒバクシャ

さて，友人である韓国籍の「彼」がなぜ日本にいるのか，の問題に立ち返りたい。ここに酒を呑んで酔いつぶれた時の彼の発言がある。

「俺の祖父はね。強制連行されたんだよね。北海道で石炭掘らされてね。それで，俺の親父が生まれ，俺が生まれたわけ。別に日本にきたくてきたんじゃないんだよね。光復の時（注：日本の敗戦のこと），故郷へ帰りたくても帰れなかったんだ。金がなくてね。それまでは『日朝同根』っていってた日本政府は，ポツダム宣言受諾した後ではアンタラ外国人だから面倒みないからね，だろ。やってらんないね，マッタク…，お前ももっと呑めよな！（この後はヨッパラッテしまって意味不明瞭）」──ヨッパライの話のわりには，内容は極めてシビアだろう。実は彼と知り合い，こういう話を聴いていくうちに，私は自然と「アジアと日本」との間に横たわる深い溝を知らされることになった。日本人としてどうもやり切れなくて，別にそういう筋合いのものでもないのだろうが，この話が出る度に私は酒代をおごらされる羽目になっていた。

朝鮮人強制連行に関する調査記録をまとめた朴慶植の研究によれば，日本本土に居住していた朝鮮人，すなわち在日朝鮮人は1939年にはおおよそ96万～103万人だったのが，1945年には210万～237万人とほぼ倍増している。このうち，果たして何割の人たちが大日本帝国のアジア侵略に伴う国内労働力の不

足を補うために朝鮮半島から無理やりに連れてこさせられたかは，定かではない。しかし，多くの朝鮮人が生活に困窮し，食い扶持を求めて日本内地に渡ってこなければならなかったという事実だけは消せない。徴用あるいは軍属としての労働を含め，朝鮮の人々が日本にこなければならなかったのは，「日帝36年」の支配・搾取が生んだ結果であったことは確かだった。朝鮮資料研究会などが独自に調査した推計によれば，強制連行者の数は1939～1945年の間だけでも総計72万余人となっており，うち過半（34万余人）が石炭山に送られている。今日，日本国内に居住する在日韓国人・朝鮮人のうちの何割かが，こうた強制連行犠牲者の末裔であることは確実だ（表4－1参照）。

表4－1　朝鮮人労務者対日本動員数調査（1939～45年）

	連行数（人）				
	石炭山	金属山	土建	工場その他	計
1939	34,659	5,787	12,674	－	53,120
1940	38,171	9,081	9,249	2,892	59,398
1941	39,819	9,416	10,965	6,898	67,098
1942	77,993	7,632	18,929	15,167	119,721
1943	68,317	13,763	31,615	14,601	128,296
1944	82,859	21,442	24,376	157,795	286,472
1945	797	229	836	8,760	10,622
計	342,615	67,350	108,644	206,113	724,727
終戦時数	121,574	22,430	34,584	86,794	265,382

（注）表中数字は樺太，南洋への連行数を含む。
出典：谷川透「朝鮮人強制労働」『(季刊) 戦争責任研究』第46号（2004年冬季）所収。

敗戦前後の朝鮮人たちについて，もう少し語りたい。多くの日本人は1945年8月6日と9日という日付を悲しい過去として記憶している。いうまでもなくそれは，広島，長崎に原爆が投下され，何十万人にも上る人々が犠牲になった，あの記憶である【参照⇒第14章③：広島，長崎への原爆投下に至る背景と経過】。だが，原爆の犠牲になった人々のなかには日本人ではない人々，それも20を超える国の人々が含まれているという事実を知る人はそう多くはないのではな

いだろうか。たとえば，原爆投下時の広島県内には6～8万人の朝鮮人が在住していた。厳密にいえば，この時の彼らは植民地朝鮮の外地籍「大日本帝国臣民」だった。このうち朝鮮人被爆者の数は推測の域を出ないが，2万～3万2千人余りとされ，うち死亡者数は5,000～8,000人，内訳としては一般市民のほか，国民動員計画で募集された労働者，強制連行された徴用工，軍属などがいた。また，1972年に韓国原爆被害者援護協会は，「広島で被爆した後帰国した人が約15,000人，別に5,000人が在日していた」との数字をあげたが，日本と国交をもたない朝鮮民主主義人民共和国（北朝鮮）に戦後帰国した被爆者の実態はほとんどわかっていない。また彼らのほかにも，中国人留学生や強制連行された労働者，東南アジアからの留学生のほか，アメリカ人捕虜や日系アメリカ人なども被爆したことがわかっている[2]。

また長崎での被爆朝鮮人の数は2,299人～13,000人と幅がある（さらに中国人約650人，オランダ，イギリス，オーストラリア人捕虜が約200人[3]）。「原爆は地上にいた人々に等しく放射能と死をもたらした」とよくいわれるのだが，「死」に対する扱いについてはどうもそうではなかったようだ。強制的に連行，徴用され長崎で働かされたうえに被爆した朝鮮人たちの骸の扱いについては，日本人たちのそれとは異なって甚だひどいものだったという。つまり，朝鮮人たちは「死」さえも差別されていたのだ。前節で述べた水俣病問題で加害企業チッソを糾弾し，患者さんたちの声を代弁し続けた水俣市在住の作家石牟礼道子は，あるエッセイのなかで，被爆前後の長崎における朝鮮人の様子について，対面した被爆朝鮮人に深い愛情を込めて，以下のように綴っている。

> 「…どういうふうにして連れてこられたと思うとね，内鮮一体，戦争に勝つために，国のためにゆけちゅうて，自分の国じゃなか，どこの国のために連れてこられたとね。北から連れてこられたか南のどこから連れてこられたか，調べるちゅうても，原爆で名簿も灰になった。骨も残らんと死んでしもうた。たれがたれやらわからんようになってしもうた人たちば，どげんして調べるね。原爆の病気の特別の手帳，もらいに来い

というからもらいにゆけば，その時近所にいたひと二人証人に連れてこいという。近所のもんみな死んで，死んだもんはどがんして，幽霊になってもろて連れてゆかるるもんね。死人に口なしょというでしょが。原爆のおっちゃけたあと一番最後まで死骸が残ったのは朝鮮人だったとよ。日本人は沢山生き残ったが朝鮮人はちっとしか生き残らんじゃったけん，どがんもこがんもできん。死体の寄っとる場所で朝鮮人はわかるとさ。生きるときに寄せられとったけん。牢屋に入れたごとして。仕事だけ這いも立ちもならんしこさせて。三菱兵器にも三菱長崎製鋼にも三菱電気にも朝鮮人は来とったとよ。原爆がおっちゃけたあと，地の上を歩くもんは足で歩くけん，なかなか長崎に来つけんじゃったが，カラスは一番さきに長崎にきて。カラスは飛んでくるけん，うんと来たばい。それからハエも。それで一番最後まで残った朝鮮人のあたまの目ン玉ばカラスがきて食うとよ。…長崎の者なら知っとる筈よ。朝鮮の女学生も来とったとですよ。ていしん隊で。十六，七の娘の子が——。あんた，そそから胎のなかのものをぶらさげて歩きよったとですよ，まっぱだかで。すぐ死んだとやろ，あの娘は。妙な赤かきんたま下げてくるばいと思うてみたらおっぱいのふくらんどるけん娘の子じゃったとよ。親がみたらどげんおもうじゃろかいね。遠い朝鮮から連れられてきて。あの娘たちのことをどげんして調べられるとやろか。朝鮮の原爆の乙女のことは。ひとりも助かった娘はおらんとやろ。一万人あまりの朝鮮人が，じゅうっと，一ぺんに灼けて死んだろ，あの収容所の下で。六千度の熱で。原爆の白書，どげんして調べるとやろか。一番うらみのふかいものはぜんぶ死んでしもうたとよ。」[4]

　残念なことに，ここにみる近代日本国家によるアジア民衆に対する戦争責任はなお清算されていない。さらに，在外の朝鮮・韓国人被爆者に対しての救済措置はなお滞ったままで，特に北緯38度線以北の被爆者に対する救済措置は，ほぼ皆無の状態にある[5]。原爆投下を語る際に日本人は自身を「被害者」と

しての視点からのみ捉える場合が多いのだが，真実はむしろ逆のところにあるのではないか。彼らの深い悲しみに沈む感情の記憶に対して，戦後の日本国家や日本人もまた，極めて鈍感で無思慮であったことをあらためて噛み締めたい。それは戦争犯罪というよりはむしろ「戦後犯罪」とでもいうべきものなのかもしれない。またこのことをふまえるならば，「日本は唯一の被爆国である」という"神話"からも，そろそろ決別すべきだろう【参照⇒第14章⑥および⑧：ヒバクシャの「グローバル化」について】。

④ 北緯38度線と戦後日本

「フォーク・クルセダース」というフォークソング・グループが歌う「イムジン川」という歌を初めて聴いたのは，1960年代末だったろうか。

イムジン川水清く，とうとうと流る　　　北の大地から，南の空へ
水鳥自由に群がり，飛び交うよ　　　　　飛びゆく鳥よ，自由の使者よ
我が祖国，南の地，思いは遥か　　　　　誰が祖国を二つに分けてしまったの
イムジン川水清く，とうとうと流る　　　誰が祖国を二つにわけてしまったの

切々と歌われたこの歌がもつ政治的色彩に対しては，当時の南北朝鮮両政府がお気に召さないということもあって，このレコード（まだウォークマンもiPodもなかった！）は発売自粛・中止の憂き目に遭っている。ようやく最近になって復活し（といっても，もともとは朝鮮半島で歌われていた歌がオリジナルなのだが），紅白歌合戦では韓国出身の某女性歌手が歌い，また井筒和幸監督の映画「パッチギ」では主題歌として挿入されていたのを記憶している。

さて，問題はこの歌の意味するところである。

1945年8月15日に大日本帝国は連合国に無条件降伏をしたが，もともと1943年の米英中首脳によるカイロ宣言では，解放後の朝鮮半島では民衆による自由選挙によって1つの政府・1つの独立国家が作られることにが暗黙の合意となっていた。1945年8月8日に対日参戦したソヴィエト軍の南下に伴っ

て，日本占領に乗り出したばかりのアメリカ側では，朝鮮半島への米軍進駐によるソ連軍との偶発的衝突を避けるため，朝鮮半島の地図上に暫定的な進軍停止線を設けることとなった。もともとそれは，日本統治下の朝鮮半島で管轄されていた軍管区が異なっていたことに準じて設定された線に過ぎなかったのだが，これが「北緯38度線」であり，いきさつからしても，それが今日のような南と北を分断する境界となるものではなかった。しかし，ここで悲劇が起きる。その後の米ソ冷戦の深化によって，1948年には南に大韓民国が，北には朝鮮民主主義人民共和国がそれぞれ米ソの支援の下に生まれ，両者は「米ソの代理人」として鋭く対立することになったのだった。

　こうしてみてくると，今日の朝鮮半島における南北の分断状況をもたらしたそもそもの原因が，「日帝36年」に由来することも明らかだろう（少なくとも理論的には，朝鮮半島が日本の植民地でなければ，米ソによる分割的進駐はあり得なかったし，また朝鮮の人々が原爆投下で被爆者になることもなく，さらにいえば，8月8日のソ連の参戦以前に大日本帝国が降伏していれば，ソ連軍が朝鮮半島に進軍してくることもなかったのではないだろうか）。ただ，いかんせん，朝鮮半島の今日の政治状況と日本が深くかかわっているという認識は，多くの日本人にとって今なお希薄なものではないだろうか。

　1950年6月にはじまった朝鮮戦争（韓国では「六二五戦争」という）は，朝鮮現代史の悲劇性をいっそう深めた。百数十万の戦死者と一千万を超える離散家族，40％超の生産設備破壊，GDP 2年分に相当する財貨の消失（ただしこれら統計値は「南」のみ），そして南北分断の固定…歌にある「イムジン川」とは，ほぼ軍事境界線にそって，南北朝鮮唯一の接触窓口である板門店付近を流れる臨津江のことで，半世紀以上も続く祖国分断の悲痛さが伝わってくる。ついでにいえば，この戦争を通じて増大した特殊需要，いわゆる「朝鮮特需」をテコとして日本経済は回復を遂げ，1950，51両年には前年比60％超の輸出増による貿易拡大によって戦後の混乱期から脱出することに成功した（ちなみに，日本の工業生産額は1950年10月には戦前水準を突破した）。誤解を恐れずにいってしまえば，日本の経済復興はまさに朝鮮民衆の「血の犠牲の上に成り立っていた」

わけだ。

　さらに話は続く。今日，朝鮮民主主義人民共和国（北朝鮮）では多くの人々が飢えと貧困に苦しんでいると聞く。経済は疲弊し，消費物資が欠乏し，「脱北者」が後を絶たない。その一方で，「北」は日本人を拉致し，核兵器とミサイル開発に多額の国家予算を傾注している。まったく，「偉大なる将軍様」が支配するあの国はトンデモナイ国である，と多くの日本人は思っている。「権力は腐敗する。絶対的権力は絶対的に腐敗する」（アクトン卿）との言葉を借りるまでもなく，金正日・正恩の政権が民衆からはるか遠いところへ遊離し，自らの既得権益のみを守ろうとする強権体制となってしまっていること，したがって「終わりのはじまり」を迎えつつあることは事実だろう。

　しかし，そうした腐敗政権でさえ，1つのことについては間違っていない，と私は思っている。それは，「日本は朝鮮人民に植民地支配と戦争に対する責を未だに取っていない」という主張である。「片面講和」[6]だった1951年のサンフランシスコ講和条約によってとりあえず主権を回復した日本は，1965年に「南」の大韓民国と日韓基本条約を結び，韓国政府の対日賠償請求権の放棄の見返りに8億ドルの対韓援助を約束した。これにより，少なくとも法的には日本の「戦争責任」は消滅したというのだが，果たしてそうだろうか。たとえば，ソウルでは太平洋戦争中に「従軍慰安婦」（戦時性暴力被害者）として駆り出された朝鮮の女性たちが今でも日本大使館前に座り込み，定期的に抗議集会を行っているという。少なくとも「個人」のレベルにおいては，日本の戦争責任はいまだ完済されていないのではないか。仮に百歩譲って，日本政府の公式見解を認めたにしても，国交のない（つまり国家として承認していない）朝鮮民主主義人民共和国に住む2,000万余人の人々への対応は，今日もなお未完の問題である。韓流ブームやK-POPの流行などに触発される形で，日本人が朝鮮半島の人々との未来志向での付き合いを目指すのはほほえましくもうれしいことではあるのだが，しかしその一方で，今なお過去のしがらみにとらわれ，「懺悔の糸車」を操らなければならないというのは，何ともやりきれない話ではないだろうか。

5 『脱亜論』から「五族協和・王道楽土」へ

　「日本とアジア」のことを考える時にはどうしても，近代の欧・亜関係を整理し，そのなかでのかかわり・交わりのあり方を吟味していかなればならない。産業革命と自由貿易熱がもたらしたヨーロッパのアジア進出は，しばしば優勢な軍備と火力によって，アジアに屈服を強要するものだった。そして，そうした「理不尽な自由貿易」を押し付けられた側のアジア諸国では，それに反発するナショナリズムが起こり，ある地域では民族的な反乱（太平天国の乱，シパーヒーの乱，アラビ＝パシャの乱，甲午農民戦争等）を，そしてある地域では国家のあり方を変える改革・革命運動（洋務運動，変法運動，辛亥革命，タンジマート，青年トルコ党革命等）を生み出すことになった。

　日本の場合はどうだっただろうか。この辺はたぶんに物語風で，真偽の程は定かではないのだが，幕末期，上海を訪れた長州藩（現山口県）の高杉晋作は横埔江沿いの公園で「犬と中国人立ち入るべからず」との立て札を見，植民地化されるとはどういうことであるのかを痛感すると同時に，「今，列強が日本に攻め込んでこないのは長髪賊の乱（太平天国の乱）が彼らの軍をここに留めているからだ」と看破し，帰国後はいっそうの攘夷家となって倒幕運動に傾斜していった，という（高杉が上海から帰ってからさらに過激攘夷化したのは史実である）。当時20代そこそこの青年だった高杉を行動に駆り立てたものは，彼が上海で体感したヨーロッパ勢力の侵略に対する危機感ではなかったろうか。その高杉を主要な登場人物の1人として旋回した明治維新とは，つまるところは欧米列強の膨張運動に対する強烈な恐怖心と，攘夷ナショナリズムに根ざした民族的反作用だったといえよう。すなわち，強力な中央政府を打ち立て，欧米に倣った国民国家を作り上げない限り，日本はインドや中国の運命を追随していかざるを得ない，との恐怖心が明治国家を富国強兵・殖産興業への道をひた走りに走らせることになった。しかし，このなかで近代日本が対等な主体としてほかのアジアの国々を意識し，また日本人がほかのアジア民衆との間にいかにして平等互恵の関係を作り上げていくかという課題は，あまり論じられることはなかった（その象徴が初期の明治政府を2つに割った征韓論論争だろう。その重点

は、いかにして李朝朝鮮国との友好善隣関係を作り上げるかにはなく、新政府が下級士族の不平不満を逸らしつつ、いかに速やかに国家体制を整備し、欧米列強による植民地化の圧迫に対抗する時間を稼ぐかにあった。したがって、この問題は李朝朝鮮国との外交関係に対する意見の相違ではなく、あくまでも「国内問題」だった)。

　1885年、明治のオピニオン・リーダー福沢諭吉は後に『脱亜論』と称される論説を書いている。ある意味で、これは近代日本の対アジア観と、その後の大陸への膨張計略を決定付けたものだった。『学問のススメ』などによって一般的には自由主義的民権家として知られる福沢だが、『脱亜論』のニュアンスは、そうしたイメージとは少々異なっている。彼はいう。「かつて中国や朝鮮はわが国の文化の模範だったが、今は道徳的にも退廃し、自省の念も無く、数年で亡国の運命に遭うだろう。…わが国は隣国の開明を待って共にアジアの復興を遂げるだけの猶予は無いので、むしろその隊列から抜け出し、西洋の文明国と進退を共にして、西洋人が接するが如く朝鮮などを取り扱うべきである…」――有名な「脱亜入欧」路線の提唱である。当時の朝鮮情勢に対する冷徹な現状分析[7]を踏まえたものとはいえ、この理論の根底にあるものはアジア地域の政府や民衆に対する拭い難い蔑視であり、近代日本は福沢のこのアジア観を受け継いで富国強兵の道(それはやがてアジア侵略の道へとつながるのだが…)を邁進していった。そしてその過程で、近代日本国家・日本人はほかのアジア・アジア人を自分とは異なったもの、劣ったもの、蔑むべきものとしてとらえるという感覚を"体質"化させてしまった【参照⇒第3章4：いわゆる構造的暴力の内面化と人間の差別化について】。

　さらに、こうしたアジア観は、「したがって、われわれ日本人こそはアジアの盟主として君臨し、アジアのリーダーとして他の民族を啓蒙し、導いていかなければならない」という、傲慢不遜な理論へと容易につながっていった。

　1931年9月18日、奉天(現在の中国・瀋陽市)郊外柳条湖で起きた南満州鉄道の爆破事件(いわゆる「柳条湖事件」)を機にはじまった満州事変で、日本は翌年カイライ国家「満州国」の樹立を宣言し、中国侵略を本格化させた(ちなみに、中国ではこの事件のことを「9.18」と今でも読んでいる。「9.11」も重いかもしれ

ないが，こちらもそれ以上に重いものだ！）。柳条湖事件を引き起こした中心的人物の1人は，関東軍（満州駐留日本軍）の実力者石原莞爾中佐（当時）だった。帝国陸軍の不出世の天才といわれた石原は1928年に「満蒙問題解決のための戦争計画大綱」を発表し，

1．満蒙問題の解決は日本の活くる唯一の道なり。
2．満蒙問題の解決は日本が同地方を領有することによりはじめて完全達成される。この目的を達成するために対米戦争の覚悟を要す。
3．対米戦争の準備ならば，直ちに開戦を賭し，断乎として満蒙の政権を我が手に収む。

という，いわゆる「満蒙生命線論」を首唱している。

その石原は満州国建国に際して「五族（日・漢・満・蒙・朝）協和・王道楽土」を理念とし，「満州国はアジアのアメリカ合衆国のごときものとなる」と豪語したそうだが，「協和・楽土」の内実とは，あくまでも大日本帝国の国益と，日本人の優越を前提としたものだった。「五族協和」を体現するはずだった新京（満州国の首都・現在の長春市）の建国大学では皇室の祖とされる天照大神をまつった神廊が作られ，仏教徒やイスラームの学生たちにもその崇拝が強制された。この国が「幻の国」として，欧米はおろかほかのアジア民衆からも認知されず，歴史のなかに掻き消えていったのも当然のことではなかったか。『脱亜論』的イデオロギーが到達した究極の地点が「五族協和・王道楽土」と，その帰結としての広島・長崎の惨禍であったことを思う時，近代日本がアジアに対して課した負担が，他のアジア民衆のみならず，日本人自身にとっても，極めて重いものであったことを痛感する。

6 おわりに

古代ギリシャの哲学者アリストテレスがいうように「人間はポリス（社会的）動物」であり，その社会が特定の歴史的条件のうえに形成されたものである限り，現代に生きる人々もまた過去の呪縛から自由であるわけにはいかない。歴史を単なる「過去の事実」としてだけとらえるのではなく，「過去の対話」

(E.H. カー) を通じて「今」を考え直すことこそが重要だろう【参照⇒第1章④:「東アジア市民による東アジア市民のための東アジア近現代史」について】。

　本章でとりあげた「アジアと日本」の問題を，国際学の地平からどう考えていったら良いだろう。グローバリゼーションの進展する今日にあって，日本と諸外国，とりわけ私たちに身近なアジア諸国，そこに住む人々と，私たちがどのような関係を作り上げることが望ましいのか，という課題がここでは問われている。ここでとりあげた歴史的な経緯を踏まえて，「アジアが見つめる眼」を意識し，「共に生きる道」を模索することが，これからは重要だろう。私たちはそろそろ「脱亜入欧」を克服できるような，あるいは克服しなければならない時代に差し掛かっていることは間違いのないことなのだから…。

【ディスカッションのために】

1. 「植民地支配」がなぜ起こったのか，欧米列強や大日本帝国が植民地を必要としたのはなぜなのか，を考えてみよう。
2. 日本と中国，朝鮮半島との過去から現在にいたる関係を整理し，「今，解決しなければならない問題」とは何かを話し合ってみよう。
3. 私たちはアジアの国々，アジアの人々に対してどのようなイメージをもっているだろうか。またそれはどのような理由によるものかを，話合ってみよう。
4. 日中関係，日韓関係の今後がどうあるべきか，そのために私たちができることは何か，について話し合ってみよう。
5. 第2章にあるヨーロッパ列強による中南米支配と日本の朝鮮半島支配の相違点・類似点をまとめてみよう。

【リーディング】
　奥田孝晴『国際学と現代世界』（創成社，2006年）
　司馬遼太郎『世に棲む日々』（文春文庫，1975年），『坂の上の雲』（文春文庫，1978年）
　鈴木賢士『韓国のヒロシマ』（高文研，2000年）
　朴慶植『朝鮮人強制連行の記録』（未来社，1965年）
　松山猛『少年Mのイムジン河』（木楽舎，2002年）
　水野直樹『創氏改名』（岩波新書，2008年）
　安川寿之輔『福沢諭吉のアジア認識』（高文研，2000年）
　山室信一『キメラ―満州国の肖像』（中公新書，1993年）

【注】
(1) この傾向は太平洋戦争期にますます強まり，コメの搬出比率（生産高に対する日本内地への搬出割合）は1941-44年平均で51.7％に達した。ここから生じた食料不足を補うために，朝鮮には中国東北地方からの粟（雑穀）の輸入が増えた。こうしたコメ収奪を正当化するために，日本では「朝鮮人の体質・嗜好には雑穀が適している」といった"学説"さえ唱えられる始末だった。アジア共通現代史教科書編纂委員会『東アジア共同体への道』（文教大学出版事業部，2010）79頁。
(2) 上原敏子「外国人の被害について」広島平和文化センター『被爆証言集・原爆被害者は訴える　第2版』1999所収，153〜158頁。
(3) 長崎原爆資料館展示資料。
(4) 石牟礼道子「菊とナガサキ」(1968)，『全集・不知火第一巻』所収，（藤原書店，2004）341〜342頁。
(5) 戦後，日本政府は国内の被爆者に対しては医療や生活援護などを逐次進めてきたが，それはあくまでも「支援」であって，戦争責任を取る形での「賠償」としてではなかった。また，国外に住む被爆者については，長くその対象外とされてきた。たとえば，韓国の慶尚南道陜川郡には多くの被爆者が住んでおり，「韓国のヒロシマ」と呼ばれていたが，支援措置が充分に行き届かないままに，近年では被爆者の死亡によりその数も少なくなっている。彼らは戦後，それらの地で長く冷遇されてきた。それでも，韓国の被爆者およびその支援者たちは日本政府に対して，海外からの手当て申請，未支給手当時候の撤廃，海外からの被爆者健康手帳申請の許容などを求め，部分的には裁判でいくつかの成果を勝ち取ってきたのだが，日本政府の対応はなお冷たく，遅い。また本質的な問題である「日本国としての謝罪と補償」

については，ほとんど展望が開けていないのが現状だ。鈴木賢士『韓国のヒロシマ』（高文研，2000），鄭根埴『韓国原爆被害者苦痛の歴史』（明石書店，2008）参照。
(6) 冷戦下の東西対立のなかで，中国やソ連など関係すべての国々を含んだ相手との講和（全面講和）ではなく，米国および同盟諸国との講和という意味で，「片面講和」と言われる。
(7) 当時の李朝朝鮮国では1880年代に日・清両国に近い勢力間で政治抗争があり，1884年には親日派の体制改革勢力が一掃される事件（甲申政変）もあった。

（奥田孝晴）

第5章
近代と世界経済システム：
ヒト，モノ，カネの移動が生み出す「環太平洋の世紀」

---【キーワード】---

多国籍企業，世界の一体化，帝国主義の時代，モノカルチャー経済，垂直分業システム，ブロック（経済），新興工業経済群（NIES），輸出指向工業化，水平分業システム，ASEN（東南アジア諸国連合），雁行的経済発展，プロダクト・サイクル論，大日本主義と小日本主義，アジア太平洋市民

1 はじめに

　前の章では，主に歴史的視点から「アジアと日本」の間に横たわる溝の深さを考え，日本・日本人が「アジアの人々と共に生きること」の難しさを話題としてきた。

　しかし，物事には別の側面もある。いわゆる戦後の昭和世代がまだ若者だった頃とはかなり違って，政治の安定化や技術革新が進み，アジア全体の経済発展が次第に顕著なものとなり，それに対応して文化の交流も次第に深まってきた。今日では「アジアと日本」の相互依存の現実は，マスメディアの発達や，目の前にあるモノ（商品），カネ（資本），ヒト（経済学的にはいわゆる「労働力」である）を通じて結構具象化されており，若い世代は「アジア」を日常生活のなかで（多分，無意識的だろうが…），ごく自然なかたちで体感することができるようになってきたのではないだろうか。たとえば…

① モノ（商品）―日本で消費される商品の多くが"アジア産"であること

を知らない人はほとんどいないだろう。果物や加工食品といったものばかりではなく，多くの工業製品もまたアジアからやってくる。かつてはブラウン管型の旧世代テレビがソニー，東芝，パナソニック，日立などの日本の家電メーカーが中国や東南アジアに建てた工場で生産され，日本にもち込まれていたのが，今日では液晶テレビやプラズマテレビなども，アジアに生産の拠点を移している（なぜそうなるのかは国際経済学上のテーマで，それを説明するには「比較優位論」や「生産拠点シフト論」といった経済学的概念が必要となる）。現地の企業が生産，輸出する商品ともあいまって，家電製品の"主流"はアジアからの輸入品によって占められるようになりつつある。ほかの商品でも，たとえばユニクロしかり，「無印」しかり。繊維製品や雑貨類にはMade in China, Made in Indonesiaといった文字が刻印されている。アジア各国では地場企業も成長を遂げつつあり，今では日本でも有名となった企業が少なくない。自動車のHyundai（韓国），液晶テレビや半導体のSamsung（韓国），パソコンのAcer（台湾），Lenovo（中国）等々…。今日，日本の市場に溢れる商品の多くはほかのアジア諸国からきており，モノの生産－流通－消費を通じて，「日本とアジア」は濃密につながるようになってきた。

② カネ（資本）―工場が日本からアジアへと移転していく，あるいは現地の企業と合併して新しく会社を作ったり，現地の企業株を買ったりと，モノの移動とセットとなる形で，カネもまた移動する（いわゆる投資行動である）。それまで一国のうちに留まっていた企業活動が，より効率的な経営とより大きな利潤の獲得を目指して外国にも拡大していく。私たちはそれを「多国籍企業化」などといった言葉で表しているのだが，今日では，日本からのアジア諸国への投資が次第に増加している。また逆に，中国やシンガポールなどのファウンド（投資機関・企業）が日本企業の株式を取得したり，土地を買収するなどの動きも最近では活発となってきた。さらに，日本人が銀行に預けたお金が外国企業に貸し付けられたり，株の購入が企業の海外展開資金に使われることなども考え合わせれば，カネの流れを通じて，

私たちの日常生活そのものがアジアといっそう強く結び付けられるようになってきたことがわかる。

③ ヒト―モノ，カネの移動が生み出したつながりは，ヒトも動かしていく。海外旅行に出かけていく人々が増加するばかりでなく，海外へ転勤し，現地で働くことも今ではそれほど珍しいことではない。あるいは逆に，日本にも観光目的以外で多くの外国人がやってきて，いろいろな現場で働いている（後者の場合，その最大の理由は，自国に比べて働く場所が比較的多いということと，賃金が高いということだ。そうした賃金差が生まれるのはどうしてか？　実はこれも国際経済学上の大きなテーマの1つである）。今日，日本で外国人として登録されている約230万人の「外国人」（出入国管理法に基づく登録者数）は，戦前の植民地統治時代からの因果関係をもった在留者（いわゆる「オールドカマー」と呼ばれる）の人々を除けば，比較的新しい時代にやってきた（いわゆる「ニューカマー」と呼ばれる）人々だ【参照⇒第4章③：在日朝鮮人・韓国人について】。"ガイジン"をみかけることはもはやありきたりな現象で，かつて"エスニック"（人種民族的少数派・異邦人？）という名が付けられた衣料品店や料理店も，今では割合普通にみられる光景となった【参照⇒第11章③：食文化のハイブリッド化】。「ヒトとヒトの接触」という意味合いにおいても，「アジアと日本」との距離感は格段に縮まっている。

　今日の経済活動はモノ，カネ，ヒト，そしてブンカが国境を越え，移動することを1つの大きな特徴としている。生産や消費行動が国民経済の規模を越えてほかの国々や人々とより密接につながり，したがって，地球の一地点で起きた事件がたちまち世界の至る所に大きな影響を及ぼす。地球が"狭く"なり，否応なく自分と他者の関係がより密着したものとなってきた。特にアジアの国々，アジアの人々との関係はいっそう太く，濃いものとなっている。…こうした時代を私たちは生きている。そう，それが，グローバル経済と呼ばれる「今の時代」の特徴なのだ。

2 グローバル化時代の背景：植民地化と垂直分業システム

　アフリカや南北アメリカ大陸の人々を巻き込み,「世界の一体化」が本格的にはじまったのはヨーロッパ世界の拡大が進む16世紀以降だが,「経済の一体化」がより大きな波となって進んでいったのは18～19世紀, 産業革命が生んだ産業資本が, より大きな海外市場を求めてアジア, アフリカ, ラテン・アメリカなどの地に自らの勢力を及ぼしていった頃からだろう【参照⇒第2章：同章では, このような形での「一体化」は, 1492年に端を発するとみている】【参照⇒第7章3：資本主義社会の成立について】。やがて欧米の資本主義は成長し, 金融資本を中核とした独占体が国民経済を握り, 豊富な資金を背景にして政治をも牛耳るようになると, 今度は資源の確保や資本の輸出先を求めて, 武力に訴えてでもより多くの植民地を得ようと, 軍事的な膨張運動がはじまった。欧米独占資本諸国—いわゆる西洋列強—はライバルたちとの「競争」に負けるわけにはいかず, また, 進出先での民衆の抵抗に直面することも覚悟しなければならないので, ひたすら軍備の拡張と領土の奪取に狂奔することとなる。こうして, 19世紀末には「帝国主義の時代」がやってきた。

　帝国主義下の植民地では, 社会, 経済の"改造"が進行した。植民地支配者たちは, それまであった現地の支配構造には直接手をつけず, その上に"寄生"をすることによって, 現地の権力者達を巻き込んだ重層的な支配秩序を打ちたて, 人々から土地や税金を搾り取っていった【参照⇒第2章2および4：植民地支配の視点について】。また本国の工業をより発展させるため, 本国の商品需要に応えるべく, 植民地では鉱山開発が進み, 農村部では工業原料品や嗜好品（食料とは異なる商品作物＝「換金作物」）が半ば強制的に植え付けられた。「ザイールの銅」,「インドの綿花」,「スリランカの紅茶」,「マレーシアのスズ」,「フィリピンのシサル麻」, そして「ブラジルのコーヒー」等々…たぶん小中学生の頃にテストで出題された, 今なお部分的に残っている"一国一品の特産品リスト"は, この頃に出そろった。西洋列強が押し付けたこうした生産の特化によって, 植民地の経済は単一産品生産・単一栽培システム中心の経済体制（モノカルチャー経済という）にゆがめられ, 植民地の経済は宗主本国経済に結び付

けられ，それに従属するものとして再編されていった。その後進行したものは，本国の経済的繁栄と植民地の零落，貧困化だった。「支配するものとされるもの」，「富める世界と貧しき世界」への二極化をもたらしたシステム，つまり，本国は付加価値（儲けの度合い）の高い工業製品を，植民地はそうでない原料や換金作物を生産し交換し合うという，国際経済上の「押し付けられた分業」の仕組みは「垂直分業システム」と呼ばれている。そして，こうしたシステムが強固に出てきてしまったがゆえに，かつての植民地であった「発展途上諸国」の多くは，政治的な独立を達成しても，なかなか貧困と低開発から脱出できないでいる，ということも覚えておきたい。

　列強の膨張運動は，いわゆる「世界政策」の激突として深刻な結果をもたらした。その典型が第一次世界大戦（1914～18年）だったが，世界の「垂直分業システム」はその後もあまり変わることはなかった【参照⇒第7章⑤：帝国主義の時代とその特徴】。大戦後，戦場となったヨーロッパ諸国に代わって，世界経済の中心は世界唯一の債権国（お金を外国に貸している国）となったアメリカ合衆国へと移り，ニューヨークの証券市場が世界金融の中枢機能を担うようになっていった。「世界経済の一体化」はますます進んだが，宗主本国―植民地の権力体制自体は，植民地で台頭する民族独立運動にもかかわらず，大勢としてあまり大きく揺らぐことはなかった。

　1929年，ニューヨーク証券取引場ではじまった株価の暴落と生産過剰の顕在は，世界の経済に大きなショックを与えた。アメリカの不況は同国の商品・資本市場に依存していた欧州経済を混乱に叩き込み，資本の還流機能が麻痺してしまった。欧米各国は近隣諸国を犠牲にしてでも，自分達の経済回復を図るべく，宗主本国―植民地（あるいは彼らの影響圏）の経済的絆を強め[1]，排他的な「ブロック」を形成して保護主義へと舵を切り，第三国からの流入商品に対しては高い関税障壁のバリアーを張り巡らした。ここに世界経済の「分解」が進行した。この最大の犠牲者はもちろん植民地の民衆たちだったが，国内市場が狭く，植民地もあまり多くはない「持たざる国々（帝国主義諸国）」もまた，この過程で深刻な打撃を蒙った。その反作用として，イタリアでは国家ファシ

スト党が，ドイツではナチス（国家社会主義ドイツ労働者党）が，そして日本では軍部が中心となって「植民地再分割」，すなわち周辺諸国への侵略が進んでいった（いわゆる枢軸3国が「自給圏」とか「生命線」とかのスローガンを掲げて，侵略戦争を強行したことは興味深いことであろう。これら3国は世界的な保護主義の強まりによって"仲間外れ"にあい，疲弊困憊する経済状況を立て直し，民衆の不満を解消するための打開策として，海外領土の拡大＝排他的経済ブロックの樹立を切実に欲していた）。そして，その帰結が第二次世界大戦（1939～45年）という惨劇にほかならなかった。

③「グローバル経済」の新局面：自由貿易と水平的分業システムの時代へ

　20世紀中ごろの世界は，植民地における民衆の独立と民族解放に向けた闘いを大きな特徴としている。第二次世界大戦前後からアジア，アフリカ，ラテン・アメリカ地域——一括して「第三世界」と呼ぶこととする——では，帝国主義による支配からの解放を目指し，政治経済的な独立を達成しようとする民族運動が本格化した。そしてその潮流は，やがてアジア，アフリカ地域を中心に多くの新興独立諸国を生み出した。近代世界において「二級市民」として虐げられてきた第三世界は，ようやく世界史の主役として，立ち現われてきたのだった【参照⇒第16章①②：第三世界の人々との関係性について】。

　もっとも，政治的独立を遂げたとはいえ，多くの新興諸国は植民地時代の「負の遺産」を引きずっていた。支配者だった外国人資本家や技術者がかの地を離れ（当然，資本と技術のノウハウもなくなる），工業化への展望が失われる一方で，モノカルチャー的経済構造の変革はなかなかはかどらず，第三世界では植民地時代以上に深刻な経済危機が訪れた。経済の混乱は政治の不安定化につながった。絶え間なく起きる部族紛争や軍事クーデターによる流血，ただでさえ乏しいインフラストラクチャー（産業・生活基盤）の破壊，そしてそれらの相乗作用による飢餓と貧困に，第三世界の多くの国々はさいなまれ，開発は停滞した。また，ソヴィエト連邦・モデル（社会主義）の計画経済を取り入れて農村の集団化や急進的な工業化を図り，「自力更生国家」（中国）・「千里馬国家」

（朝鮮民主主義人民共和国）の建設を目指した社会主義発展途上国家も，当初こそ急速な経済成長を経験したものの，経済運営の不効率とその閉鎖的性質のために世界市場から遊離され，技術革新の波から取り残され，次第に経済が疲弊していった。第三世界にとっての「希望」は，失われたかにみえていた。

　しかし，ここに別の潮流が存在した。1930年代のブロック経済時代の保護主義が世界大戦の惨禍を招いたことへの反省と，第三世界新興諸国に対する経済援助の国際世論（もっともこれは，多分に米ソ冷戦によって対立する東・西諸国が彼らを自陣営へ取り込もうとする援助合戦の側面が強かったのだが…）の高まりもあって，戦後の世界経済はアメリカ主導の自由貿易主義をその旗色とした。さらに，製造業を中心とした目覚ましい技術革新が技術ノウハウのパッケージ化とスピルオーバー（他者への移転）とを可能とし，労働集約的製造業種に携わる企業群の経営戦略が，先進諸国から後発諸国での生産を指向するようになったこととも相まって，特定の社会経済条件（たとえば農地改革等による社会の近代化，技能労働力，起業家精神あふれる民間資本，適切な産業振興策，過小評価気味の為替レート等々の条件）を備えた一部の途上国では，その"チャンス"をとらえ，先進諸国への「経済的追いつき（キャッチアップ）」がはじまった。その典型が韓国や台湾などのアジア新興工業経済群（NIES）で，彼らは自由貿易環境を利用して先進諸国（特にアメリカ）に繊維，食品，合板などの労働集約的消費財を売り込み，外貨を稼ぎだす一方で，やはり先進諸国（特に日本）からの機械部品（中間財）や製造工作機械（資本財）を安く輸入したり，あるいは先進諸国企業の経営資源を受け入れたりして，自国の産業構造を高度化していった。いわゆる「輸出指向工業化」による経済発展がみられるようになった。

　この過程で重要なのは，19世紀的な垂直分業システムが次第に崩れていったことだろう。すなわち，先進諸国と後発諸国の輸出製品は工業製品─原料といった「別物」ではなく，たとえば工作機械─繊維製品あるいは精密部品─一般的部品といった「製造業内の棲み分け」へと変貌し，次節で触れるように，今日の東アジア・東南アジア地域では製造技術の水準や付加価値の差に基づいた同一完成品内の部品（たとえば，テレビ部品A─テレビ部品Bといった形）での工

程間分業による商品生産—これを先の「垂直分業」に対して「水平分業」と呼ぶ—が主流となっている。したがってその貿易の特徴は，異なる産業の異なった商品交換（これを産業間貿易 Inter-Industry Trade という）から，同一産業内での商品交換（これを産業内貿易 Intra-Industry Trade という）へと変わりつつある。

こうして，国際経済における「グローバル化の質」は一部の地域においては着実に，しかも急速に変貌してきた。

4 「雁行的経済発展」がもたらしたもの

この節では，そうした水平的分業が発展してきた代表的な地域として，東アジア・東南アジア地域の経済に絞って話を進めたい。

今日のこの地域の特徴は，先に触れた「輸出指向工業化」を，この地域の多くの国々が連続的に成し遂げ，かつての植民地型経済からの脱却にほぼ成功したことだ。1960年代に高度経済成長を遂げた日本に続いて，60年代末〜70年代には NIES，次いで80年代半ば〜90年代には中国や ASEAN（東南アジア諸国連合）の国々が相次いで成長軌道に乗っていった。そして，最近ではインドを代表格とした南アジアの国々も経済発展を遂げつつある。この地域における連続的な経済離陸は，あたかも渡り鳥がリーダー鳥（？），以下隊列をなして飛んでゆく姿にも例えられ，「雁行形態論」(Flying Geese Model) という名前が付けられている。

では，そもそもなぜ経済発展の「連鎖」が可能となるのだろうか。この根底にあるものは製造技術（あるいはそれに代表される特定工業製品の生産能力全般と置き換えても良い）に関しては一定の「寿命」があり，水平分業システムにある地域経済においては一国（先発国）で「寿命」を終えた製造技術は他国（後進国）に移転していく，という考えだ。一般に製造技術は開発期→普及期→旧式（陳腐）化期という流れをとって次世代の技術に置き換えられていく。先発国では旧式化した製造技術に見切りをつけて新しい技術開発に乗り出していく。そして，先発国で時代遅れとなったそれは次に後発国へと移転され，後発国の工業化に寄与することとなる。

こうした考え方の最も有名な理論の1つにR.バーノンの「プロダクト・サイクル論」がある。下の図はそれを簡単に示したものだが，開発された新しい製造技術により生産 (P) は増加し，やがて国内需要を上回る分は輸出 (Ex) されるようになる。しかし，この技術が普及していくにつれ，先発国（の企業）には「うまみ」が薄れ，やがて技術の旧式化とともに生産は縮小，やがてその技術は後発国（の企業）に移転され，その後はそこからの輸入 (Im) によって国内需要が賄われるようになる。そして先発国（の企業）には，移転によって生じた経営資源を新しい製造技術の開発に振り向ける余裕が生じる，というわけだ。

図5-1 プロダクト・サイクル論の概念図

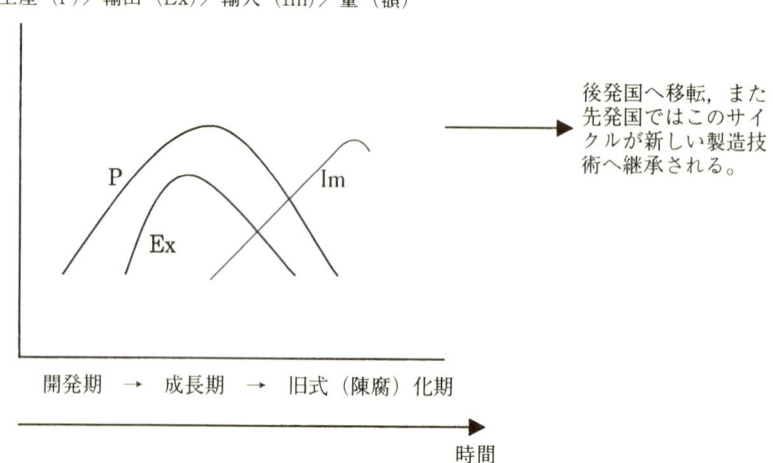

後発国へ移転，また先発国ではこのサイクルが新しい製造技術へ継承される。

もちろん，こうした「移転」が可能なのは，後発諸国が相応の受け入れ能力（教育水準や資本・技術力など）をもっていなければいけないわけだが，東アジア・東南アジア諸国では，あるものは儒教倫理に裏打ちされた教育熱の高まりで，あるものは低利の政府金融を通じた財閥形成で，またまたあるものは経済自由化による外国資本の導入などの方策によって，このハードルをクリアし

ていった。この地域で20世紀の後半に進行した工業生産能力の国際的再配置過程は，文字通りの意味での「発展途上諸国群」を形成する，世界史的にも重要な出来事だった。

5 おわりに：大日本主義から小日本主義へ，そしてアジア太平洋市民へ

　「雁行的経済発展」の結果，今日の東アジア・東南アジア地域は「世界の工場」となり，太平洋を取り巻くアジア～北米～中南米の国々には世界の6割強の国内総生産（GDP）が集中し，また世界貿易においても，過半の商品が太平洋を行き来するようになってきた。環太平洋諸国は世界経済の中心を占めるまでになっており，まさに，「21世紀は太平洋の時代」となってきた。

　「文明の衝突」が危機感をもって叫ばれる昨今だが，アジア太平洋地域で進行している経済の連携は1つのまとまり…太平洋経済圏とでもいうべきものを生み出しており，そのなかで多様な諸民族の多様な文化が部分的には並存し，また部分的には刷新され，融合している。少なくとも環太平洋に位置する国に住む私たちは，形を為しつつある新たなグローバル化時代を前にして，文化，宗教，言葉の壁を乗り越え，互いの価値観を交え，共有する地平に立っている。かつてドイツとフランスは領土をめぐって争いを続け，2度の世界大戦を引き起こす主要な対立軸だったが，その「仇敵」同士は，戦後進んだ経済的統合の過程で価値観の共有化を図り，今では欧州連合（EU）の主要国として，統一通貨を使用するまでに至っている。その欧州に今育ちつつあるのは，「私たちは欧州各国の国民であると同時に，『欧州市民』でもある」という意識である。文化，歴史，風土など，あらゆる面において欧州に比べると多様性の大きなアジアだが，「太平洋の世紀」を迎え，経済的結び付きがいっそう強まっていく中で，私たちは「アジア太平洋市民」という意識を自覚し，国際的諸課題に対処していくことが，今後ますます必要となるのではないだろうか。

　もちろん，そのために克服すべき課題は多い。東アジア地域に限っても，領土の問題，歴史認識の違い，核拡散の危険性など，懸案は山積みだ。それでも，身近なところから，そうした問題を解決できるための行動が必要だ。アジアへ

の理解を深める，国際学のキーポイントである「つながり，かかわり，交わり」の現状とあるべき姿の乖離を埋めるために，研究や具体的な行動を起こす・・・その具体的な方法は，1人ひとりが考え得ることではないだろうか。

示唆に富む意見が100年前の1人の日本人から出されている。1920年代の大正デモクラシー時代を代表する進歩的ジャーナリスト，そして戦後短期間ながら総理大臣になった石橋湛山は，ワシントン会議（1921）に日本代表が出席するのに際して朝日新聞紙上で日本が今後進むべき道，後に「小日本主義」として有名となった彼のグランドデザインを次のように描いている。

> 「…賢明なる策はただ，何らかの形で速やかに朝鮮台湾を解放し，支那（中国）露国（ロシア）に対して平和主義を取るにある。しかして彼らの道徳的後援を得るにある。かくて初めて，我が国の経済は東洋の原料と市場とを十二分に利用し得べく，かくて初めて我が国の国防は泰山の安らぎを得るであろう。…経済的利益のためには我大日本主義は失敗であった。将来に向かっても望みがない。…資本はボタ餅で，土地は重箱だ。入れるボタ餅が無くて，重箱だけを集むるは愚であろう。ボタ餅さえたくさん出来れば，重箱は，隣家から，喜んで貸してくれよう。しかしてその資本を豊富にする道は，ただ平和主義に依り，国民の全力を学問技術の研究と産業の進歩に注ぐにある。兵営の代わりに学校を建て，軍艦の代わりに工場を設くるにある。…朝鮮，台湾，樺太，満州という如き，わずかばかりの土地を棄つることにより広大な支那の全土を我が友とし，進んで東洋の全体，否，世界の弱小国全体を我道徳的支持者とすることは，いかばかりの利益であるか計り知れない。…」[2]

当時の大日本帝国が台湾や朝鮮を植民地とし，さらに中国大陸への侵略・膨張をはじめようとしている政治情勢のなかで，石橋は「朝鮮も台湾も要らぬ，何もかも棄ててかかるのだ。そしてこれらの人々に自由を許せ」と説いた。そしてそうすれば日本の国際道徳的地位は上がり，欧米列強の植民地支配に苦し

められているアジア諸国の民衆から尊敬を受けるようになるだけでなく，海外領土を支配するのではなく自由な貿易立国を目指せば，互いに経済的に豊かになり，戦争も起こらず，国防費もかからない。さらにその分を新しい産業振興に使えば，平和で豊かな日本が生まれ，より良いアジアとの関係も実現できる，と主張した。大陸国家へのコースを取り，植民地を支配し，また侵略戦争を起こしてアジア民衆との関係を決裂させる「大日本主義」をやめ，相互依存と互恵に基づく，平和的でオープンな自由貿易立国を目指そうとした彼の「小日本主義」は，当時の日本社会ではついに受け入れられなかったものだが，その理想は部分的には戦後日本に継承，発展されたものだった。21世紀の「アジア太平洋新時代」をむかえるにあたって，私たちはそこからさらに一歩進んで，国家や民族のしがらみから少しばかり自身を解放し，アジア太平洋共同体市民の視座から，この地域の，さらには世界全体の繁栄と平和を模索することを考えてみようではないか。

　蛇足ながら，筆者は時々，大学の地元である茅ケ崎の海岸に立って海を眺めてみる。はるか太平洋につながるこの海に，アジア太平洋市民としてのアイデンティティーを問い掛け，その障害となる幾多の問題を乗り越えていくためにどうしたら良いかを考えるのも，存外悪くはないのではないだろうか。

【ディスカッションのために】

1. 日本とアジアの国々との間にある経済関係を，身近ないくつかの商品を例にして考えてみよう。(例：シャツ，パソコン，エビ，バナナなど)
2. 帝国主義時代の植民地では，どのような仕組みによって多くの人々が貧しい状況に追い込まれていたのかを話し合ってみよう。
3. 「環太平洋の時代」と呼ばれる今日，私たちは「アジア太平洋市民」としてどのような自覚をもつべきだろうか，話し合ってみよう。
4. 「環太平洋の時代」にあって，私たちは世界の平和や貧困の解消にたいしてどのような貢献ができるだろうか，話し合ってみよう。

【リーディング】
　奥田孝晴『国際学と現代世界』（創成社，2006年）
　谷口誠『東アジア共同体』（岩波書店，2004年）
　村井吉敬『エビと日本人Ⅱ』（岩波新書，2007年）
　レーニン（宇高基輔訳）『帝国主義』（岩波文庫，1956年）
　吉岡昭彦『インドとイギリス』（岩波新書，1975年）

【注】
（1） 1930年代に行ったアメリカの対中南米友好善隣外交やイギリス連邦のオタワ協定などがその事例。
（2） 石橋湛山「大日本主義の幻想」，大正10年（1921）7月30日，8月6日，8月13日号「社説」，『石橋湛山全集第4巻』所収（東洋経済新報社，1971）24～29頁（粋）。

　　　　　　　　　　　　　　　　　　　　　　　　　　　　（奥田孝晴）

第6章
グローバリゼーションとジェンダリズム：
世界の地球化と男女性別の自然概念化

【キーワード】

「世界の地球化」，大地球形説，封建制から絶対君主制へ，ウエストファリア条約，「主権国家」の線分，「市民革命」の時代，国民国家，「国民」の線分・「人種」の線分・「階級」の線分，グージュの「女性と女性市民の権利宣言」，男女性別の自然概念化，近代家族，恋愛，結婚

---

1 世界の自然概念化を学び捨てる

　近代社会に住んでいる私たちは，日常世界のさまざまなことを自明視して生活している。特に近代社会が構成した世界観は，私たちにとって余りにも当たり前のことになってしまっていて，私たちが自明視していることさえ気付かないほど，当然視していることが多い。この章では，そうした私たちが無自覚に自明視している事象のいくつかを取り上げ，そうした事象の成立のメカニズムを理解してみたいと思う。ここで取り上げる事象には，これまでの章で検討してきた「グローバリゼーションの歴史」にかかわる事象も含まれている。特に，副題にあげた「世界の地球化」と「男女性別」の自然概念化を事例にしながら，自明的世界観のアンラーン（学び捨てること）[1]を試みたいと思う。

2 グローバリゼーション：世界の地球化

(1) 地球の世界観のはじまり

　グローバリゼーションとは，英語のglobalizationのカタカナ表記である。こ

のglobalizationのglobe（グローブ）とは英語で球，球体，球形のもの，丸いものを意味している。ラテン語 *globus*（円体・球）が語源だといわれている。たとえば英語では，球形のガラス器（ランプやガス灯の傘，ほや，電球，金魚鉢など）や眼球なども globe と表現されている。特に，この「丸いもの」とは，地球・天体のことである。したがって日本語に直訳すれば「地球化」となるグローバリゼーションは，「地球の円周上をぐるっと回る運動のこと」ともいえるだろう。いずれにせよ，グローブ，グローバル，グローバル化，グローバリゼーション，グローバリズムなどの表現が見られるところでは，世界が「地球」（球形の天体・惑星）であることが前提とされ，世界は「丸いもの」＝「地球」であることが当然視されている。

　しかし世界の人びと（人類）は，世界（world）が球（丸いもの），まさに「地球」であることをいつごろ，そしてどのように，認識したのだろうか。たとえば英語で，地（ground）を意味する earth は，いつごろから地球（the planet earth）という球体・惑星を意味するようになったのだろうか。英語の earth は，ただ単に天空に対する大地，地，陸地，陸（ground, land, soil）のことを意味するだけで，丸いもの，球，球体という含意はどこにもなかったのだ。そこでこの章では，まずグローバリゼーションの問題として，この「地」が「球」である，まさに「地球」であるという発想が，どのようにして，「地球の円周上をぐるっと回」ったのかを考えることからはじめることにする。

(2) 大地は丸い？

　実は「大地は丸い」という考えが生まれる前には，「世界は平らである」と信じられていたようだ。だがこうした考え方は，生活実感としてはごく「自然な」ことだと思われる。世界の諸言語は，それぞれ独自の世界観（world view）や宇宙観（cosmology）をもっていると考えられている。しかし2, 3千年前ぐらいまでは，どの言語も（日本の言語も）「大地は平らである」ことに，疑念を抱く必要はなかったのだろう。そうしたなかで，近代西洋の諸言語の起原と想定されている古代ギリシア語で書かれたアリストテレス（384-322 B.C.）の『天

体論』において,「大地は平らでなく丸い」という命題の存在が確認されている。

エジプト北部にあるアレクサンドリアにいたエラトステネス (276-196 B.C.) も,「大地は丸い」という仮説をもっていた。彼は夏至の日の太陽の南中高度に注目した。アレクサンドリアとシエネ（アレクサンドリアから約920km真南にある街）では,夏至の日の太陽の南中高度が,シエネで大地に垂直の頭の真上だったのに対して,アレクサンドリアでは垂直から約7.2度傾いていることを確認したのだ。したがって「大地は平らである」とはいえないと結論付けたのだ。こうした確認の後,彼は丸い大地の全周は,920kmの50倍（360／7.2＝50）と計算し,4万6千kmとした。現在地球の全周は4万kmとされているので,かなり正確な数字が当時すでに出ていたことになる。

ここで1つ確認しておきたいのは,こうした「大地は丸い」という知識は,古代ギリシア語（共通語コイネー等）やラテン語を学ぶことのできた西洋の教養人のものであり,書き言葉ではない庶民の日常語においては,依然として「大地は平らである」が,一般的な信念であっただろうということだ。その後,キリスト教のカトリック的世界観中心の中世ヨーロッパを通して,「大地は丸い」という考え方が,注目されることは余りなかったようだ。ヨーロッパにおいては,15世紀のルネッサンス期に,大地球形説（大地は丸い）が再発見されることになるのだ。

(3) 大地球形説の再発見

ヨーロッパのルネッサンス期において,大地球形説を唱えた人物としてあげられるのは,イタリア,フィレンツェのトスカネリ (1397-1482) である。コロンブスのアメリカ大陸発見に影響を与えた人として知られている人物だ。よく知られたこの「コロンブスのアメリカ大陸の発見」という言い方には,実はさまざまな誤解が伴っている。たとえば,この「コロンブス」という名前に関しても,イタリア,ジェノバ生まれの航海者 Cristoforo Colombo (1451?-1506) 自身は,英語式のクリストファー・コロンブス Christopher Columbus という

名称を，一度も使ったことはないといわれている。また新大陸がインドやアジア大陸でないことを確信したのは，コロンブスではなく，イタリアの航海者アメリゴ・ベスプッチ (1454-1512) なのだ。「アメリカ」という名称の由来も，ベスプッチの業績を称えて，彼のラテン名アメリクス Americus にちなんでこの大陸をアメリカと名付ける提案をしたことからはじまっている。コロンブスが，1492 年にアメリカ大陸を「発見」したわけではないのだ【参照⇒第2章①②：「発見」の意味について】。

　ヨーロッパのルネッサンスから大航海時代（「発見」の時代）にかけて，ポルトガルやスペインを中心としたヨーロッパの関心は，オリエント東方諸国，特にアジアの西南に位置するインドだった。当時のインドと呼ばれた地域は，現在の東南アジアや中国や日本も含んだ地域全体のことを指していた。獣肉料理を主食とするヨーロッパにとって，その頃のインドは，中世から防腐や防臭のために不可欠な香辛料（スパイス）が運ばれてくる原産地として知られていたようだ。ヨーロッパからはインドには，東へ陸路で行けばよいのだが，当時，インドとヨーロッパの間には，最盛期のオスマン帝国（イスラム世界）が君臨していた。その頃は，キリスト教王国のポルトガルやスペインが，イベリア半島からイスラム教徒を駆逐するためのレコンキスタ（国土回復運動）の最終段階を進めていた時期にあたる。

　こうした背景のなかで，ポルトガルやスペインは，海路でインドに至る航路を求めていた。そしてポルトガルの航海親王エンリケ (1394-1460) は，沿岸航海のためのアフリカ西岸の探検を押し進めていた。東回りの航海計画を推進していたポルトガルは，1484 年にコロンブスの西方航路案を拒否していたのだ。

(4) 大地球形説の実証

　すでに述べたように，当時の一般の人々は「大地は平らである」という信念をもっていた。ほとんどの海図の西の方は，大きな滝になっていたのだ。ポルトガルの首都リスボンは，当時，商業の中心地で，多くの地理学者や天文学者が集まっていた。船乗りであったコロンブスは 1476 年，乗っていた船が戦争

に巻き込まれ，命からがらリスボンに身を寄せていた。彼はこのリスボンで，トスカネリの大地球形説を知ったのだ。トスカネリは，1474年にポルトガル王に，西回りでインドに至る航路の可能性を記した書簡を送っていた。

このトスカネリにコロンブスは書簡をしたためている。その返信には，大地球形説のことや，インドへの近道はイベリア半島を真西へ行くこと（大西洋の西航）だと記されていたそうである。当時は教養人の「学説」においては大地球形説が一般的になっていた。コロンブスは，こうした学説と，自分自身の航海経験から，西回りの航路によって西へ西へと進めば，やがてインドへ到達できると考えたのだ。ヨーロッパの南にアフリカがあり，東の先にインドがあることはすでに知られていた。地球が丸いとするなら，東のインドには，ヨーロッパの西にある海（大西洋）を西へ進めば，インドに着くはずだと，彼は考えたのだ。当時は，現在では常識となっている南北アメリカ大陸や太平洋の存在はヨーロッパ人には知られていなかったので，大西洋の西にそのままインドが存在すると思われていたのである。

ポルトガルによって西方航路の航海を拒否されたコロンブスは，1486年にスペイン（カスティリヤ）の女王イサベル（1451-1504）に，航海の援助を願い出た。その時のスペインはレコンキスタとして，南部のイスラムのグラナダ王国を攻め落とそうとしており，コロンブスへの返事を保留していた。そのため彼は，グラナダ王国陥落後1492年になって，やっと援助の許可をもらうことができた。認可を得たコロンブスは，1492年9月6日にカスティリア領のカナリア諸島から大西洋に向けて出港したのだ。予想外の長い航海の末，幾多の困難を乗り越えて10月12日に，彼はカリブ海の島に到達し，その島をサン・サルバドル（聖なる救済者）島と命名した。これによって，ヨーロッパによる新世界の「発見」，植民地体制の確立の「大航海時代」がはじまったのだ。

また一方で，アフリカ東岸への迂回を経てインドを目指していたポルトガルの航海者ヴァスコ＝ダ＝ガマ（1460-1524）は，1498年，アフリカの喜望峰を経由し，アラブの水先案内人を得てインド洋を航海し，インド西南海岸のカリカット（コジコーデ）に到着していた。こうしてインド航路が「発見」されたのだ。

また1519年，マゼラン（マガリャンイス）(1480?-1521) は，スペイン国王の援助を受けて，西方航路で，香料諸島と呼ばれる現在のインドネシア北東部であるモルッカ諸島を目的地として，世界周航の大航海に乗り出した。1520年に南米マゼラン海峡を「発見」した後，南大平洋を横断して1521年に現在のフィリピン諸島であるサマール群島に到達した。彼はそこで住民に殺害されたが，生き残った乗組員たちは航海を続け，喜望峰回りで1522年にスペインに帰国した。この航海は世界最初の世界周航であった。こうした一連の「発見」によって大航海時代において，実質的な意味において大地球形説が実証されていったのだ。

(5) 地球球体説の世界観の誕生

　16世紀になると大地球形説の世界地図が流布するようになり，地球をかたどった地球儀（globe）が作られるようになった。ポルトガルやスペインを筆頭にしたヨーロッパ西欧諸国中心の大航海時代（15世紀－16世紀）とは，大地球形説が一般化した時代であり，世界観が大きく変革し，西欧によるアジア，アフリカそしてアメリカの植民地化と略奪貿易がはじまり，世界がキリスト教の影響を受けたヨーロッパを中心にして一体化していった時代であった。そしてそうした時代を背景にして地球儀（globe）が誕生したのである。

　かくして大地球形説は実際のこととなり，「大地は丸い」という考え方が広く共有されていったのだ。しかし逆説的だが，地球は丸いという球体説が実際の世界観になった一方で，「世界は丸いもの」になっていかなかったのだ。世界が地球儀のように丸いものと認識されたにもかかわらず，地球上にはいくつもの線分が走ることになってしまったのだ。特に，気付かないうちに世界を二分化する見えない線分が，この丸い地球の上に引かれてしまった。まずこの時，世界はヨーロッパ対非ヨーロッパ，中心対周辺，宗主国対植民地という，二分法・二元論・二項対立の，眼にみえない線分によって二分化されたのだ【参照⇒第4章[2]および第5章[2]：宗主国と植民地の関係について】。これ以降，丸い地球の世界には多くの二分化の線分が気付かれないうちに引かれるようになっていった。以下では，こうして引かれるようになった線分の痕跡をみていくことにする。

その前に，ここでちょっと日本に視点を向けておきたい。「大地は丸い」という大地球形説が日本にもたらされたのは，いつごろなのかを考えてみたい。マゼランによって世界一周を達成したポルトガルは，16世紀に東南アジアの香辛料貿易を独占し，1557年に中国（明）のマカオに居住権を獲得した。種子島にポルトガル人が漂着したのが1543年であり，その後ポルトガルは，平戸・長崎に1641年の鎖国まで貿易船を派遣していた。またスペインも16世紀後半に，日本との貿易に参加してきた。ポルトガル人とスペイン人は南蛮人と呼ばれ，こうした貿易は南蛮貿易と呼ばれた。鉄砲とキリスト教が日本に伝来し，九州のキリシタン大名は，1582年－90年に天正遣欧使節（少年使節）をポルトガルの東航経路でヨーロッパのローマ教皇のもとに派遣した。こうした戦国時代におけるヨーロッパ人の来航によって，「大地球形説」も武士階級に伝わったと考えるのが自然であろう。1549年に渡来したスペイン人宣教師のフランシスコ＝ザビエル (1506-1552) は，ヨーロッパの天文・地理学を伝え，「大地球体説」という言葉が使われていたといわれている。大地球形説や天球論に関しては，織田信長が，南蛮人の宣教師から知識を得たという逸話や，1580年には南蛮渡来の「地球儀」を所有していたことも伝えらえている。後に，江戸時代の暦学者，渋川春海 (1639-1715) は「大地球体説」を説き，日本独自の地球儀を作った。しかし江戸時代までの一般庶民の間では，仏教の世界観（須弥山など）が信奉されており，大地球形説が知れ渡っていたとは思えないのだ。

③ 中世の封建制から絶対君主制国家へ

　大航海時代の後，海外進出したヨーロッパは，アジア，アフリカ，アメリカで植民地争奪抗争にしのぎを削ることになる。大地球形説を実際的に実証していたヨーロッパ諸国は，6世紀から15世紀までの中世の封建領主制・身分制から絶対王政（絶対主義体制・絶対君主制）の時代へと向かっていた。ヨーロッパは，主権国家と主権国家の関係からなる近代の国際社会（international community）を形成しはじめていた。つまり国家と国家の境界線という二分化の線分が引かれようとしていたのだ。そして，これは「国民」という線分が引かれ

る近代国民国家体制への助走段階を意味していた。

　中世の封建制（feudalism）の統治構造の基本は，古代の氏族・奴隷制とは異なり，支配階層である封主（領主 lord）と封臣（家臣 vassal）あるいは諸侯と臣下の封建的な主従関係（君臣関係）であった。つまりこの統治権力秩序は，封建領主が封建臣下に「封土」を給与し，臣下は領主に忠誠を誓って軍役などの封建的義務を奉仕するという，封建貴族内部の（国王・領主・家臣相互間の）誓約に基づいた双務的な契約関係を基礎として成り立っていたのだ。主従誓約と封土の授受（と軍役・忠勤奉仕）を基礎としたこうした関係は，封建法によって規制された人的関係（全人格的な主従関係）である。封建貴族相互間の契約に基づく人的関係，人的結合，人的階層（経済外的強制や外的権威や身分的支配）が唯一，封建制の秩序を規定していたのだ。ヨーロッパの封建制は，古代ローマの恩貸地制度と古代ゲルマン民族の従士制が結合されて成立し，典型的には11世紀－13世紀に，イギリス，フランス，神聖ローマ帝国などにみられたものだ。封建制では，絶対君主制とは異なり，国王の権力は絶対的なものでなく，諸侯の地方分権的（権力分散的）統治であり，また近代国家とは違って「国土」や「国民」や「主権」の概念（線分）は存在していなかったのである。

　ヨーロッパ中世の封建制の社会経済的基盤は，自給自足の農業経済や荘園制であった。荘園（manor, Grundherrschaft, seigneurie）では，荘園領主（諸侯・貴族・騎士・教会）が独立の権力主体として直接生産者である荘園農民を身分的に支配していた。領主と農民の支配隷属関係の農奴制・領主制である。領主は，土地所有権・人身支配権・領主裁判権を有していた。領主は土地所有を基礎に，土地に緊縛した農民から経済外的強制力（武力や裁判権）によって封建地代（賦役・生産物・貨幣）を収取する。荘園農民の標準的身分である農奴（自由を制限された保有農民・半自由民）は，領主に隷属し，領主から貸与された土地を耕作し，賦役・貢納などの義務を負っていた。古代の奴隷とは異なり中世の農奴は，農工具や役畜などの生産手段の財産所持や家族の保持（婚姻）はできたが，逃亡や移転や転業は禁止され，保有地処分権や聖職者資格はなく，結婚税・人頭税・死亡税の負担があった。農奴制は，9世紀から顕著になり，荘園制の発展に伴い，

14世紀まで維持されていた。15－16世紀になると、農民の武力蜂起（農民一揆）が頻発し領主側に弾圧されてはいたが、農業生産力は上昇し、農民の社会的・経済的地位は向上していった。その後、領主直轄地は縮小または解体し、農民保有地が増大していった。しだいに労働地代の負担などの農奴身分の諸規定が廃止され、領主の農民に対する人身的支配である農奴制が解体され、荘園制が形骸化していったのだ。また農民の人格的・経済的独立性が強まり、自営農民が成長し、農民は農奴から解放され、自由農民となっていった。そして農民的土地所有や独立自営農民（ヨーマンなどの分割地農民）が形成されたのだ。だが農民がすべての封建的負担から解放されるのは、市民革命が終ってからのことである。農業資本家の発達の基盤である、解放された農民は、エンクロージャー（囲い込み）後に、都市の賃金労働者の供給源となっていくのである。

かくして中世末期に荘園制・封建制が崩壊し、自治都市の発展により都市に手工業者や商人が登場し、商品経済が発展し、広域経済圏が出現していくのだ。つまり封建的生産様式は崩壊し、王権が伸張し、中央集権国家（絶対王政）が成立しうる時代に突入していったのだ。王権（あるいは領邦君主権）は、これまで以上に強力になり、（聖職者・貴族・平民からなる）身分制議会（イギリスの初期議会、フランスの三部会、ドイツ諸連邦の領邦議会、スペインのコルテスなど）と勢力が均衡してきて、国家権力が2つに分散し、王権と領主の二元的国家という身分制国家となっていった。これらの身分制議会の機能が失われると、絶対王政が確立していったのである。

4 世界の地球化におけるヨーロッパ主権国家（宗主国）の成立
(1)「主権国家」の線分

16－18世紀のヨーロッパでは、政治形態が、封建制から絶対君主制国家（絶対主義）へ移行していた。絶対君主制国家においては、君主つまり国王が絶対的な権力（統治の全権能）をもって専制的な支配をしていた。そこでは、中央集権的国家統治が確立し、弱体化した封建的貴族領主（地方権力）に対する国王の統一的権力（無制約の権力）が成立していたのだ。だが一方では、未発

達の市民階級の力を抑えて，封建的身分制や封建的土地所有は存続させていた。つまり人民は，無権利の状態のままに置かれていたのだ。そして国家の機能は，君主の専断に委ねられていた。こうしたなかで絶対君主は，権力が分散している中世封建制を，しだいに中央集権的国家体制に統一していったのだ。そして君主は国家への教会の服従を獲得し，王権神授説を援用し，国王直属の常備軍と官僚制および特権的大商人に支えられ，身分制議会の権限を縮小し，富国強兵をめざした重商主義経済政策をとっていった。その結果，資本主義が発展し，市民階級の経済力も向上していった。だがこの時代には「国土」や「主権」の概念は成立していても，「国民」の概念は誕生していなかった。いずれにせよ，このようにして「国家」対「国家」の線分が引かれはじめたのだ。

(2) ヨーロッパ国際社会の成立

　中世封建制の神聖ローマ帝国（ドイツ諸連邦）のハプスブルク家は，1556年に，スペイン系（スペイン王家）とオーストリア系（神聖ローマ皇帝家）に分かれていった。新旧両教徒の諸侯間の対立を契機として勃発した30年戦争（1618-48）は，ヨーロッパ各国を巻き込み，宗教戦争の域を越えて，ハプスブルク家とブルボン家の抗争（領土争奪戦争）に発展し，ウエストファリア条約（講和条約）によって終結するまで続いた。

　この講和条約は，神聖ローマ皇帝とフランス国王および神聖ローマ皇帝とスウェーデン国王の間で結ばれた最初の国際条約である。その結果として，フランスとスウェーデンは領土を拡大し，神聖ローマ帝国議会への参加権を得ていくが，ハプスブルク家自体の勢力はしだいに弱体化し，神聖ローマ帝国は政治的に分裂していくことになる。こうしたなかで，ドイツ諸侯の領邦主権（国家主権），カルヴァン派，スイス連邦とオランダ（ネーデルラント連邦）共和国の独立が，承認されることになる。ウエストファリア条約は，中世的な「神聖ローマ帝国の死亡証明書」として締結されたのだ。以降，ヨーロッパは主権国家間の国際社会として編成されていくことになる。こうして絶対君主制として中央集権国家体制を確立したフランス王国やイングランド王国が，ヨーロッパ国際

社会のヘゲモニー（覇権）を握ることになっていくのである。

　ヨーロッパにおいては，1つひとつの国家が国家主権を有し，それぞれの主権国家と主権国家が社会関係を結んでいく国際社会となっていった。中央集権国家としての絶対君主制国家であれ，小さな連邦国家であれ，共和制国家であれ，独立した政治体制としての主権国家が認められていたのだ。こうした諸主権国家が並存する国際社会の成立が，ヨーロッパにおける近代社会の成立プロセスであり，近代社会の基本単位が主権国家となっていった背景である。「主権」は，ローマカトリックの教皇や個々の封建領主の権力に対抗する概念であり，国家の絶対的最高権力である統治権であり，そこには自衛権・生存権・独立権・領土権などが含まれており，また他国の主権に制限を加えることができない「内政不干渉」を原則とした。この主権国家の成立が，近代国家の成立を意味していた。その後近代国家は，「主権」と「領土」と「人民」から構成される中央主権的主権国家と理解されるようになっていく。このようにして「主権国家」対「主権国家」の線分が明確に引かれることになったのだ【参照⇒第3章２：主権国家への民衆の同化圧力について】。

５ （中央集権的）主権国家の国民国家化（市民革命の時代）

　中央集権的絶対君主制国家では，領主制と身分制の封建制度は維持されていた。しかし時代の変遷に伴って，こうした国家体制には18世紀に大きな揺さぶりが起こった。早くも17世紀には，イギリスにおいてピューリタン革命・名誉革命（1640-60）が起きた。そして18世紀には，アメリカ合衆国の独立革命（1775-83）が，そしてフランス革命（1789-99）がそれに続いた。さらにドイツでは，三月革命（1848）が起こり，「市民革命」の時代の幕開けとなったのだ。都市のブルジョアジー（市民階級）が中心となり，旧制度（アンシャン・レジーム）である絶対君主制・身分制・封建的土地所有・生産関係を崩壊させ，近代産業資本主義社会と近代国家の確立への道を開いていくことになる。ブルジョアジー市民の解放，政治的自由，民主主義，三権分立や私有財産制の確立，産業革命の開始，市場経済の形成という一連の流れのなかで，ブルジョア市民

階級が政治的・経済的支配権を獲得していった。

　人口の98％を占めていた平民の第三身分（その99％以上は農民）のなかから，経済力をもちはじめた都市の商工業ブルジョアジーが台頭してきた。フランス王国では，第二身分の貴族たち（人口の1－2％）が，1614年以来開催されていない，聖職者と貴族と平民という身分制の代表機関（議会）である（全国）「三部会」の招集を，国王に迫っていた。「三部会」は1789年5月に開かれたが，第一身分と第二身分が，第三身分のブルジョアジーに相対するという対立構造ができてしまった。身分でなく個人別の議決投票を要求した第三身分は，「三部会」を「国民会議」と改称し，憲法制定を求めることになる。国王は「三部会」の議場の閉鎖を試みたが，これに対して第三身分の「国民議会」は抵抗を示し，「テニスコート（球戯場）の誓い」で議会の解散拒否を表明した。その後7月14日に，パリ民衆のバスティーユ牢獄襲撃が起き，「(憲法制定) 国民議会」は，8月4日に封建制の廃止を決議し，8月26日に「人権宣言」（人間と市民の権利に関する宣言）を採択したのである。この人権宣言は，自然権としての人権，自由と平等，主権在民，三権分立，私有財産の不可侵などを唱っている。こうして市民革命の原理が確認されたのだ。そして1791年に，この宣言がフランスの憲法の前文となった。つまり，自然権を保全するために国家が形成され，そして国家が近代国家形成の基本原則として市民権を保障することを国民に対して宣言したのだ。王権の停止の後，国民議会は解散され，1792年，共和制普通選挙による「国民公会」が招集され，第一共和政が宣言されることになる。ここに「国民国家」としての近代国家の枠組みが成立したことになる。「国家」の構成員としての「国民」対「国民」の線分が引かれたことになるのである。

6 「国民」の男女性別化

　これまでみてきたように，市民革命は，絶対君主制国家から国民国家へと近代国家の形態を変えていった。これ以降，身分制や君主制ではなく，「国民」としての人民が，はじめて近代国家の政治体制の中心に登場してくるのである。

国民国家 nation-state は，国民 nation によって構成される近代国家であるが，市民革命後のヨーロッパにおいて典型的に成立したものである。ここでいう国民 nation とは，自然の存在ではなく，市民革命の時代のなかで，人為的に生み出された形成物である。さまざまな人々は，国民国家が成立するために，「国民」として統合されなければならなかったのだ。まず最初に，多民族が入り交じるヨーロッパにおいては，国民は，単一民族という同質集団として自明視される必要があった。数の少ない少数民族を数の多い多数民族に統合して，あたかも単一民族としての国民を，ごく自然な進化であるように形成していくのだ（日本語の「国民」は，nation の翻訳語だが，nation には「民族」という意味も含まれている）。こうして国民国家が，一国家一国民とされる国家，つまり単一民族で構成された国家を意味するようになっていった。つまり，単一民族を基礎として国民に統合された人々によって国民国家が形成されるのである。くり返すと，国民国家は単一民族国家として構成されたのだ。かくして「国民」対「国民」の線分が，あるいは「国民」対「非国民」の線分が，はっきりと引かれたことになるのだ。「国民」という線分によって，この先，この自明な「国民」を地として，さらなる二分法の線分が気付かれることなく引かれていくことになる。

　たとえばアメリカ独立革命後のアメリカ合衆国をみてみよう。アメリカ合衆国は，南北戦争まで黒人奴隷制を，特に南部奴隷州では合法的に認めていた。南部では，黒人奴隷による綿花やタバコなどの単一作物のプランテーション（大農園制・大規模農場制）が成立していた。工業を基盤とする，奴隷制を廃止した自由州の北部では，奴隷制廃止論が強かった。この南北の利害対立が引き金となって南北戦争（1861-65）が起こったのだ。結局，1863年に第16代大統領アブラハム・リンカーン（1861-1865）は，「奴隷解放宣言」を布告した。こうして普通選挙制の進むなか，南北戦争後に黒人は奴隷制度から解放され，投票権を認められるようになっていった。しかしその後も南部諸州では，黒人差別法（1877-1950）が制定され，黒人に対する社会的・政治的差別を合法化してきた。1950年代から60年代の公民権運動を経て，人種差別撤廃を唱えた公民権法が成立するのは1964年になってからのことだ。アメリカ独立宣言に「す

べての人は平等に創られている」と謳っているにもかかわらず，この「すべての人」「国民」のなかに，黒人が含まれるまで，200年以上もの時間がかかっている。ここでは，「国民」の自明性を背景に，「人種」という線分，つまり白人と黒人という二分化の線分が，引かれたのである。

　また，18世紀のイギリスの選挙制度は，中世末期以降，改正がなく制限選挙であった。1832年に「第一次選挙法改正法案」が議会を通過した結果，資本家階級には選挙権が与えられたが，労働者階級には与えられなかった。こうした背景のなかで，1838年，成人男子労働者は普通選挙権を求めた「人民憲章 People's Charter」を作成し，議会に請願を行った。その後，普通選挙権獲得運動としてのチャーチスト運動（Chartism）は，1848年には大請願運動に発展したが，しだいに衰退を余儀なくされ，50年代には消滅してしまった。制限選挙のなか，選挙法改正で選挙権を付与されたのはブルジョア市民階級であり，労働者階級には選挙権は認められなかった。普通選挙が実現する前には，財産・納税・学歴・信仰・身分・年齢・居住などを要件として選挙権・被選挙権を制限する選挙方法（制限選挙）が合理的に認められていた。ここでは国民の中に，資本家対労働者という「階級」による線分が引かれたのである。

　フランス革命の「人権宣言」（1789年）は，Declaration des droits de L'homme et du citoyen（人間と市民の権利宣言）というのが正式な名称である。より正確に日本語に訳すと，「男性人間と男性市民の権利宣言」となる。人間は生まれながらに自由かつ平等であると謳われた人間とは，実は男性人間だけのことであり，女性人間は含まれていなかったのだ。この事実に気付いたマリー・オランプ・ドゥ・グージュ（1748-1793）は，「女性と女性市民の権利宣言」（Declaration des droits de la femme et du citoyenne）を表明し，婦人参政権運動の嚆矢となった。しかしグージュは，当時の価値観によって「人民主権侵害罪」のかどで処刑されてしまった。

　1792年の「国民公会」は，（選挙権に制限的要件のない）普通選挙であったが，男子普通選挙のことを当然のように意味していたのだ。国民国家の形成時には，国民として男性には付与された権利が，女性には女性という性を理由に付与さ

れなかったのだ。このように国民，人間，市民のカテゴリーから女性を排除し，国民，人間，市民を男性と同一視する性別観（男女二分法）は，以後の近代社会において自明視されることになったのだ。近代政治あるいは近代経済という公の領域における人間から「女性」は当然のごとく排除されていくことになる。こうした男女二分法的な性別観によって，すべての人間つまり国民は，男性と女性に二分化され，男性＝人間＝国民となり，それゆえに女性＝人間＝国民とならず，女性は公的人間＝男性に従属する非公的人間（二流市民）になっていくのだ。

こうして国民国家の国民は，国民国家の成立と共に，男女二分法的に性別化された存在になった。実のところ，男女二分法の性別観は，国民という存在の人為的形成と密接に関連しているのだ。近代社会になると，国民が人為的に構成されたカテゴリーであることが忘却され，国民があたかも自然発生的な概念であるかのように理解され始めるが，同時に男女二分法という性別観が，国民という人工物を形成するために構成された人為的形成物であること自体も忘却され，男女二分法の性別観は，自然概念となっていくのである。これ以降，男女性別の線分が，国民，人間，市民という存在の中に走ることになる。

7 近代社会の性別の自然概念化：近代家族の装置

以上みてきたように，近代社会は自明とされる世界で構成されている。その自明な世界には，いくつもの二分法の線分がごく自然に引かれているのだ。それは自然概念として私たちの世界観のなかにあたり前のように入り込んでいる。近代社会の国民国家において，国民は単一民族，白人，ブルジョア市民階級，成人，健常者の男性から構成された自然概念であり，そこからは少数民族，黒人などの有色人種，労働者階級，子ども，障害者そして女性は排除されている。ここには二分化の線分が貫徹している。国民の自然概念化には，とりわけ単一民族観や性別観の自然概念化が伴っている。世界の地球化を達成した近代社会における国民国家は，国民の自然概念化，そして男女二分法の性別の自然概念化をもたらすメカニズムなのである。こうした近代社会の国民国家における男女二分法の性別の自然概念を維持するために，近代社会は，近代社会が発明したもう1

つの装置を援用することによって，この自然概念化をより強化してきたのである。

　近代社会が発明したもう1つの装置とは，国家や産業の公の世界（政経の領域）を背後で支える私的領域における「家族」のことである。近代社会の人々（「国民」）は，自分たちの生活世界にある「家族」を自明視しており，自分が生まれ育ってきた「家族」というものが，普遍的なものであり，人類のはじめから現代まで，そして今後の未来においても，存在している集団だという「家族」観をもたされている。しかしこの近代人が自明視している「家族」は，近代社会がその成立とともに形成してきたものであり，普遍的な集団ではないのである。この自明視されてきた「家族」が，近代社会の形成した「近代家族」[2]であることが学問的にも発見されたのは，つい最近のこと（1980年代）なのである。

　愛情家族の特徴のある「近代家族」は，近代社会の社会制度の1つとして社会的に機能しており，ほかの社会制度（政治制度，法律制度，経済制度，産業制度）を補強しながら存在しているのだ。そのなかで特に「近代家族」は，男女性別の自然概念による性アイデンティティを再生産する現場なのである。近代社会の「国民」「民族」「市民」「人間」という抽象概念に含まれている男女二分化の性別の自然概念を，生活の具体的な場面で再生産しているのが，「近代家族」という装置である。父の役割，母の役割，夫婦の役割，親子の役割を，（男女二分法の）性別役割を，愛情家族の文脈で日常生活において，理解するようになっているのだ。

　「家族」が近代の社会制度として機能しているということは，近代社会の人々にとって，「家族」というものが，それに属することが当たり前の共同体にあることであり，共同体としての「家族」に属すること（つまり「家族」を再生産すること）が自明で自然のことになるのである。近代社会にとって，「家族」に属する，「家族」を作る，「結婚」する，子どもをもつことがもっとも重要な価値観にもなってくるのだ。実際に，「家族」を再生産することにおいて，さまざまな幸福感・満足感が与えられるようになると，「家族」を作るための愛情や恋愛が賞賛されるようになる。家族構成員（夫婦と子ども）が近代社会の人間観の再生産原理となり，男女二分法の人間にとって「家族」はすばらしいものだ

という価値観が正当なものになるのである。「近代家族」の装置は、「人間」の男女二分法の性別観の自然概念化を強化することにおいて、近代社会の国民国家における男女二分法の性別概念の自然概念化を促進するよう機能しているのだ。

　近代国民国家は、国民の性別の男女二分法の自然概念化を補強するために、「近代家族」装置を援用した。この「近代家族」をさらに維持するために、愛情という感情を最大限に活用している。恋愛（ロマンチックラブ）を家族に結び付けるために、近代社会は「恋愛結婚」という装置を発明したのである。近代社会の国民国家の国民は、「恋愛」を自明視することによって、つまり「恋愛」を自然概念化することによって、自然と「恋愛」をすることによって、自然と（無自覚に）「恋愛結婚」に誘導され、「近代家族」を再生産する仕組みに組み込まれ、国民国家／近代社会を再生産するように機能するのである。

　このメカニズムを理解することが、男女二分法の線分をアンラーンする（学び捨てる）第一歩になるだろう。「世界の地球化」と共に、近代社会において引かれてきた二分法の線分は、まさに自然概念として概念化されてきたので、この線分は、自然化されており、自明視されている、あるいは無自覚である。しかしながらこの線分は、自然概念化されているが、自然なものではないのである。この自然概念の自然化のメカニズムを認知することにより、つまりこの自然概念をアンラーンすることによって、近代社会をアンラーンすることもできるのかもしれないのである。

【ディスカッションのために】
1. あなたは「地球が丸い」と思いますか。それはなぜですか？
2. あなたは、日本人概念が「国民」概念の1つであると思いますか。
3. あなたは近代社会に走っている二分法の線分を、指摘できますか。
4. 性別が男女二分法として自然概念化していることを皆で確認してみましょう。
5. 性別の二分化の線分を自然概念化している社会装置をみつけてください。

6．あなたの「家族」観，結婚観，恋愛観，性愛観に近代の性別二分化の線分が走っているかいないか相互に確認してみましょう。

【リーディング】

千田稔『地球儀の社会史』（ナカニシヤ出版，2005年）
白石隆『海の帝国―アジアをどう考えるか』中公新書（中央公論新社，2000年）
サスキア・サッセン（伊豫谷登士翁訳）『グローバリゼーションの時代―国家主義のゆくえ』平凡社選書（平凡社，1999年）
アンソニー・ギデンズ（松尾・小幡訳）『国民国家と暴力』（而立書房，1999年）
アンソニー・ギデンズ（佐和隆光訳）『暴走する世界―グローバリゼーションは何をどう変えるのか』（ダイヤモンド社，2001年）
E.ショーター（田中・岩橋ほか訳）『近代家族の形成』（昭和堂，1987年）
落合恵美子『21世紀家族へ［新版］』（有斐閣，1997年）
牟田和恵『戦略としての家族―近代日本の国民国家形成と女性』（新曜社，1996年）

【注】

(1) アンラーンとは，英語のunlearnである。unlearnの辞書的な意味は，（学んだことを）努力して忘れる，（既知のことや習慣や誤りを）捨て去る，～の誤りに気づく，学び直す，などとなっている。「環境変化の激しい現代社会を生き抜くために，過去の経験にとらわれないよう，意識的に学習知識を捨てること」と定義している辞書もある。要するに，ラーン（学習する）の逆の行為をすること，学んだこと（the learned）を元に戻すこと，学び捨てること，学びほぐすこと，などである。既知の記憶や学習の過ちに気付いて，それを意識的に念頭から捨て去って，新たに学び直すことである。この章の文脈では，（自然のものだと自明視してしまっている）自然概念が，自然ではないと気付いて，その概念の成立・形成の歴史的／社会的メカニズムを学び直してみることである。

(2) 近代家族の特徴として，1家内領域と公共領域の分離，2家族構成員相互の強い情緒的関係，3子ども中心主義，4男は公共領域・女は家内領域という性別分業，5家族の集団性の強化，6社交の衰退とプライバシの成立，7非親族の排除，8核家族，が挙げられている。これらの特徴は「普遍的」家族のものではなく，「近代家族」のものなのである（落合，1997参照）。

（椎野信雄）

第7章
近代市民社会の登場とその現代的意義：
ブルジョア市民社会からシティズン市民社会へ

---【キーワード】---

市民革命，ブルジョア市民階級，啓蒙思想，自然法思想，自然権，社会契約説，アメリカ独立宣言，フランス人権宣言，ブルジョア市民社会，資本主義社会，「国家」と「社会」の分離，シティズン市民，シティズンシップ論，新しい市民社会論

1 市民革命

「市民社会 civil society」とは、通常、ヨーロッパの市民革命の後に成立した、国民主権の近代国家を構成する近代社会で、法の前に自由と平等を保障された諸個人（市民）が対等な関係をもって構成する社会、と説明されている。市民革命を経験しないと、市民社会は誕生しない、ともいわれている。封建的身分制の農奴制から解放された独立自営農民を母体として私的所有の主体としての中産的生産者層が誕生した。それらの人々の平等な社会関係が成立した社会が、「重商主義体制」の「商業社会」として展開したのだ。では、この市民革命とは何なのだろうか。

「市民革命」とは、市民階級が中世的封建制・荘園制・身分制・君主制（絶対王制）を打破して政治的・経済的支配権を獲得し、近代産業資本主義社会の確立へ道を開いた社会革命と一般に説明されている。また、ブルジョア市民階級を担い手とするので、ブルジョア（民主主義）革命とも呼ばれている。中世の封建制社会（教会と貴族と王権のアンシャン・レジーム）から近代の資本制社会

への移行という，社会の大きな変動をもたらした社会革命である。たとえば，17世紀のイギリスの清教徒（ピューリタン）革命や名誉革命，18世紀のアメリカ独立革命とフランス革命，19世紀のドイツ諸邦の三月革命（1848年革命），20世紀のロシアの二月革命（三月革命・ロシア革命）などが典型とされている。革命の結果として，「法の前における万人の平等の原則」や議会制民主主義が実現されるのである。（身分でなく人間というだけでもつことのできる）基本的人権をもち，自由で平等である諸個人からなる社会という理念（市民同士の自由・平等・友愛の社会関係の理念）に基づいた革命である点で，近代的・現代的意義を有するものであった。では，こうした革命の主体となったブルジョア市民階級とは誰のことを指しているのだろうか。

　市民革命の前の封建時代，あるいは絶対主義君主制の時代のヨーロッパは，第一身分としての聖職者（僧侶）たち，第二身分としての貴族たち，そして第三身分としての平民たち roture（特権身分である聖職者や貴族以外の者）から成る身分制社会であった。たとえばフランスでは，（全国）三部会という身分制議会があり，別個の部会を構成していたのだ。第三身分の平民には，農民や都市の商人や職人などの多様な階層が含まれていた。当時の人口構成は，第三身分が98％で，第二身分が1.5％，そして第一身分は0.5％ぐらいであった。そして第三身分のうち9割近くは農民だった。

　中世後期のヨーロッパでは，封建領主から自治権を認められた自由都市が発達していた。同業者組合＝ギルド（商業ギルドや同職ギルド）的産業を基盤として，経済力が拡大し，自治を行う商業都市が登場したのだ。第三身分の一割弱の平民たちは，都市のブルジョアジーとなった。大商人や大ギルドの代表者や法学者などである。都市には，他に下層民・非農労働者（職人や人夫や大道商人など）の民衆がいた。ブルジョアジー bourgeoisie とは，こうした自治都市の有産階級（裕福な商工業者）のことであり，自然法思想に共鳴し，後に市民革命の担い手としての市民階級となっていくのである。

　こうしたブルジョア市民階級が，絶対王制の封建的生産関係の土地所有を崩壊させ，資本主義的生産関係（私有財産制や市場経済や近代産業資本）を発達させ，

自由・平等の思想に基づいて市民の基本的人権を保障する民主主義的近代国家の主権在民体制を樹立することを目指したのが，ブルジョア（民主主義）革命であり，市民革命なのである。市民革命とは，ブルジョア市民革命であり，ブルジョアジーとしての市民階級の「市民社会」を確立する革命や闘争や政治改革だった。つまりブルジョア市民とは，経済的存在としては富裕な商工業者であり，社会的存在としては都市の市民権をもつ特権的支配層であり，理念的存在としては自由民として平等な自立した諸個人なのであった。

　こうしたブルジョア市民階級のなかから，後に，産業資本主義社会を担う産業資本家（資産階級）が現れるのだ。産業革命以後，生産手段をもたず，自らの労働力を商品として販売し賃金を得るプロレタリアート proletariat（労働者階級：無産者階級）と対比される資本家階級としての（狭義の）ブルジョアジーの誕生である。

2 市民革命のための「啓蒙思想」

　市民革命をもたらしたブルジョア市民階級が展開した思想は，「啓蒙思想 the philosophy of the Enlightenment」と呼ばれている。フランス革命を思想的に準備する役割を果たした革新思想が，啓蒙思想であるといわれている。17世紀末にヨーロッパのイングランドに起こり，18世紀のフランスで全盛を極めた。Enlightenment（啓蒙）には，自然な理性の光によって闇や曇りを取り払うことが含意されている（日本語の「啓蒙」とは，啓が「ひらく」そして蒙が「暗い」を意味し，正しい知識を与え，無知蒙昧や知識不足を啓発して，合理的な考え方をするように教え導くことである）。啓蒙思想は，人間的・自然的「理性」に基づいて人間の進歩や幸福や改善を図ることが可能であると考え，宗教的・伝統的権威や中世的・封建的遺制や因習的思想を批判したのだ。つまり自然や人間についての合理的・科学的な認識としての理性（合理主義）の啓発によって，人類の進歩を図り（進歩主義），旧来の思想（中世のキリスト教的伝統的権威）を徹底的に批判し，宗教と科学（実証主義的経験科学）を分離させ，芸術や哲学や政治や社会などの人間の生活全般にわたって新秩序を構築しようとするものな

のである。人間には共通の理性があり，こうした理性によって世界の普遍法則が認知可能になると，考えられているのだ。つまり理性の普遍性や不変性や絶対性が信じられていたのだ。この思想がフランス革命や近代市民社会の形成に導いていくのである。

　人間的・自然的理性を信じる啓蒙思想の背後には，「自然法思想」の発想がある。自然法思想 natural law とは，人間が社会的・歴史的条件を超越して自然＝本性 nature に基づいた普遍的法（法則や法律）をもっているという考えである。自然法思想は，古代ギリシア哲学（ストア学派）における「万物の本質」（自然の理法），中世のキリスト教神学やスコラ哲学のヨーロッパにおける「神の意思」（神の法）などとして存在していたが，近代ヨーロッパでは「人間の理性」に内在する普遍法則となった。近代の自然法思想は，法規範が人間共通の本性（理性）から自然に生じるもので，国家の実定法以前のもので，実定法の根拠として，時代や場所を超越して，歴史的・空間的条件を超えて永久不変に存在する普遍的妥当性や絶対的正当性をもつと考えた。自然法は実定法と対立し，さらには実定法の理念的・批判的根拠となるのだ。この思想は実は，近代初期の絶対王制の王権神授説を批判する学説だったのだ。「王権神授説 theory of the divine rights of kings」とは，国王の権利は人民の委託によるものでなく，神の恩寵に基づくものであり，絶対神聖不可侵であるという政治思想のことである。これは絶対主義国家において唱えられていた政治学説だった。これに対して自然法は，市民革命が成立するための基本的原理となったのだ。

　近代自然法思想の中心に「自然権 natural rights」の観念がある。自然権とは，すべての人間が生まれながらにもっているとされる権利である。自然権は，人間の自然＝本性に基づいて，歴史的・社会的条件を超越して，人間が普遍的に備えている基本的諸権利なのである。この権利は，国家成立以前に存在し，国家によって与えられた実定法ではなく，自然法によって認められた権利であり，国家権力もこの権利を侵害することができないとされた。国家（の実定法）に先行して，個人に本来的に備わっている人間の本性上の権利なのである。生存権・自由権・平等権・所有権・抵抗権などがその内容である。

この近代自然法思想は，社会契約説social contract theoryに結び付いていくことになる。社会契約説とは，社会の形成原理を，個人の自発的な意志による相互の契約とする社会理論のことである。社会契約説では，自然権は，人間が自然状態においてもつ権利だとされた。自然状態とは，社会状態を構成する以前の人間の状態のことで，それだけでは持続可能でないとされる理論仮説だ。社会契約説は，社会や国家の形成・成立の原理を，自然権を守るために自由で平等な諸個人が自発的に結ぶ契約関係によるものとする政治学説である。ここでは社会は自然状態ではなく，契約によって人為的に作られたものとされる。つまり自由・平等な諸個人が，自然権をもって，政治主体となり，政治社会や国家を形成することの理論的根拠となったのだ。自然状態においてもっていた自然権は，社会状態においても保障されるべきものと考えられた。この社会契約説や自然権の発想は，政治変革を正当化し，また指導する原理としてアメリカ独立革命やフランス革命の市民革命において，重要な機能を果たすことになる。

　自然権は，アメリカ独立宣言やフランス人権宣言において成文化された。自然権が成文法化されると自然法思想は衰退するようになり，歴史法学や法実証主義にとって代わられるようになった。また社会契約説は，19世紀になると歴史主義から批判を受け，事実と規範を区別する批判哲学からも法則性と規範性の二義性が批判されることになるのである。

③資本主義社会の成立

　封建制や絶対王制を打破してブルジョア市民階級を中心に起きた市民革命の結果として，ブルジョア市民社会が成立していくことになった。市民階級は近代産業資本主義社会の確立を促進するために，私有財産制や政治的自由権や民主制を確保し，資本主義的市場経済を形成し，封建的生産関係に代えて資本主義的生産関係を発展させ，土地・労働・貨幣の商品化を全面展開しはじめていた。自由主義的なブルジョア民主主義が発達することになる。

　18世紀の後半からイギリスでは，産業革命がはじまっていた。産業革命と

は，手工業生産（問屋制家内工業・マニュファクチュア：工場制手工業）から大規模な機械制工場生産への変革に伴い，経済・社会構造が大きく変動し，生産力が飛躍的に発展する産業社会や資本主義が確立していく大変革のことである。農業におけるエンクロージャー（囲い込み）を中心とする農業革命（農業の近代化）の結果として，土地を失った農民は都市へ流入し工場賃金労働者（プロレタリアート）になった。つまり農業の資本主義化が促進された。そして地主や商人にかわって，産業資本家がブルジョア市民階級の中枢を占めるようになってきた。後には，産業資本が確立し，資本家と労働者の経済関係で構成される資本主義経済構造が確立されることになる。

4 ブルジョア市民社会の時代

　近代市民社会は，その構成要件として，国民（主権）国家の近代社会であり，諸個人（市民）の自由と平等が保障される社会であり，産業資本主義の経済に基づく社会である。ブルジョア市民階級が主導権を獲得し，自由・平等の思想の下に市民の基本的人権を保障し，政治的には民主主義に基づき，経済的には資本主義に基づく社会である。近代市民社会は自由主義的なブルジョア民主主義社会として展開することになる。政治的自由権を重視し，私有財産権の不可侵を基本とし，経済的に産業資本主義が発達する社会となるのだ。

　ブルジョア市民社会の特徴は，（資本主義的）市場経済が発達することによって，「国家」と「社会」が分離するという現象が生じたことである。国民国家と市民社会の分離がもたらされ，市民社会では市場経済が重視されることになったのだ。また国家と市民社会の二元論は，市民社会論のヨーロッパの伝統の終焉を意味していた。

　ヨーロッパの伝統における市民社会論では，「市民社会と国家の一致の公式」が古代から受け継がれてきた。古代のアリストテレスの『政治学』では，市民社会（ポリス）は（都市）国家と同一視され，家族（オイコス）と対立するものと位置付けられていた。先にみてきた近代の自然法思想や社会契約説も実の所，「一致の公式」を受け継いでいるのである。契約によって構成される社会

（市民社会）は政治社会（国家）と同一視されているのだ。ただしここで重要なのは市民が自然権として人権をもつと考え，個人が社会に優先されている点である。この点が従来の伝統と異なっているのだ。

ドイツ観念論では，「一致の公式」は採らず，家族（オイコス）（愛の共同体）と，市民社会（経済共同体）と国家（政治共同体）の3段階関係が「人倫の体系」の客観的精神として展開されていた。市民社会は，自立した個人が利益を追求する「欲望の体系」や「相互依存の体系」とみなされ，具体的には資本主義社会が想定されているのだ。国家はこの市民社会に優越するものとして，利益調和を実現するのである。市民社会は，「人倫の体系」が家族から国家へ展開する中間段階として位置付けられていた。つまり市民社会の上位に国家が対置される図式なのである。

一方スコットランドでは，市民社会は「商業社会」とみなされた。自然権も社会契約説の規範としてではなく，人類史の自然法則と解釈された。つまり市民社会は契約ではなく，生産発展の結果として成立すると考えられたのだ。ルールやモラルのある市民社会は，対立する国家をチェックするものなのだ。ここでは国家と市民社会は分離しているのだ。

近代のブルジョア市民社会論は，国家と市民社会の二元論であり，国家と分離された市民社会は，資本主義社会（経済社会）であり，政治社会（国家）と区別された領域となっている。資本主義社会としての市民社会の現実は，産業資本の成立状態の差異によって，異なった展開を示すことになる。これらの議論の前提は，ブルジョア市民階級としての市民であった。別の種類の「市民」の可能性は，考慮されていないのだ。

5 産業資本主義の発展

ブルジョア市民社会は，国家と分離した経済社会や産業資本主義社会を中心に論じられてきた。これはおそらく，19世紀を通じて，産業資本が発達し，産業資本主義が18世紀後半の当初の形態から大きく変容していたことと関係があるのだろう。経済社会のシステムは，市民社会の領域から独立して独自の

システムを構成するようになったのだ。

　産業資本の出現は、近代資本主義社会の生産関係が確立されるための要件である。産業資本は、利潤を生み、資本と賃労働の関係を再生産する。産業資本の前には、(前期的資本としての) 商業資本や貸付資本も存在しているが、それらは商品経済や商品流通だけを前提にしており、資本対賃労働の存在を前提とする必要はなく、安く買って高く売るという不等価交換などに基礎をおいているだけである。産業資本は、商品の生産過程に投下され、貨幣資本・商品資本・生産資本の資本形態を経過し、利潤 (余剰価値) を生み出す資本である。貨幣資本をもって、生産手段と労働力を購入して商品資本となるのだ。独占資本主義になると、産業資本は銀行資本と融合し、金融資本に転化するのである。

　金融資本は、産業資本の集中や独占と同時に銀行資本の集中によって、大産業資本と大銀行資本が融合し、銀行資本が産業資本に転化し、産業資本が銀行経営に参加する形をとる。資本主義の最高の発展段階における資本形態が金融資本なのである。金融資本の支配力は、経済面だけでなく、政治・文化・社会のあらゆる面に影響を及ぼすことになる。経済システムは、国家システムと共に、独自のシステムになっていたのだ【参照⇒第5章②：帝国主義と植民地支配について】。

⑥国家システムと経済システムの関係

　19世紀までのブルジョア市民社会における「国家」観は、「夜警国家」観であった。近代の国民国家は、ブルジョアの私有財産を番人として夜警するだけで、外敵からの防御 (国防) や国内の治安維持 (警察) などの必要最小限の公共任務に役割を限定した国家だった。その他の役割は、自由放任主義であり、国家は経済活動に介入すべきではないとされたのである。(国家財政の) 小さな政府、安価な政府、消極政府、立法国家とも呼ばれている。政府の経済活動への介入や重商主義的規制は、経済の健全な発展には有害であり、浪費を生むという考え方が背後にある。＜神の見えざる手＞によって自由放任の下で経済は

健全に発展する（競争的市場の自動調整作用）というアダム・スミスの自由放任思想・自由主義経済政策が基礎になっている。

これに対して20世紀に産業資本主義が進展すると，積極国家観が支持を得ることになる。国家による経済活動への関与が肯定されるようになったのだ。資本の集中，恐慌，経済的不平等，階級対立などの諸矛盾が増大し，帝国主義を背景に自由主義的経済政策の破綻が露呈してきた。その解決のために国家が果たす積極的役割を主張し，国家が日常生活の全領域に介入する福祉国家，行政国家，大きな政府，高価な政府が求められるようになったのだ。戦後の資本主義国家は，福祉国家の側面をもつようになった。国家は国民の福祉のために積極的な役割を果たすのである。国家に依存する国民の期待によって，国家は国民生活のあらゆる領域に介入し，行政府が巨大化していった。

1980年代に福祉優先政策が市場経済の停滞をもたらすようになった。経済における公共部門の肥大化によって財政も悪化してきた。その結果，イギリス・アメリカ・日本では「小さな政府」を求める市場経済重視政策が採られたのだ。経済政策における政府の役割を小さくし，競争原理の市場経済の機構によって財政赤字を解消し規制を緩和し，公共事業の民営化を促進し，資本主義経済の活性化がはかられたのだ。現在でも「大きな政府」（積極国家）か「小さな政府」（消極国家）かの政策論争が絶えず起きているのである。たとえばヨーロッパの社会民主主義かアメリカのネオ自由主義かなどである。

7 「市民」概念について

以上のように，経済システムと国家システムが支配的なものになる一方で，1990年代ごろからブルジョア市民社会論とは異なった「新しい市民社会論」が登場してきた。こうした新しい市民社会論では，国家と経済社会（資本主義市場経済）と市民社会の三元論が主流となっている。市民社会と経済社会が独立の領域となっているのだ。

市民社会が国家と同一視されるヨーロッパの伝統の市民社会論と異なるのがブルジョア市民社会論であった。このブルジョア市民社会論の国家と市民社会

の二元論とも異なるのが新しい市民社会論である。この新しい市民社会論では，経済社会と市民社会の二元論が成立している。ブルジョア市民社会論では，経済社会（資本主義経済システム）と市民社会は分離されなかったが，新しい市民社会論では経済社会とは別に市民社会が成立可能になっているのだ。この2つの市民社会論の相違を解く鍵は，市民概念の相違に見出されるだろう。ブルジョア市民社会論で市民とは，ブルジョアジー，つまりブルジョア市民（有産階級）のことであった。しかし市民とはそれだけの存在なのだろうか。

　こうした市民とは，複合的な概念である。大別すると4種類ぐらいに分けることができるだろう。(1) 都市の住民としての市民，(2) 国民の別名，(3) ブルジョア市民（有産階級），そして (4) シティズン市民である。ブルジョア市民社会論の市民は，この分類の(3)のブルジョア市民を指していたのだろう。他方でフランス革命の時の「人権宣言」では，「人間と市民の人権宣言」として市民に注目が当たっていたが，この市民は，(4)のシティズン市民（シトワイヤン citoyen, citizen）のことである。さらに(1)の都市の住民は社会的市民，(3)のブルジョア市民は経済的市民，そして(4)のシティズン市民は政治的市民といえるかもしれない。ブルジョア市民は，市場経済において利用可能な労働力と財産を有し，私有財産を増殖するのだ。シティズン市民は，市民社会の意志決定に参加する権利（参加権）を有し，政治共同体の国民の参政権と相対しているのだ。

8 シティズンシップ論

　ブルジョア市民社会論では，シティズン市民はほとんど展開されていない。近年，シティズン市民論は，「シティズンシップ論」として論じられるようになってきた。シティズン市民は，政治的市民の問題なので，政治学の領域の議論になっている。シティズン市民論があまり語られなかったのは，これまで国民国家では国民と市民の区別の必要が特になかったからなのである。

　ここでは国民を，とりあえず「ある国家における国籍保有者」として把握しておくことにする。近代国家と国民の間には，一般に忠誠と保護の関係が成立

している。他方でシティズン市民とは「十全な市民権を享受し，政治参加の権利あるいは義務をもつ者」と定義することができる。この国民とシティズン市民の関係はどういうものなのか，そこにシティズンシップ論のポイントがあるだろう。

　近代のシティズンシップ論には，「自主独立した個人」として「国家から独立したシティズン市民」と，「国家への直接的な帰属意識をもったシティズン市民」という両犠性がはらまれているといわれている。つまりシティズン市民は，個人の権利としての市民権を確立するためには，国家という共同体に直接帰属しているという意識をもたなければならないのだ。「国家に依存しない独立した個人」と「国家への帰属意識」という両義性が近代のシティズン市民の歴史には絡み合っているのだ。現在，近代国家が，個人の権利としての市民権の行使を保障している。逆にいえば，国家によって保障された国民でなければ，個人の権利としての市民権は行使できないというのが，近代のシティズンシップ論なのである。近代のシティズンシップ論では，シティズン市民が市民権を行使できるためには，つまりシティズン市民がシティズン市民になるためには，そのシティズン市民は，国民でなければならないのだ。国民のみが市民権を享受できるのである。ここにおいてシティズン市民は，国民国家の国民と比べると，二義的な存在価値しかなくなる。国民国家ではブルジョア市民には，国民でなくてもなれるが，シティズン市民には国民でないとなれないのである。

　シティズンシップ論が改めて注目されるためには，国民国家の成員であるというシティズン市民の資格についてのパースペクティブが再考されなければならない。国民であるシティズン市民だけでなく，国民でないシティズン市民の市民権を保障する政治共同体の可能性はあるのだろうか。つまり国民国家が国民に市民権を保障するだけでなく，国民国家でない共同体，あるいは市民権が国民でないシティズン市民に保障されるような共同体が，形成される可能性はあるのだろうか。

9 市民権としてのシティズンシップと市民実践としてのシティズンシップ

　以上のことを考察するためには，まず，シティズンシップ観を再考する必要があるだろう。近代の国民国家あるいは（ブルジョア）市民社会では，シティズンシップは，「市民権」として，「権利」概念として把握されているのが常である。実は，シティズンシップが「市民権」として概念化されるのは，まさに近代社会になってからなのである。18世紀になってヨーロッパに近代国家論が誕生してから，「権利」概念を中心とするシティズンシップ論が登場したのである。「市民権」とは，出入国の自由・居住の自由，市民的・社会的・政治的諸権利の総称である。

　18世紀の近代のシティズンシップ論に影響を与えたのは，自然法思想の自然権や社会契約説だといわれている。「十全な市民権を享受し，政治的参加の権利あるいは義務をもつ者」であるシティズン市民に関して近代的シティズンシップ論は，国家が保障する「十全な市民権」としての権利を論じていた。国家が存在する以前に，すべての個人には平等な権利が備わっており，何人もその権利を奪われてはならないのである。

　ところが近代以前のシティズンシップ論では，個人の権利ではなく，市民の実践や人々の政治参加に重点が置かれていた。このシティズンシップ論は，古代ギリシアのポリスの経験に端を発するシティズンシップ論である。そこでは権利と義務の相互関係が重視され，市民としての（積極的／能動的）実践や政治参加とは何かが議論され，善き生活の基盤としての政治共同体（必ずしも国家である必要はない共同体）における市民的徳としての自由が問題となり，市民としての成員資格は道徳的価値によって規定されているのである。共同体のなかにおいて互いに平等とみなされた市民たちの活動が，人間としての徳や生きる目的と結びつけられている。政治参加という市民の活動や実践の義務や責任が言及されるのだ。人々はお互いに共通の関心事に参与することが人間の最高の徳の1つと考えている。「市民」とは政治共同体の諸問題に参与する政治的主体を意味しているのだ。真に人間らしくあるためには，市民でなければならず，市民としての活動をいかによく果たすかが，人間としての徳を決定していると

されている。

　実は，市民たちが「市民」としてどのような活動・実践に参与するかは，近代のシティズンシップ論でも重要な点である。シティズンシップは，単に権利（市民権）だけでなく特権的な資格なのであり，誰がその特権的な資格を得るのか，つまり誰がシティズン市民であるのか，その特権に附随した活動に参加することは，人間としての善き生活へ人々を導くのか，いかなる実践がシティズン市民には期待されているのか，が問われるべき重要な問題となっているのである。

10「新しい市民社会論」の流れ

　したがってシティズンシップは単に市民権としてだけでなく，「市民社会の公共性を形成する政治参加・実践活動の状態」と定義できる。近代のシティズンシップ論の多くは，この市民社会を国民国家と同一視してきた。したがって市民社会の公共性とは，国民国家の公共性であり，この国家社会の形成に政治参加する国民の市民権が議論されてきたのだ。またブルジョア市民社会論では，この市民社会は産業資本主義社会と同一視され，市民社会の公共性とは産業資本主義社会の公共性であり，この資本主義社会の形成に参加するブルジョア市民（資本家）の市民権が議論されてきたのである。しかし，この市民社会を，国民国家の政治システムや産業社会の経済システムでなく，別物と考えているのが，新しい市民社会論なのである。

　新しい市民社会論は，この市民社会を，3つの社会のレベル，国際社会と脱国民国家社会と地域社会として想定している。シティズンシップとは，したがって，この3つのレベルの市民社会の公共性を形成する政治参加や実践活動の状態のこととなる。国際社会の公共性の形成，脱国民国家社会の公共性の形成，地域社会の公共性の形成に，政治参加あるいは実践活動する状態がシティズンシップなのである。

　シティズンシップとは，単に国民に市民権として与えられる権利のことだけでなく，政治参加や実践活動の状態のことなのであり，この政治参加や実践活

動は単に国民国家への政治参加や実践活動のことだけでなく，国際社会・脱国民国家・地域社会の公共性を形成するものとなるのだ。この政治参加や実践活動の前に，国際社会・脱国民国家・地域社会が存在しているのではなく，この政治参加や実践活動が国際社会・脱国民国家・地域社会の存在そのものとその公共性を作りだすことになるのだ。こうしたシティズンシップのシティズン市民の実態は，現在のヨーロッパにみることができるのだ【参照⇒第5章 4 5：「アジア太平洋市民」としての意識形成について】。

【ディスカッションのために】
1．ヨーロッパの「市民革命」についてあなたの言葉で説明してください。
2．あなたは「国民」ですか，ブルジョア「市民」ですか，それともシティズン「市民」ですか。その答え（Yes or No）の理由（どうしてか）を述べてください。
3．シティズンシップとあなたの関係について考えてください。
4．あなたは「市民社会」をどのように理解していますか。

【リーディング】
篠原一『市民の政治学』岩波新書（岩波書店，2004年）
宮島喬『ヨーロッパ市民の誕生―開かれたシティズンシップ―』岩波新書（岩波書店，2004年）
岡野八代『シティズンシップの政治学―国民・国家主義批判』（現代書館，2003年）
アンソニー・ギデンズ（松尾・小幡訳）『近代とはいかなる時代か―モダニティの帰結―』（而立書房，1993年）
デレック・ヒーター（田中・関根訳）『市民権とは何か』（岩波書店，2002年）
ジェラード・デランティ（佐藤康行訳）『グローバル時代のシティズンシップ―新しい社会理論の地平』（日本経済評論社，2004年）

（椎野信雄）

第8章
グローバリゼーションと観光：
歴史的意義と現代的意味

【キーワード】

大衆観光（マス・ツーリズム），内発的強制の旅，楽しみのための旅行，渡航の自由，メディア，文化的多様性，自然的多様性

---

1 エクアドルの空港で

　2001年の夏のことである。毎年行っていたガラパゴス諸島での社会調査からの帰り，エクアドルの首都・キト空港のヒューストン行き便を待つ発着ロビーで，2組の子ども連れの家族に出会った。深夜発便のため，空港内にある店らしきものはすべて閉まっていた。出発までの数時間をつぶすのは，子どもも大人も苦痛なもの。子どもたちが取り出したのは，小型ゲーム機だった。最初は静かに遊んでいたが，熱中して興が乗ってきたらしく，画面に語りかけている。よく聞いてみると「PIKUCHU」。ピクチュー？　あっ，ピカチュウだ。彼らが遊んでいるのはポケットモンスターのゲームだったのだ。一方，2011年の夏のこと。こちらも毎年調査で訪れているマレーシア，サバ州のキナバタンガン川河畔の村で，近所の子たちが勢ぞろいして床に腹ばいになってテレビをみていた。現地のCMに続いてはじまったのはアニメ番組，タイトルは「One Piece」。日本でも一世を風靡した，あの「ワンピース」である。ストーリーすら知らない筆者に，11歳の子どもが学校で習った英語を使って一生懸命あらすじを紹介してくれた。「ゴムの実を食べるとゴム人間になれるんだ」。そのゴムの木が自生し，足元に実がころがっている熱帯雨林の村なのだが，彼女にとっては，アニメのなかのゴムの木は別物のようだった。このような現実

に，あなたは何を感じるだろう。

　果たしてエクアドルやボルネオのことをどれだけの日本人が知っているだろうか。日本人の年間渡航者数は，エクアドル約5,000人，マレーシア約3万人である。日本からの出国観光客数が年間1,800万人程度であるから，ごく少数に過ぎない。ほとんどの人が知らない国で，その国の子どもたちが日本製に親しんでいる。もちろん，その子どもたちも，日本という国のことも，どこにあるかさえも知らない。もしかするとポケモンやワンピースが日本製であることすら知らないかもしれない。情報と物の流通はとっくにグローバル化されている。そのことに旅先で出会って気付く。私たちはそういう時代に生き，旅をしているのだ。旅は，グローバル化する世界の断面をまるごと切り取ってみせてくれる。それはヨーロッパによる，いわゆる「世界の一体化」とも共通している【参照】⇒第2章 2 3：「発見」の意味，征服の実態】。

　この章では，世界のグローバル化と観光の関係について，考えてみたい。

2 旅する動物
(1) 越境する人類

　人はなぜ旅をするのか。そう問われたらあなたはどう答えるだろうか。

　現代に生きる私たちは，「旅」という言葉に自分の楽しみや学びなどを目的とした旅行のことを想い浮かべる。だが，実は自分の楽しみのために人々が旅をするようになったのは，最近になってからのことだ。

　捉え方はいろいろある。砂漠を移動する民，アフリカのマサイ族には「テンベア欲求」があるという。テンベアとはスワヒリ語で「さすらい」「彷徨」を意味する言葉で，テンベア欲求とは，いうなれば「あてどなく歩くことへの欲求」である。目的地を定めずに歩き，ここに留まりたいと思える場所があれば定住した。その定住した場所が，水が得られ，部族を養うことができるオアシスだった，というのである。生きるための場と水を求めることが彼らの旅だった。ネイティヴ・アメリカンのイロコイ族に伝わる口承伝承では，部族の歴史を次のように伝えている。人類は今から10万年前，アフリカ大陸の大地溝帯

周辺で樹上生活をやめて地上に降りて地中海沿岸に定住した。やがて1万年前に北上をはじめ，ユーラシア大陸を横断し，ロシアからベーリング海峡を経てアラスカへ渡り，北米大陸を横断してオンタリオ湖へと至った。それがイロコイ族の祖先である（ポーラ・アンダーウッド，1998）。別の研究では，その一部が中米を通って南米大陸へ達し，インディオになったとし，この伝承を忠実に近いものと認めている。アジアに多く住むモンゴロイドと南米のインディオがよく似た顔だちをし，骨格が類似しているのはそのためである。人類が地球上のいたるところに住むようになった背景に，10万年にわたる壮大な旅があったということになる。人類にとって，ほかの地へと移動すること＝旅は生き続けるための必然として生まれた自然な行動であった。

(2) 旅の起源と大衆観光
1) 強制された旅―生きるための旅
　交通史学者の新城常三（1971）は，旅の発達史を次のように整理している。

　　　　　生きるための旅―┬―生命と暮らしを維持するために移動する旅（内部か
　　　　　　　　↓　　　　│　ら強制される旅）
　　　　　　　　　　　　　└―国家権力による「外部強制の旅」
　　　　　自ら好んでする旅（選ぶことのできる旅）

　人類の旅の歴史は，先にあげたような，食べ物を得るための原初的な移動を含む，生命と暮らしを維持するための，内なる強制力に従ってなされた旅からはじまった。
　① 信仰の旅
　「歴史の父」と呼ばれるヘロドトス（B.C.484頃-425頃）は，ギリシアから中近東各地，ヨーロッパ南部から北アフリカへと旅を試み，各時代の各地方にあった旅の実態を著し，後に「世界最初の大旅行者」と称された人物である。彼は著書『歴史』のなかで，「最も古い旅は『信仰』の旅だった」と述べている。

ヘロドトスが生きた時代は，ギリシアの神々を祀る神殿が各地で建設ラッシュで，それらへの参詣者が後を絶たなかった。巡礼の旅は，キリスト教やイスラームが誕生した後の中世ヨーロッパにおいても盛んで，エルサレムやローマ，スペインのサンティアゴ・デ・コンポステーラなどが，しだいに聖地巡礼観光の"メッカ"として多くの信仰者を引き寄せるようになった。一方で，巡礼の道すがら楽しむ芸術や飲食のサービスなども発達した。しかし，ローマ帝国の滅亡とともに治安が悪化して途絶えてしまった。観光の「平和産業」としての一面がここから垣間みえる。

② 戦争の旅

次に旅の要因となったのは，「戦争」であった。聖地エルサレムの奪回を目的として8回に及んだ十字軍の遠征がその象徴とされるが，兵役や国防などのために駆り出され，いつ帰れるとも知れぬ旅を強いられた人々が多数いたのである。国防のための旅は，日本にもあった防人である。これらは個人ではなく国家が生き続けるために仕掛けた強制的な旅である。

③ 商業の旅

巡礼や戦争によって整備が進んだ道や地図，加えて造船技術などは，やがて一般の人々の移動のためのインフラとして活用され，交易路として大陸の東西や大陸間の行き来を支えた。ユーラシア大陸とアジアを結ぶルートとして，北部ステップ地帯を通る「草原の道」，中央アジアを通る「オアシスの道」(後の「シルクロード」)，南方海上を通る「海の道」の3つの道が使用されるようになった。

有名なヴェネツィアの商人マルコ・ポーロ (1254-1324) も，そのような商人の1人だった。17歳の時に宝石商の父に連れられて陸路中国へ旅し，元に仕えた。1295年に帰国し，その談話をまとめた『世界の記述』(『東方見聞録』) は，ヨーロッパ人がまだみたことのない東洋という世界の異なる文化，異なる人種，異なる衣食住のエピソードがちりばめられ，アジアへの興味をかきたてた。

15～16世紀の「大航海時代」は，十字軍の遠征で飛躍的に情報量が増えた海域の知識と造船技術，航海術などの蓄積の所産であった。16世紀前半にはスペイン，ポルトガルがアメリカ大陸「征服」を基盤として世界を分割・支配

する体制を作り，香料貿易の独占を図り，後半にはイギリスがスペイン領アメリカに侵入して銀資源をねらい，オランダがカリブ海やブラジルに侵入し，アジアのポルトガル領を奪取しオセアニア探検を行うなど，ヨーロッパ諸国による世界の覇権争いが展開された時期であった【参照⇒第6章②：地球球体世界観に受容といわゆる大航海時代について】。

　古代から16世紀までの世界の旅は，自らが生きることと密接なかかわりをもつ自然発生的な移動が，国間の交易や争いへと至る系譜とみることができる。旅することは，自らの生殺与奪を賭けたものであった。このことを端的に表すのが，旅を表す諸外国語の語源である。一例をあげよう。

　　　tour　　　ラテン語で円を描く道具tornus（トルヌス）が語源。再び戻って
　　　　　　　　くるという意味。
　　　travel　　フランス語で労働，苦役を意味するtravaille（トラバーユ）が語源。
　　　journey　フランス語で「日」を意味するjour（ジュール）が語源。
　旅とは苦しみを伴うものだったのである。

2）自ら好んでする旅

　旅する人々にとって，旅先の国や地域は，未知の地であり，そこで得た情報や文化は，エキゾチズム（異国趣味）を伴って受け入れられたり，生活の一部に組み込まれたりしながら，やがて「まじりあう文化」を形成していった。実際に旅をした人々は，一般庶民ではなかった。一部の特権階級や貴族，兵士や聖職者等に限られていた。旅がもつ異文化の学びの機能を生かし，自国の文化や芸術，知見を向上させるために行われた旅のひとつが，「グランド・ツアー」と呼ぶ教育旅行であった。

　「グランド・ツアー」とは，今の修学旅行の前身である。主に英国の貴族の子息が自己啓発を目的としてフランスやイタリアの主要都市を訪ねた旅行であり，通常は1〜2年，家庭教師を伴って旅を行い，旅先で出会うさまざまな体験を学ぶことが目的であった。どんなものが対象になったのかといえば，たとえば，イギリスからフランスへ渡る船の乗船方法，宿の泊まり方，最先端の整

髪モード，ファッション，テーブルマナー，建築，食べ物，アルコール，夜遊びなど，ほぼ生活のすべて。フランスでは，観るもの・聞くものすべてが珍しくて仕方がないグランド・ツアー中の子息を滑稽に描いた風刺画も描かれた。後にこの旅は貴族の子息だけでなく富豪，学者，芸術家なども模倣するようになり，17世紀から18世紀にはヨーロッパ全体で盛んに実践された。オードリー・ヘプバーン主演の名作映画『ローマの休日』は，グランド・ツアーをモチーフにして作られた映画である。作中で，ローマのサンピエトロ寺院の正面階段でオードリー扮する北欧のお姫様が，ジェラートを食べるシーンが話題とな

表8－1　旅の発達略史

時代		旅	備考
ギリシャ時代	B.C.5世紀頃	信仰の旅	各地に神殿が建てられ，観光資源化する
	B.C.776-A.D.393	古代オリンピック競技観覧の旅	簡易食堂，民泊，もてなし文化の発生
古代ローマ時代	-A.D.395	信仰・芸術鑑賞・保養・飲食のための観光	道路網と馬車の発達
中世ヨーロッパ時代		聖地巡礼観光の旅	エルサレム，ローマ等の観光地化
	1096-1270	十字軍遠征	航海術，造船技術，海図の発達
	13C	東西貿易のための旅	絹の道，海の道の発達
	15～16C	大航海時代	新大陸発見，資源調達
近世		商業者の旅	
	18C後半～19C前半	知識を求める旅（「グランド・ツアー」）	『旅行案内書』の発行（ベデガー，1829）
近代	1830	個人旅行の誕生（楽しみのための旅）	蒸気機関車による鉄道網の開通
	1841	鉄道による大衆観光の普及（トーマス・クック社）	交通機関，宿泊施設の斡旋，団体割引など「旅行代理業」の誕生，トラベラーズチェックの開発
	19末～20C初頭	客船による大陸間移動の旅	豪華客船によるクルーズ観光の発達
	第二次世界大戦後	旅客機による空の旅	高速・大量輸送観光の発達

出典：前田・橋本（2010）をもとに作成。

り，世界中の観光客が真似たため，この階段はジェラート禁止になったというエピソードがある。出合うものすべてに驚きながら体験することがグランド・ツアーの目的である。もち帰られた異国文化は，さまざまな形で母体の文化に刺激と影響を与え，「〜風」としてとりこまれていった。

　イギリスでは，このような旅を多くの大衆に簡便に提供するためのサービスが，印刷屋トーマス・クックによりビジネスに高められ，マスツーリズムの幕開けを迎えた。

　近世にかけての旅とは，その地で熟成してきたものに，少し異なる他の要素を取り込むことにより，新しい文化を再生産する仕掛けであったといえる。今ここにないものを外から吸収することによって，人々の旅は少しずつ「グローバリゼーション」を，進めてきたのである。

(3) 旅人が伝えた文化

　訪れられる側からみると，旅人は新しいニュースを運んでくれる「客人」であった。日本ではこれをマロウド，マレビトと呼び，土着の「土」の人に対して「風」の人として迎えた。西行法師や芭蕉など，各地を遍歴した歌人や，土木技師として各地で治水や作庭のアドバイスを残した空海，鉱山技師として温泉開拓に貢献した行基などは，その例である。

　旧イギリス領の西アフリカの国，ガーナ特産の土産物に「コロン人形」がある（写真8−1）。ガーナ人特有のくっきりした鋭い目と浅黒い肌をし，その身に各種の制服を窮屈そうに着ている木彫りの人形である。最近はネットオークションなどでも取引される人気商品だ。1960年のガーナの独立で幕を下ろした英国による植民地支配は，ガーナの伝統的な生活様式を大きく変えた。この土産物はその象徴といってもいい。旅は訪れられた側にも否応ない変化をもたらしたのだ。人形の見開いた目はそれにイエス・ノーをとなえるわけではなく，ただ変化してゆくさまを見返すかのようである。この人形を最初に作った作者は何を伝えたかったのだろうか？

写真8－1　コロン人形

出典：http://www.african-sq.co.jp/catalog/106_4922.html

3 大衆観光時代と旅する権利

　19世紀半ば以降，鉄道や客船，旅客機など輸送手段の開発が相次いだ。また団体旅行をサポートする旅行業の発達等によって，限られた人々による「旅」は，個人が「楽しみのための旅行」として参加しうるものとなり，観光産業は大きく成長した。中国や東南アジア諸国をはじめとする多くの国が経済成長を達成した21世紀の現在，国境を越えて旅する観光者数は10億人に達する勢いである【参照⇒第5章3 4：アジア地域の経済発展について】。世界は大量観光時代に突入している。だが，旅する権利は世界の人々に平等に与えられているのだろうか。

　表8－2，8－3は，2010年の国際間観光におけるインバウンド・アウトバウンド国ランキングである。「インバウンド」とは，ある国への他国からの訪問，「アウトバウンド」とは，ある国から他国への訪問のことを表す。2つの

表をよくみてほしい。何か気付くことはないだろうか？　実は両者に登場する上位国は，いずれも北半球の国々や先進国なのである。南米大陸やアフリカ大陸の小さな国々や太平洋島諸国は含まれていない。このことは，旅する権利も，訪問される権利も一部の国や地域に偏っていること，言い換えれば交流する自由を享受できる人は限られるということだ。「世界一周旅行」というが，実際は「北半球内一周」なのである。

　背景に潜んでいるのは政治や社会，経済問題である。査証(ビザ)発給の自由を例に考えるとわかりやすい。国交を樹立していない国との間では渡航が制限されているが，内戦や戦争などの政情変化により箝口令が敷かれ，急遽渡航禁止となる場合もある。

　2004年のこと，筆者はスペインで開催されたある授賞式に，フィジー人の友人を招いた。チケットも手配し，待ち合わせ場所としていたフランクフルト空港で待っていたが，いくら待っても彼は姿を現さない。問い合わせたところ，フィジーからオーストラリア経由でフランクフルトにくるはずが，政情不安によりフィジー－オーストラリア間の渡航制限がかかり，彼は空港で引き返さざるを得なかったというのだ。予想もつかぬ事態だが，ニュージーランド経由に切り替えるには時間がなく，諦めるしかなかった。驚かされたのは，このような話は，彼にとってはめずらしいことではなかったことだ。日本は国際間渡航が極めて自由な国であるために，私たちは査証(ビザ)問題になかなか気付くことがない。だが，この日本を訪れるにも制限をかかえる国は多いのだ。日本人学生と留学生の間にも，この格差は厳然として存在している。私たちは本当に，グローバル化された国際観光時代を生きているといえるのだろうか？

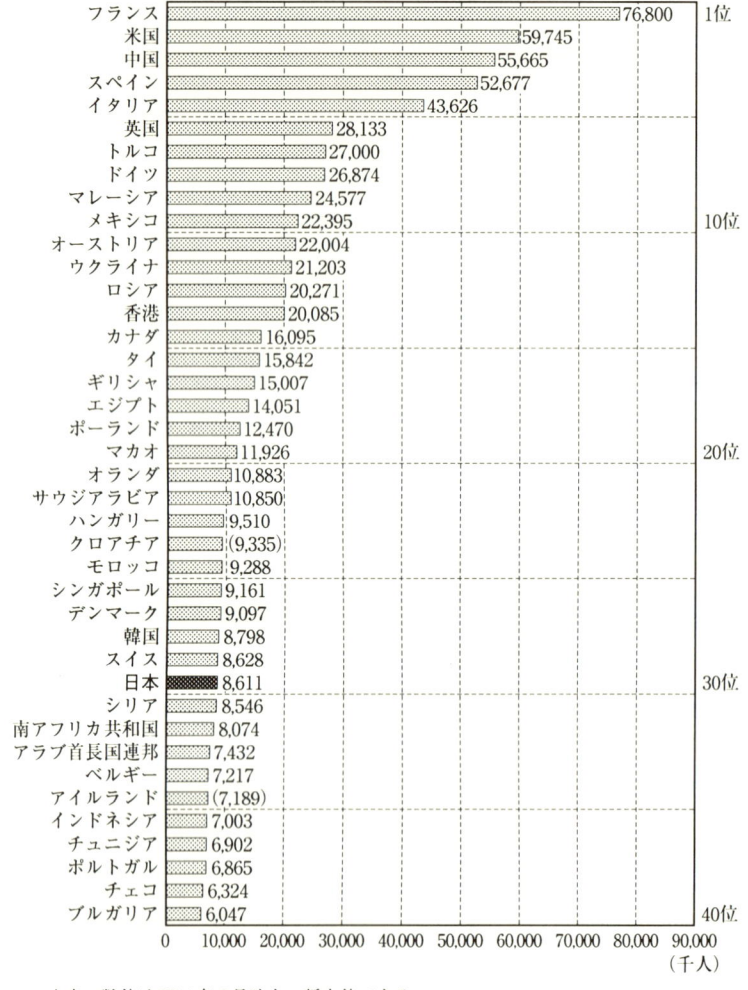

表8-2　世界各国・地域への外国人訪問者数（2010年 上位40位）

順位	国・地域	訪問者数（千人）
1位	フランス	76,800
2位	米国	59,745
3位	中国	55,665
4位	スペイン	52,677
5位	イタリア	43,626
6位	英国	28,133
7位	トルコ	27,000
8位	ドイツ	26,874
9位	マレーシア	24,577
10位	メキシコ	22,395
11位	オーストリア	22,004
12位	ウクライナ	21,203
13位	ロシア	20,271
14位	香港	20,085
15位	カナダ	16,095
16位	タイ	15,842
17位	ギリシャ	15,007
18位	エジプト	14,051
19位	ポーランド	12,470
20位	マカオ	11,926
21位	オランダ	10,883
22位	サウジアラビア	10,850
23位	ハンガリー	9,510
24位	クロアチア	(9,335)
25位	モロッコ	9,288
26位	シンガポール	9,161
27位	デンマーク	9,097
28位	韓国	8,798
29位	スイス	8,628
30位	日本	8,611
31位	シリア	8,546
32位	南アフリカ共和国	8,074
33位	アラブ首長国連邦	7,432
34位	ベルギー	7,217
35位	アイルランド	(7,189)
36位	インドネシア	7,003
37位	チュニジア	6,902
38位	ポルトガル	6,865
39位	チェコ	6,324
40位	ブルガリア	6,047

（注）
1：本表の数値は2011年6月時点の暫定値である。
2：クロアチアとアイルランドは，2010年の数値が不明であるため，2009年の数値を採用した。
3：アラブ首長国連邦は，連邦を構成するドバイ首長国のみの数値が判明しているため，その数値を採用した。
4：本表で採用した数値は，韓国と日本を除き，原則的に1泊以上した外国人訪問者数である。
5：外国人訪問者数は，数値が追って新たに発表されたり，さかのぼって更新されることがあるため，数値の採用時期によって，そのつど順位が変わり得る。
6：同一国において，外国人訪問者数が異なる統計基準に基づいて算出されている場合があるため，比較する際には注意を要する。

出典：世界観光機関（UNWTO），各国政府観光局　作成：日本政府観光局（JNTO）

表8-3　国際観光の訪問先ランキング

海外旅行者数(万人)	人口100人当たり(人)	順位	国名(年次)
7,740	93.9	1	ドイツ(2005)
6,649	110.4	2	英国(2005)
6,350	21.4	3	米国(2005)
4,084	107.0	4	ポーランド(2005)
3,665	359.1	5	チェコ(2004)
3,103	2.4	6	中国(2005)
3,076	123.6	7	マレーシア(2004)
2,842	19.9	8	ロシア(2005)
2,335	40.1	9	イタリア(2004)
2,227	36.6	10	フランス(2005)
2,110	65.3	11	カナダ(2005)
1,862	184.6	12	ハンガリー(2005)
1,740	13.6	13	日本(2005)
1,709	104.7	14	オランダ(2005)
1,549	32.6	15	ウクライナ(2004)
1,331	12.9	16	メキシコ(2005)
1,260	139.6	17	スウェーデン(2005)
1,143	156.9	18	スイス(2002)
1,008	20.9	19	韓国(2005)
932	88.9	20	ベルギー(2005)
825	11.4	21	トルコ(2005)
714	33.0	22	ルーマニア(2005)
656	79.7	23	オーストリア(2005)
620	0.6	24	インド(2004)
611	147.0	25	アイルランド 2005)
604	115.0	26	フィンランド(2005)
517	121.8	27	シンガポール(2004)
512	12.0	28	スペイン(2004)
496	71.4	29	香港(2005)
475	23.4	30	オーストラリア(2005)
470	2.5	31	ブラジル(2005)
463	85.7	32	デンマーク(2004)
456	24.0	33	シリア(2005)
424	54.7	34	ブルガリア(2005)
411	1.9	35	インドネシア(2005)
400	10.3	36	アルゼンチン(2005)
392	26.1	37	カザフスタン(2004)
381	16.9	38	サウジアラビア(2004)
379	8.4	39	南アフリカ(2002)
369	53.3	40	イスラエル(2005)
364	5.1	41	エジプト(2003)
350	101.4	42	リトアニア(2003)
312	67.5	43	ノルウェー(2005)
305	4.7	44	タイ(2005)
296	128.6	45	ラトビア(2005)
292	4.5	46	イラン(2002)
280	140.2	47	スロベニア(2004)
234	14.5	48	チリ(2004)
224	22.3	49	チュニジア(2005)
214	2.6	50	フィリピン(2005)

人口100人当たり海外旅行者数(人)(2004～05年)

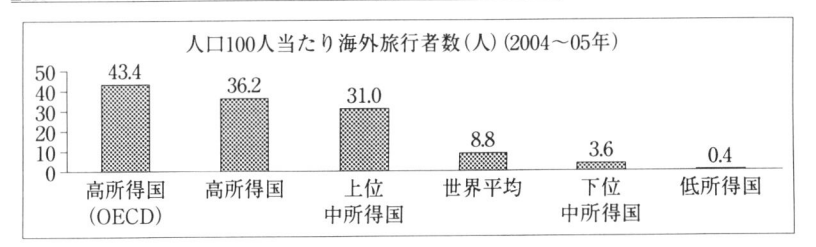

高所得国(OECD)	43.4
高所得国	36.2
上位中所得国	31.0
世界平均	8.8
下位中所得国	3.6
低所得国	0.4

(注)　海外旅行客数は世界観光機関(UNWTO)による。海外旅行者数の多い順に50カ国を掲げた。
(資料)　世界銀行，WDI Online 2007.8.3。
出典：http://www2.ttcn.ne.jp/honkawa/7212.html

4 リアリティからの乖離

　古代は，旅する人間が情報を伝え，運んだ。マルコ・ポーロが伝えた東方世界は，彼がヴェネツィアに戻ってくるまで伝えられることがなかった。旅先の風景は訪れた者にしかみえず，人々との会話も食べ物も，訪問者にのみ許された一期一会の体験だった。

　ところが今，私たちは，高度ICT（情報技術）時代を生きている。「人」が動かなくても「もの」も「情報」も固有のスピードで手元に届く時代だ。それがたとえ地球の裏側の出来事であろうと，宇宙ステーションでの出来事であろうと，ICTを通じた視覚・音声情報によって瞬時に世界中に伝わる。どんなに珍しい本も，Amazon.comを使えばワンクリックで手に入ってしまう。したがって，現代の旅人は，旅する前にヴァーチャルな現地のイメージを体験し終えているのだ。メディアという，偏りと限界のあるリソースによって。それに伴って，旅の位置付けも，「未知への期待の旅」から「既知の確認の旅」へと，いつの間にか変化してしまっているのである。

　いくつか例をあげよう。

　「世界遺産」に憧れ，いつかは訪れたいと願う学生は多いだろう。モン・サン・ミッシェル，マチュ・ピチュ，アンコール遺跡，屋久島，グレートバリアリーフ，白川郷―。地名を聞いて思い浮かぶ映像がありはしないか。たとえば夕空に浮かぶモン・サン・ミッシェルのシルエット，蓮池を前景とするアンコール・ワット，高台から見下ろした白川郷の街並み（写真8－2）。いずれも特定の視点場（視点を置く場所のこと）から撮ったベスト・ショット・アングルの映像である。最も美しい姿を伝えることは観光プロモーションの基本であるから，イメージ戦略としては成功だ。だが白川郷では，その成功ゆえに悲劇が起きた。高台から萩集落を見下ろす展望写真があまりにも有名になったため，世界遺産指定後に，多くの観光客の目的が「ポスターと同じ写真を撮る」ことにシフトしてしまった。その結果，年間150万人の観光客の平均滞在時間がわずか45分という事態を招いた。45分とは，いうまでもなく駐車場・展望台・トイレの3カ所移動の合計時間である。地域活性化には1円も貢献しない。

第8章 グローバリゼーションと観光　119

写真 8 − 2　白川郷の街並み

筆者撮影

　英国・湖水地方は数多くのナショナル・トラストがある美しい田園地帯である。ピーター・ラビットの作者，ベアトリクス・ポターの家や農場もその1つだ。日本人観光客は毎年多数訪れているが，ある時，The Times 紙に「日本人はベアトリクス・ポターの庭にこないでくれ」とナショナル・トラストが申し入れたという新聞記事が掲載された（真板ほか，1997）。筆者らが裏付け調査をしたところ，記事にあるような声明は誰も出していないこと，記事自体が英国戦勝記念日向けに，反日感情を利用してねつ造されたものであることがわかった。一方で，湖水地方の美しい風景や田園地帯散策を楽しもうともせずに，ピーター・ラビットにゆかりのあるポターの庭だけを訪れ，買い物をしてあっという間に去っていく日本人の団体行動が英国人たちに奇異に映り，一部の人々のいら立ちを買っていたことが明らかとなった。日本人観光客の行動の源には，ピーター・ラビットや湖水地方に関する偏った情報流通や，旅行会社の情報提供のあり方などの問題があった。

　屋久島には，年間40万人もの観光客が訪れる。その大半が徒歩で往復11時間かかる「縄文杉」を目指す'参拝客'である。島に住む人々にとって，縄文

杉は，たまたま伐られずに残った屋久杉の一本に過ぎない。それよりも島の各集落の個性や海・山・里の季節折々の魅力や味覚，屋久杉の巨木が多数点在するヤクスギランドなど，自慢したいところはほかにもたくさんあるのに，と島民は呆れる。だが，忙しい観光客は，屋久島のシンボルの確認をすることが最優先となってしまう。

　これらに共通しているのは，人のスピードを越えて，先回りし，グローバルに拡散した情報や物が，旅する主体である私たちの想像力や行動を制限しているという点だ。今日のメディアは，驚くほど微細な情報まで拾い上げて報道する一方で，人々に好まれる情報やニュース性があるものに特化して針小棒大に取り上げる傾向がある。私たちにメディアに左右されずに情報を受け取る構えがなければ，情報に流されて独自の視点を保つことは難しい。しかしその意識がなければ，旅はどんどん事前獲得情報の「確認」行為になってゆく【参照⇒トピックス②　沖縄への「感情の記憶」を辿る旅について】。情報を受け取る際に，鵜呑みにせずに批判的にみる能力を「メディア・リテラシー」と呼ぶ。メディア・リテラシーは，どんな情報に接するときにも必要な心構えである。

5 グローバリゼーションと国際観光

　メディアや流通が人間の移動スピードを追い越し，生活の隅々に他国の文化や製品が入り込む時代，観光はどのような役割をもつべきか。3点あげられる。

(1) 地域の自然的多様性・文化的多様性のリアリティに気付き伝える

　グローバル化が進み，物流・人流・情報流のスピードが速くなるにつれて，均質化が進むことは事実である。だが，それぞれの地域には，気候，土地，動植物など動かすことのできない生来の自然的多様性があり，そのうえに築かれる文化の多様性を生んでいる。自然条件が似ていても，そのうえにすむ人々の歴史や宗教，ライフスタイルは千差万別である。現代の観光の役割は，これまで目を向けられることが少なかった，地域本来の個性と多様性を見極め，気付き，評価するまなざしをもち，各地に伝わる知恵や文化を維持することにある。

(2) 平和というスタンダードを実現する

　先に述べたように，観光は平和や政治的安定があってこそ成立する。言い換えれば，観光の自由度は平和の尺度であり，平和や安全は観光産業必須インフラだ。平和をスタンダード化することを目標に据え，そのために観光産業や旅人を活用することができるだろう。ボスニア・ヘルツェゴビナは，民族の融和と経済活動を求めて，国際協力機構（JICA）がプロジェクトを立ち上げ，紛争地域での宝探しを通じた住民主体の観光開発を進めてきた。対話が重ねられ，3民族協同管理によるミルク・プラント建設に成功し，特産品開発が進められている（石森・真板・海津，2011）。観光産業を受け入れるという共通目標が融和の促進剤となっている。

(3) 地域を知り，地域づくりに貢献する

　今や，世界中で行くことができない場所はないほど'観光網'は地球上に張り巡らされている。よく知られた，行きやすい国や地域だけでなく，世界の隅々足を運ぶことができるようになった。これまで光が当たらない地域や格差の陰にある地域などに経済や人々のまなざしを運び，直接的な貢献や，現実を知った旅人自身がメディアとなって発信することが，これかの観光の1つの役割だろう。2011年3月11日に発生した東日本大震災以後，人々は観光することによって地域経済を助け，各地の現状を知り，地域の人々との交流による復興支援ができることに気付いた。

　世界の一体化とは，均質化ではなく，多様な個性の存在を互いに認識し共存することである。スタンダードの普及によって個を殺すのではなく，個性ある地域社会が持続できるようにすることである。その第一歩は，人々が多様性を「知る」ことにある。そこに現代における観光が果たせる重要な意義と意味がある。

【ディスカッションのために】
1. あなたは学生時代にどのような旅をしたいか。旅の抱負とその理由を話し合ってみよう
2. 現代における観光の役割について本章では3つの点をあげた。あなたは，ほかにどのような役割があると思うか，考えてみよう。
3. 「旅する権利と自由」をテーマにグループで話し合ってみよう。

【リーディング】
青木義英・廣岡裕一・神田孝治編著『観光入門』(新曜社，2011年)
石森秀三・真板昭夫・海津ゆりえ編著『エコツーリズムを学ぶ人のために』(世界思想社，2011年)
新城常三『庶民と旅の歴史』(日本放送出版協会，1971年)
ポーラ・アンダーウッド(星川淳訳)『一万年の旅路　ネイティヴ・アメリカンの口承史』(翔泳社，1998年)
前田勇・橋本俊哉『現代観光総論』(学文社，2010年)
増田義郎『図説大航海時代』(河出書房新社，2008年)
山下晋司編著『観光学キーワード』(有斐閣，2011年)
真板昭夫・橋本俊哉・海津ゆりえ・小林英俊「ナショナル・トラストエリアの観光利用に関する研究—イギリス湖水地方での日本人観光客を題材として」『観光に関する学術研究論文入選論文集』(財団法人アジア太平洋観光交流センター，1997年)

(海津ゆりえ)

[トピックス②] オキナワからみる世界と日本，そして私たち・・・

　世界や日本のありようをより的確に捉えるためには，「視点の相対化」という作業が必要ではないか，ということは既に触れた【参照⇒第1章②；固定的，画一的な視点・見方の落とし穴について】。過去の出来事をあらためて掘り起こし，人々に宿っている「感情の記憶」に思いをはせるべき土地，あるいは今も問題が生じている土地，矛盾が集中的に押し付けられている土地…国際学の現場とでも呼ぶべきそうした場所の1つとして，ここでは沖縄を取りあげてみたい。

　青い海，珊瑚礁，白い砂浜…今日の沖縄は日本有数の観光地であり，本土から訪れる多くの観光客が瀟洒なホテルでリゾートを満喫している。しかし，ここには今ひとつの「オキナワ」が存在している。地元の人たちが自分たちを「ウチナンチュー（ウチナー）」と呼び，本土からくる人々を「ヤマトンチュー（ヤマト）」と呼んで区別していることが示すように，この今ひとつのオキナワは，ヤマトとは異なった存在，あるいはヤマトに運命を翻弄されてきた歴史のなかで，ヤマトの醜悪さを映し出す鏡の役割を担わされてきた。

　皮肉な言い方かもしれないが，オキナワが発信し続ける「感情の記憶」は，今の沖縄が直面している状況に直に結びついている。より正確にいえば，ヤマトがオキナワの「感情の記憶」を侮り，疎外することによって，今，ウチナーの人々はその運命を弄ばれている。いうまでもなく，それは日本の国土の僅か0.6％を占めるに過ぎない島々に在日米軍基地の4分の3が集中し，沖縄本島に至っては全島の20％近くの面積が軍用フェンスに囲まれているという事実，そして，ここに暮らしを営む人々が否応なく（なかには自身の生活を完全に依存するまでに）かかわりをもたされ，眼前のフェンスの向こうに存在している厳然たる「力」に日常を脅かされている，という事実を指している。明治政府による琉球処分（1879年の沖縄県設置，琉球王国の滅亡）以来，オキナワは近代ヤマト国家の国策に翻弄され，数多くの悲劇を体験してきたウチナーの「感情の

記憶」が切望してきた理想の実現を，頑なに拒まれて続けてきた。

また，米軍の世界戦略にとって，沖縄は米軍自身が「不安定な弧」と呼んでいるユーラシア大陸をにらむ軍事の要という役割以上のものを割り振られていない。アメリカによる占領・施政権時代を通じて，「極東のキーストーン」という，住民からすれば自分たちの意志とはまったく関係がなく，このうえもなく迷惑なポジションを強要された沖縄は，ベトナム戦争の時には直接の戦略爆撃基地として，民族の解放・独立を願うアジアの民衆と敵対し，それを抑圧するための最前線機能を担わされてきた。そして今日もなお，日本政府の合意と支援の下，ここに拠点を構える米軍はイラクやアフガニスタンに派遣されてきた。1972年の本土復帰という名のもとに進められてきたヤマトへの再編入によってもなお，オキナワは古の守礼と平和のアイデンティティーを回復できないままだ（ちなみに，東日本大震災の際に，被災地で「トモダチ作戦」を展開した在日米軍の出立拠点はやはり沖縄だった。ここでも，ヤマトはウチナーの忍従に甘え，助けられているという構図をみることができる）。

拭い難い「感情の記憶」の原点の1つに，1945年3月から9月までの地上戦がある[1]。住民の犠牲は米軍との戦闘によるものばかりではなく，味方であるはずの日本軍によるものが多発した。日本軍の住民殺害では，一般住民が先に入っていた壕から日本軍が「作戦上必要」として追い出したために砲弾の犠牲となったほか，食料の強奪による餓死，米軍への投降を拒否しなかったことで「非国民・スパイ」として殺害された事例，乳幼児が泣くと米軍にみつかるとして殺害された例などがある。こうした事件の原因は，軍が「民度の低い」と捉えた沖縄県民への差別意識，不信感に基づくものだった[2]。

沖縄が地上戦の舞台として選ばれたのには相応の理由があった。1944年11月，在沖縄日本軍は「軍民共生共死の一体化」を旨とする動員体制を沖縄住民に課し，折からの大本営からの増派中止によって生じた戦力不足を補填するため，17歳から45歳の男子2万数千人を徴用して防衛隊，義勇隊を組織したが，それだけでなく，実態としては15歳以下の少年，60歳以上の老人，女子師範

学校・高等女学校生徒などをも含んだ総動員体制による戦力がにわかに作り上げられた。すでにその数カ月前にサイパン島守備隊が玉砕し、大日本帝国の敗色がますます濃くなるなかでの民間人の総動員には、沖縄を本土防衛の「盾」とする意図が明確にみて取れた。

1945年2月、元老の近衛文麿は昭和天皇に上奏文をしたため、「敗戦は遺憾ながら最早必須なりと存候。国体護持の立場より最も憂ふべきは、敗戦よりも敗戦に伴ふて起こることあるべき共産革命に御座候」として連合諸国との講和の受け入れを進言した。しかし天皇は、「もう一度戦果をあげてからでないとなかなか話は難しいと思う」としてこれを却下し、戦争の継続を望んだ。その第一の目的が国体の護持というただ一点にかかっていたことは明らかだった。沖縄戦を必要としたのは、あくまでも権力者たちの体制維持というご都合であり、そこに沖縄の一般民衆の生命が犠牲として供されることに対する痛みは考慮されることはなかった。沖縄南部にある平和祈念資料館を訪ねてみて欲しい。資料館を入ったばかりのところに展示されているパネルには、はっきりした解説こそないものの、「近衛上奏文」が掲げられている。そこからは、本土の「捨て石」として利用され、多くの尊い命を奪われたオキナワの無念を読み取ることができるのではないだろうか。

沖縄県援護課によれば、2006年時点で判明している沖縄戦での日本側の死者・行方不明者は188,136人にのぼる。このうち沖縄出身者は122,228人だが、そのなかの大部分を占める94,000人は一般民間人(非戦闘員)である。ただし死者の戸籍が焼失したり、一家全滅も少なくないなどの事情により、全面的な解明には至っていないため、実際の数はこれを大きく上回り、当時の県民約45万人の3分の1が戦争の犠牲になったとの見方もある。また、当時の沖縄には強制連行による朝鮮人も数多くおり【参照】⇒第4章②：「日帝36年」と強制連行】、主に軍夫として陣地作りなどに動員されていたが、地上戦で1万人余が犠牲となった。オキナワが流した血涙と命の喪失、それらの「感情の記憶」をふまえない限り、今日の沖縄が抱える苦痛と悲しみの本質は到底捉えきれるものではない。

さらに、沖縄戦では住民殺害とは別に、集団自決が多数発生した。いわゆる「集団死」は日本軍が駐屯していた島だけで起こっており、軍の関与・強制がなければありえなかった。住民は米軍上陸時には自決せよとあらかじめ訓示・命令を受け、手榴弾が配布されていた。「集団死」事件は慶良間列島の渡嘉敷島・座間味島、読谷村、伊江島、本島南部などで確認されている[3]。

ヤマト国家による琉球処分から沖縄戦へと続いたオキナワの「周辺化」を強要する仕組みは、その後もなお続き、今日にいたっている。沖縄戦後間もなく東アジアに強固に作られてしまった冷戦構造のもとで、沖縄は施政権を分離され、アメリカ（軍）の直接統治の下に置かれ、基地の島となることを運命付けられた。1951年のサンフランシスコ「平和」条約は、沖縄に犠牲を強いることで戦後日本の"独立"を保障する仕組みであり、基地負担など米軍戦略への従属の証しとして沖縄を人身御供に差し出す証文に他ならなかった。

さらに、1972年5月の「返還」から今日に至るまで、オキナワが発信する「感情の記憶」は、ヤマト国家と多くの日本人によってほとんど黙殺されている。2004年8月に沖縄国際大学に普天間基地所属の軍用ヘリコプターが墜落した際には、米軍によってキャンパス周辺に非常線が張られ、一般民衆はおろか、警察を含む日本の公権力全ての立ち入りが排除された。「沖縄のなかに基地があるのではない、基地の中に沖縄がある」との現実を改めて見せ付けたこの事件はまた、沖縄の真の「主権者」が一体誰なのかを如実に示していた。また、集団自決を「日本軍が強制した」とのこれまでの教科書記述が教科書検定で削除されたことが2007年3月に判明し、歴史教科書からの「集団死」記述が抹殺（まさに「抹殺」という言葉が相応しい）されようとした際、沖縄では6月に県議会が検定意見撤回を求める意見書を全会一致で可決したほか、全県的な抗議運動が起こり、9月29日の県民大会には11万人の人々が抗議集会に参加した。

27年間、沖縄は北緯27度線によって日本本土と分け隔てられていた。この「日本分断」の状況、あるいはヤマトとウチナーの非対称性はそれ自体が東アジアの冷戦構造の産物だった。それゆえに、いっそうオキナワは基地のない平

和な島への回復のメッセージを訴え，非戦の憲法をもつ「本土並み待遇」を求め，本土復帰運動を進めたのだった。だが，実際に実現した本土への復帰は，必ずしも沖縄の人々が願ったような非戦と平和の島への回帰をもたらすものではなかった。沖縄本島最北端の辺戸岬には沖縄県祖国復帰協議会によって建てられた「祖国復帰闘争碑」がある。その碑文は1952年4月28日のサンフランシスコ「平和」条約第3条によって沖縄が「屈辱的な米国支配の鉄鎖に繋がれた」ことを契機として本土復帰運動が始まったことを紹介するとともに，運動自体が単に国家帰属の変更を目的としたものではなく，「独立と平和を闘う世界の人々との連帯にあること」との普遍性の自覚に根ざしていたことをアピールしている。しかし，1972年5月15日の日本復帰は，「県民の平和への願いは叶えられず，日米国家権力の恣意のままに軍事強化に逆用された」ものとして，なおこの運動が未完であることが刻まれている。オキナワの悲鳴にも似たこのメッセージに対して，私たちの感性は果たしてどれほどの鋭さをもって，それを受けとめてきたといえるだろうか。

　青い空の下，サトウキビの葉がそよぎ，透明感のある海原が目の前には広がっている。沖縄南部にある小高い丘から見渡す風景は，この地に暮らしを営んでいる人々の心象を反映するかのように，まことにたおやかで，のんびりとしたものだ。そう，オキナワにはもう1つの深層風景があるのかもしれない。それは首里の「守礼の門」が象徴する，オープンマインドと陽気さに溢れる海洋文化としてのアイデンティティーである。作家司馬遼太郎は古代の沖縄について触れ，「沖縄の神々は，砂漠の民の神が天からくるのとはちがい，海からくる。古い日本語でも，宗教的な空のことをアマ（アメ）といい，同時に海をもアマというように，海というのは神聖者が渡来してくる道なのである」として，その海洋文化的性格に触れている[4]。かつて琉球王国は東シナ海の交易ネットワークのハブ（基点）として繁栄し，その交流領域は朝鮮半島，中国大陸沿岸からアンナン（ベトナム），ルソン（フィリピン），ジャワ（インドネシア）にまで及んでいた。そうした交易活動の基礎には，経済合理性と共に，「開放」と

「平和」あるいは「親睦」の精神が貫かれていた。この地はインドネシア，フィリピン，ミクロネシアに連なる島嶼部アジアの一角を成しており，太平洋という豊饒の海を通じた交流ネットワークの一翼を占めている。この海が文字通り「平和の海」であったとき，沖縄の繁栄は約束され，逆に「戦いの海」となったとき，沖縄はアメリカやヤマトへの従属を強いられた。オキナワの蘇生を考えるとき，この因果律は大変重要なことだろう。

　沖縄県平和祈念資料館の展示は，こんな言葉によって締められている。

　　沖縄戦の実相にふれるたび　　戦争というものの
　　これほど残忍で　これほど汚辱にまみれたものはないと思うのです。
　　この　なまなましい体験の前では　いかなる人でも
　　戦争を肯定し美化することは　できないはずです
　　戦争を起こすのは　たしかに　人間です
　　しかし　それ以上に　戦争を許さない努力のできるのも　私たち人間ではないでしょうか
　　戦争このかた　私たちは　あらゆる戦争を憎み　平和な島を建設せねばと思いつづけてきました
　　これが　あまりに大きすぎた代償を払って得た　ゆずることのできない私たちの信条なのです

　飛躍と笑われるかもしれないが，「視点の相対化」を実際に試みるために，この言葉が掲げられているオキナワの地に日本の首都を遷し，たとえば米軍嘉手納空軍基地や海兵隊普天間飛行場の隣に国会や首相官邸を置いてみてはどうだろう。もし，そこで国の行く末を真剣に論じる国会議員，あるいは政務を真面目に執る首相ならば，それが誰であろうが「日米同盟」の有り様は（たとえば米軍基地の整理縮小といった問題は），ずいぶん異なったものとなるに違いない。そしてそれはまた，「抑止力」，「日米同盟」のあり方の抜本的な見直しにもつ

ながるだろう。すなわち，在日米軍基地の4分の3を沖縄に押し付けてしか成り立たない「安全保障」とはいったい何なのだろうか，そうまでして本土（ヤマト）には「抑止力」が必要なのだろうか。いや，そもそもそうした犠牲をオキナワに一方的に強いることが，本当に「同盟」の名に値する行為なのだろうか。ヤマトはオキナワを本土決戦の時間稼ぎとして「捨て石」とし，次いでオキナワを切り捨てることで「独立」を回復し，冷戦時代には「極東のキーストーン」としてオキナワを戦争の前線基地とし，以来，日米同盟の名の下にオキナワを米軍の実質的支配の下に置いてきた。その歴史は，琉球処分以来変わらぬ非対称な権力関係の中で埋め込まれた中枢－周辺構造に無感覚で，オキナワを従属させてきたというヤマトンチューの傲岸さと悪しき共犯関係の様を雄弁に物語っている。

　もう，そろそろ「リセット」すべきときではないのだろうか。そうしたおかしな関係を乗り越えるために，今度は立場を入れ替えて，ヤマトが"犠牲"になる番ではないのか。私は，今の在日米軍の機能や日米安保体制の目的そのものが市民の生活防衛にあるとは到底思われず，その意味では「抑止力」の論理は多分にマヤカシだと思っているのだが，仮に百歩譲って，もし本当に沖縄にある米軍基地が撤収できるのならば，本土はそれらを受け入れ，「抑止力」の負担を分かち合うべきではないのだろうか。沖縄海兵隊普天間基地の移設問題をめぐる鳩山元政権時代の迷走ぶりに対して，2010年4月25日に沖縄では「国外・県外移転」を要求する県民大会が9万人以上を集めて開かれたが，その日，現地の新聞は次のような社説を掲げた。

　　「戦後の日米同盟は，国民に平和と繁栄をもたらしたとされる。そうであれば，沖縄の人々も恩恵に浴していいはずだ。実際には平和と繁栄を享受するのは本土の人だけで，沖縄は過重な基地負担を押し付けられてきた。この不平等の構図は，日本の安全保障が沖縄への差別意識と県民の犠牲の上に成り立っている証左であろう。民の尊厳を等しく守り抜くことができ

ない，いびつな安保というほかはない。」(5)

　支払うべき「コスト」はみんなで公平に負担する，それが世間の常識というものだ。その覚悟なくして，オキナワをこれ以上犠牲に供することは許されない。もしそれがいやというのならば，そんな人にはそもそも「安全保障」のことなど語って欲しくはないのだ。

　かつて琉球王国時代がそうであったように，東アジア世界のハブともいえるこの島からみえる日本の姿は，東京目線のそれとはずいぶん違ってみえる。ヤマトを相対化し，この国の姿をより正しく捉えるうえでも，「オキナワをみる」ことと「オキナワからみる」ことは，本質的にはまったく同じことなのだ。オキナワの人々を圧迫する市民的公共性への侵害，「感情の記憶」への暴力はなお衰弱していない。本土の巨大資本による「リゾート観光開発」が現地の青い海と珊瑚礁を商品化し，現地の人々の頭上を素通りして利潤の多くをヤマトに還流してしまうシステムを作り上げ，オキナワをますます疎外してゆく現状。そして，そのシステムの一端を構成するものが観光客としての私たち自身であることを自覚するならば，私たちにとって最も必要なことは，オキナワが発する「感情の記憶」を深慮し，オキナワとヤマトの間に横たわる認識の落差を埋めることによって，両者の間を貫く「知の公共性」を構築していく努力を続けていくことだろう。

　国際学は，今日の世界に構造化された不条理を憤り，「望ましいありよう」への転換を志していくために必要な「知」を求める営みでもある。当然の帰結として，それに関わるすべての人々は自分の立ち位置の検討を迫られ，日々営んでいるこの暮らしのあり方，生活のスタイル，立脚点を問いかけられる。そうした思考回路において，オキナワは銘ずべき重要な回帰点であり続けている。
　その一方で，オキナワはまた次代への潜在力，未来への想像力をも提示する。オキナワは地上戦の記憶への危機と日米同盟の矛盾に抗しながら，なおウミン

チュー（海洋文化の民衆）としてのアイデンティティを失わず，オープンマインドの明るさを発信し，対立よりは協調，排除よりは受容を専らとする豊かな精神的土壌を醸成し続ける。この地が発する悲しみと憤り，そして希望にこだわり続けたい。そして，地球市民としての自覚をもとにして生まれる新しい「公共性」を基礎として，現在を打開する方途を見出したい。

オキナワ，そこは今なおダイナミックな営みを続けている「国際学の現場」である。

【注】
(1) いわゆる「沖縄戦」は米軍が慶良間列島に侵攻した1945年3月26日からはじまり，組織的戦闘終了した6月23日（現在は「慰霊の日」となっている）を経てもなお残存兵や住民らによって実際の戦闘は続けられ，敗戦後の9月7日に日本軍と連合軍が嘉手納で降伏状文書を調印した日に至ってようやく終了した。
(2) たとえば，1945年3月に駐屯日本軍によって作成された「国頭支隊作戦大綱」には，「防諜は本来敵の宣伝謀略の防止破壊にあるも本島の如く民度低く且つ島嶼なるにおいては寧ろ消極的即ち軍事初め国内諸策の漏洩防止に重点を指向し…」（傍点執筆者）として，沖縄の人々を一段劣ったもの，信用できない者たち，との認識を示していた。歴史教科書教材研究会編『歴史史料体系第11巻』（学校図書出版，2001年），402頁。
(3) 沖縄戦における主な「集団死」の事例は以下の通り。美里（沖縄市：33人，4月上旬），具志川グスク（うるま市：14人，4月上旬），渡嘉敷島（座間味村：329人，3月下旬），慶良間島（座間味村：53人，3月下旬），座間味島（座間味村：234人，3月下旬），チビリガマ（読谷村：83人，4月上旬），アハシャガマ（伊江村：100人以上，4月下旬），カミントウ壕（糸満市：58人，6月中旬）など。琉球新報社『沖縄のうねり』（2007）8頁。
(4) 司馬遼太郎『街道を行く/沖縄・先島への道』（朝日文庫，1978年），11頁。
(5) 「琉球新報」2010年4月25日付社説。

（奥田孝晴）

第Ⅱ部

グローバリゼーションの
「現場」とその問題点

第9章
異文化理解の光と影：
博物館からみえるもの

【キーワード】

異文化，理解，博物館，ミュージアム，展示，日本，日本文化，キュレーター，日本発見展，英国の展示例

1 はじめに

　博物館と聞いてあなたは何を思い浮かべるだろうか。「古いものがたくさんある所」，「土器や銅鐸が並んでいる」といった展示されている具体的な資料をイメージする人もいれば，「広くて静か」，「見どころがたくさんある」，「勉強するところ」といった実際に見学した経験から自分が感じた印象を思い出す人もいるだろう。博物館は日本国内をはじめ世界各地に存在する。日本全国には大小合わせて5,700館以上の博物館があるとされており，すべての館を回ろうとしたら大変な時間と労力を要するスケールである。

　そもそも「博物館」とは何だろうか。日本語の博物館という言葉は，英語のミュージアム（Museum）という単語を訳したものである。ミュージアムの本来の意味からすると，地球上にあるさまざまなものを展示する場所であるから，そこには美術品や土器などの文化資源（人の手が加わったもの）と骨格標本や化石といった自然資源（人の手が加わっていないもの）の両方からなる地上のありとあらゆるものが含まれているはずである。つまり，博物館にあるものは，土器や刀，古い文書といった歴史系資料に限定されていない。しかし，日本語の「博物館」という言葉には「歴史系」の資料がたくさんあるというイメージが強い。これは日本の博物館の全体の6割強が歴史系展示をしているゆえかもし

れない。

　まずは「博物館」という言葉が，実は広い意味をもっていることを理解してほしい。日本の博物館法のうえでは，「博物館」には美術館や科学館のみならず，資料館，文学館，記念館も含まれ，さらには動物園や水族館，植物園も入ってくる。日本の場合，施設の名前の決め方にルールや制約はないので，実にさまざまな「館」や「園」が博物館の範疇に含まれていることを認識しておこう。

　本章で扱う博物館は，一般的にイメージされる歴史系博物館に限定せず，「異文化」を広く取り扱う博物館に着目していく。博物館には，一方で，時には何百年もかけて世界中の文化を一堂に集めた空間で，人々の異文化理解を促すという光＝ポジティブな側面がある。世界中を飛行機に乗って物理的に移動しなくても，1つの博物館に行くだけで異国の文化に触れられることは大きなメリットであろう。他方で，展示資料の組み合わせ方や見せ方によって，その異文化に対する偏ったイメージやメッセージを発してしまうという影＝ネガティブな側面もある。人々は展示室でみているものや見せ方が，正確であるがままの今の文化の姿を伝えているかのような印象をもってしまうということだ。

　本章ではこのような博物館における異文化展示が抱える光と影の側面について，具体的な展示の事例を元に考察する。それを通して，物事には光と影が存在することを示し，その両側面について考えていきたい。物事にさまざまな側面があることは何も博物館展示に限ったことではない。身近な生活レベルの問題から地球規模の諸課題まで，さまざまな事柄に共通している。特にグローバルな視点をもって物事を理解していこうとする際に，物事の（少なくとも）両側面をみていくことが必要となってくる。本章を読み，理解することによって，一方的なものの見方や考え方だけを鵜呑みせずに，同じ対象へのさまざまな見方や考え方を知り，自分の頭で考え，そして判断して理解を深めていくための取りかかりにして欲しい。

2 博物館とは？：その定義と設立の歴史

＜日本における定義と設立の歴史＞

日本の博物館の定義を知るには1951年に制定（2011年改正）された博物館法の第一章総則第二条をみるとわかる。そこには次のように記されている。

> 第二条　この法律において「博物館」とは，<u>歴史，芸術，民俗，産業，自然科学等に関する資料を収集し，保管（育成を含む。以下同じ。）し，展示して教育的配慮の下に一般公衆の利用に供し，その教養，調査研究，レクリエーション等に資するために必要な事業を行い，あわせてこれらの資料に関する調査研究をすることを目的とする機関</u>（社会教育法による公民館及び図書館法（昭和二十五年法律第百十八号）による図書館を除く。）のうち，地方公共団体，一般社団法人若しくは一般財団法人，宗教法人又は政令で定めるその他の法人（独立行政法人（独立行政法人通則法（平成十一年法律第百三号）第二条第一項に規定する独立行政法人をいう。第二十九条において同じ。）を除く。）が設置するもので次章の規定による登録を受けたものをいう。（下線部筆者加筆）

本章の「はじめに」で述べたように，博物館が対象とする範囲には歴史や芸術，民俗，産業などが含まれ，動物園なども対象とすることから，保管のみならず「育成」も明記されている。この定義のポイントは，博物館とは資料を「収集」，「保管・育成」，「展示」，そして「調査研究」することが主な活動内容とされている点である。近年はこれに加えて，地域との連携，学校や家族向けの教育プログラムやイベントを企画実行する教育普及事業なども含まれるようになってきている。

今となっては全国各地にみかける博物館であるが，日本にはいつからあるものなのだろうか。ここで，日本の博物館の歴史に簡単に触れたい。日本における近代的な博物館は明治時代以降に政府が中心となって設立したものからその歴史がはじまった。ここでいう近代的な博物館の役割をまずは整理しておく。近代的な博物館はパブリック・ミュージアム（Public Museum）とも呼ばれ，貴

重なものや美しいものを集めて，人々に広くみせるというパブリック（Public）な役割がある。古今東西，こうした貴重なコレクションは王族や貴族，武家，寺社などが所持してきた。たとえば，皇室の重要物品が古代より保管されている正倉院などがその典型である。このようなコレクションの多くは私有物であり，必ずしも多くの人々に公開されてきたわけではない。かつては，武家に招かれた客人が床の間に飾られた陶磁器と掛け軸を鑑賞するなど，ごく限られた人々にしか宝物をみることができなかった。貴重なものは「人類の宝」であるから，すべての人類すなわち人々に公開されるべきだという考えのもと，英国にて17世紀に設立されたのがパブリック・ミュージアムであり，近代の博物館の根源である。

　石森（2003）によれば，日本の近代的な博物館の起こりには文部省系と内務省系の2つの系統があったという。文部省系の動きでは，1871年に文部省博物局によって設置された観覧施設が博覧会を経て，1875年には「東京博物館」と改称された。この施設が1877年に上野に移転し，「教育博物館」と称するにいたったのが，現在の国立科学博物館の前身である。

　内務省系の動きとしては，まず明治政府が1872年に開催されたウィーン万国博覧会への参加を決め，博覧会事務局を設置したことにはじまる。この時点ですでに日本そして日本文化を海外の人々に向けてみせていくという事象が起きていることに注目して欲しい。万国博覧会に出品されたものを中心に，殖産興業のための啓蒙施設として出発したのち，1889年に帝国博物館が発足し，1900年には東京帝室博物館，奈良帝室博物館，京都帝室博物館と改名された。これらはそれぞれに現在の東京・奈良・京都国立博物館の前身である。

　現在の日本には，調査で判明している博物館だけでも5,700館以上あるといわれている。そして政府や地方自治体が設置した国公立博物館以外にも，民間企業や個人によって運営されている博物館も数多い。例をあげると，サントリー美術館，出光美術館，ガスの科学館，恵比寿麦酒記念館などである。企業のオーナーが収集した美術品が中心となっている美術館もあれば，企業の広報活動を担っている施設もあり，これらは企業博物館と呼ばれている。

＜国際的な定義＞

次に博物館の国際的な定義を紹介したい。博物館の国際的な組織として代表的なものは国際博物館会議 (ICOM, International Council of Museums) があげられる。これは第二次世界大戦後の1946年にユネスコの下部組織として設置されたものである。国際博物館会議による博物館の定義は次の通りである：

> 博物館とは，社会とその発展に貢献し，研究・教育・楽しみの目的で，人間とその環境に関する物質資料を取得，保存，研究，伝達，展示する公共の非営利常設機関である[1]。

日本の博物館法の定義とそれほど大きな違いはないが，研究・教育以外にも「楽しみ」（原語：enjoyment）が明記されている点は異なる。つまり，勉強するためといった堅苦しいことを目的に博物館を訪れる必要はなく，むしろ来館者にはレジャーランドとは別の楽しみを感じてもらうことが大切であり，そのために必要な工夫を惜しむべきではないと。近年はこのように博物館の運営の方針が変わってきている。

国際的な博物館の定義と日本のそれとの間で共通する項目の1つが「収集」した資料を「展示」して人々にみてもらうという行為である。これは科学館などで実験や実演が中心となる場合を除き，ほぼすべての館に共通している。次節では，「異文化」とされる資料を「収集」し，「展示」するという行為がどのように行われ，何が起きているのかをみていきたい。ここでは，多くの日本人学生（日本に住む留学生も含む）の慣れ親しんでいる日本文化が，海外の博物館で展示されている事例を中心にみていく。日本人学生が認識している日本文化と，海外で展示される日本文化は同じであろうか。もし異なるとすれば，どのように違うだろうか。そしてその違いはなぜ起きるのだろうか。海外の日本文化展示を見た来館者は何を感じているだろうか。このようなことを考えていきたい。

③博物館と異文化理解

人間社会にとって異文化とは,有史以来,常に存在してきたものであろう。自分とは異なる文化,それは言葉や歴史であったり,風習,食,生活,芸術などであったりする。すなわち人間が営むさまざまな活動のなかで,自分とは異なる物事と認識するものを「異文化」と称しているのではないだろうか【参照⇒第11章② ③:食文化に対する固定観念・先入観と「異文化理解」の問題】。ここで注意したいのが,誰がそれを異文化と認識し,その内容を決めているのかという点である。私たちは自分にとって身近な馴染みのある文化を自文化とみなすことがある。しかしその自文化も,ほかの立場の人々からみれば立派な異文化になる。たとえば,日本文化(と認識されるもの)に囲まれている日本人学生にとって,日本文化は自文化であろうが,韓国や中国などから来た留学生にとってのそれは異文化である。このように立場が変われば,同じ文化に対する呼び名(自文化・異文化)そして個々人の認識も変わっていくということを覚えておいてほしい。

おそらく私たちの多くは,「自分の」知らないもの,なじみのないもの,周辺でみられないものは異文化に属すると考えるのではないだろうか。これを博物館の展示を例に考えてみよう。

展示を公開するには,最初にその中身を検討する必要がある。どのようなテーマで,何を展示し,どのようなメッセージやイメージをみてくれた人に伝えたいのかを検討しなければならない。それを担っているのが,学芸員もしくはキュレーター(Curator)と呼ばれる専門のスタッフである。その多くは特定の学術分野を修めた専門家で,収蔵資料に関する専門的な知識を有している。例えば,英国ロンドンにあるブリティッシュ・ミュージアム(British Museum,大英博物館)の日本セクションの英国人キュレーターは,近世(江戸時代)浮世絵の専門家である。このように多くの博物館では,その館がもっている資料について良く理解している学芸員やキュレーターが資料の研究や調査を進めながら展示している。

展示の内容はその博物館が所蔵しているか,特定のテーマに基づいて自館のものと他館から借りて集められた資料(遺物,作品,標本など)を合わせて構成

されることが多い（ちなみに収蔵する資料で構成されていて固定された展示が常設展であり，他館からの借用資料も含み，期間限定で公開されるのが企画展・特別展である）。美術館の例でいえば，ピカソや岡村太郎の作品をたくさんもっている美術館はその作家名を冠した展示を企画するかもしれない。あるいはピカソが岡本太郎にどのような影響を与えたのかを何年もかけて調べてきたキュレーターが，実際に影響を与えたとされる作品を見せながら，その研究成果を伝えるという展示もできるだろう。

　博物館の展示資料のなかには国内から集められたものもあれば，海外から収集されたものも多くある。上野にある国立西洋美術館の収蔵作品の多くは，松方コレクションという実業家の松方幸次郎が20世紀初頭にヨーロッパで購入，収集した作品群に属している。ほかにも，大阪府吹田市にある国立民族学博物館には世界中のさまざまな地域から文化人類学者が集めてきたものが展示されている。たとえば，エジプト・ヨルダンで使われているラクダの装身具などを本館展示場の西アジア展示コーナーで実際にみることができる。このようにいわゆる「異文化」を展示している博物館や美術館が日本には複数あるのだ。

　これは海外でも同様で，250年以上の歴史をもつブリティッシュ・ミュージアム（以下BMとする）には，大英帝国時代に植民地を中心に世界中から名品や珍品が集められ，現在も収蔵そして展示されている。ブリティッシュ（British）なミュージアム（Museum）というその名称からは，英国のものを展示しているイメージをもつかもしれないが，世界的に有名なロゼッタ・ストーンやエルギンマーブル（Elgin Marbles：アテネのパルテノン神殿を飾っていた彫刻群）に代表されるように，外国から入手してきたものが非常に多い（出土地への返還は現在大きな国際問題となっているが，ここでは扱わない）。BMの日本ギャラリー（Japanese Galleries）には古代から現代にわたる日本の歴史について収蔵資料を通して理解できるように展示されている。ここはヨーロッパでは最大の日本コレクションを有していることでも知られる。

　博物館が異文化理解の場として光の側面，つまりポジティブな側面は，多くの人々に世界中の素晴らしい文化に由来するものを一カ所に集めて展示するこ

とで，物理的に移動せずにそれらを鑑賞し，理解を深める機会となることである。英国と日本の間を移動すると直行便の飛行機で11時間前後かかり，時差は9時間（夏時間は8時間）ある。これだけの距離を移動するには労力もかかり，経済的負担も生じる。ところが博物館に足を運べば，異文化と触れあうことがいとも簡単にできる。もちろん，異国を訪れた際の臨場感や空気の匂いまでは博物館では再現できない。それでも1つの場所に東西南北の文化財を集め，それを好きなだけ眺められるのは博物館における異文化理解の光の側面であろう。

それでは，博物館が異文化を展示してみせる場合，その制作プロセスでは何が起きているのだろうか。もっと具体的な例を出していえば，海外の博物館で展示する「日本文化」を決めているのは誰なのか，そしてどのようなイメージが伝えられているのか，ということだ。英国から1つの事例を取り上げたい。

4 英国における日本展示を考える：日本発見展を事例に[2]

英国では1991年にジャパン・フェスティバル（Japan Festival 1991）という日本と日本文化（音楽，演劇，建築，庭園，美術，スポーツなど）を英国の人々に紹介していくことを目的に，全英各地で一連のイベントが約3カ月間に渡り開催された。ジャパン・フェスティバル委員会が英国と日本の両方に設立され，大使館や民間企業の協力を得ながら運営された。英国側の博物館では，ブリティッシュ・ミュージアムで鎌倉彫展が開催され，ヴィクトリア＆アルバート博物館では，ヴィジョンズ・オブ・ジャパン（Visions of Japan）という展示で，磯崎新氏による日本の過去・現在・未来をテーマにした展示が行われた。

この1991年のジャパン・フェスティバルの期間中に，子ども向けのディスカバリング・ジャパン展（Discovering Japan，以下，日本発見展とする）が王立スコットランド博物館（Royal Museum of Scotland）によって企画され，全英各地で巡回展示された。王立スコットランド博物館にも日本の美術品や考古遺物が収蔵・展示されているが，日本発見展で使われたものはこの展示用に新しく揃えられたものがほとんどであった。この展示は体験型であり，実際に日本のも

のに触れたり，食べたりできるようになっていた。博物館の正式な収蔵資料はもち出したり，触れたりすることはできないので，体験型展示にするためには，別に資料を用意する必要があったのだろう。また体験型の場合，多くの人々が触れることで破損したり紛失したりすることも多いため，しっかり管理するだけでなく，すぐに補充できる物で構成する必要がある。日本発見展は1991年のジャパン・フェスティバルが終了した後，Japan Festival Education Trust (JFET) という日英間の教育交流に取り組むチャリティ団体（非営利団体）によって引き継がれ，以後10年以上継続的に公開されてきた。

　この展示の主な対象は英国の小中学生である。2001年にロンドンのBMで公開された際の展示の内容は，「着物」「神社」「文字（漢字）」「食べ物」「日本庭園」「包装」「デザイン」「だるま」という8つのテーマで構成されていた。たとえば，「神社」のコーナーでは，日本の人々が神社にお参りに行き，願い事を唱えるという解説があり，実際に英語に訳されたおみくじをひいたり，発泡スチロールでできた簡易版の絵馬に願い事を書いて吊り下げることができるようになっている（写真9－1）。「日本庭園」のコーナーでは，30cm四方位の

写真9－1　神社コーナー[3]

写真9－2　着物コーナー[3]

空間に白い砂利が敷き詰めてあり、その上に色々な形の石を好きな場所に置いてミニチュアの石庭を作れるようになっている。頭上には石庭を照らすようにライトが付いており、昼の光と夜の光を再現できるようなっていて、スイッチで好きな光を選ぶことができる。「着物」コーナーでは、男女の子どもと大人用の着物とゆかたが用意されており、畳の上で着替えて鏡の前で着物姿の自分を確認したり、持参したカメラで着飾った自分を撮ってもらうこともできる（写真9－2）。

　日本発見展では、体験型の展示が多いこと、物品の補充が必要といった管理の側面と、人々とのやりとりを通して日本について理解を深めてもらいたいという方針から、研修を受けた英国人スタッフが常にスタンバイして対応していた。このように、日本発見展は英国の子どもたちに五感を使った体験を通して日本文化を知ってもらうことを目的に作られ、運営されてきたのである。

　ここでぜひ考えてみてほしいのが、「日本発見展の内容は誰の視点からみた日本・日本文化を展示しているのか」という点である。もし、現代の日本で実

際に生活している人が日本文化を海外で紹介する展示を作ることになった場合，何をみせたいと思うだろうか。さらに，この展示の対象は外国の小中学生である。外国の小中学生に日本文化を紹介するとなったら，何を紹介しようと思うだろうか。そのなかに着物や神社，日本庭園などは入ってくるだろうか。確かに日本庭園は日本らしい文化を象徴しているかもしれない。しかしながら，日常生活のなかで石庭をみることはそうないであろうし，そもそも日本人のなかでいったい何人の人が石庭を自分で作ったことがあるだろうか。着物や日本庭園のようないわゆる伝統的な日本文化だけでなく，アニメやゲーム機，車，電気製品など，今の日本で流行しているものを展示にもっと取り入れてもいいのではないかと思う人もいるだろう。若者層が考える日本文化と高齢層のそれとは違いがあるだろうし，男女間にも違いがあるかもしれない。

　つまり，一見，色々あって興味深い展示の内容は，展示の作り手の考え方や日本文化の捉え方（時には個人的な嗜好）によって大きく左右されているということである。ということは，展示の内容や見せ方によってみた人々の日本文化へのイメージや理解が変わってくるのではないか。実はここに博物館における異文化理解の影の部分がみえてくる。もし現地（今回の場合は日本）に行く機会のない人々が，目前にある展示を「正しいもの」あるいはその文化を「正確に表している」と受け取った場合，展示の偏りに気付かないまま，それを現地の文化（日本文化）として受け止めるだろう。さらに，ステレオタイプ的な思い込み（例：日本人はいつも着物を着ている，生魚や海藻など奇妙なものを食べる）をもった人が日本発見展を見た場合，着物コーナーで「やっぱりそうなんだ」と思い，食べ物コーナーにある水で戻したわかめを試食できる様子をみて，すでにもっていたイメージに確信をもつようになるだろう。着物コーナーには，現代の日本では一般の人々は特別な機会にしか着物を着ないという説明があるが，果たしてどのくらいの人がその解説に気付き読んでくれるであろうか。

　日本発見展の中身をみると，伝統的な日本文化とされる内容に偏っているようにみえる。しかし，1991年当初に公開された日本発見展には現代的な日本

をみせる工夫がなされていた。1991年の時点では，スペース・ホテル（Space Hotel, 宇宙ホテル）という日本のハイテクノロジーを紹介するコーナーがあり，デジタルウォークマンやミニテレビなどを展示していた。しかし，後にスポンサーとのレンタル契約が切れてしまったこと，ハイテク製品は数年経てばすぐに古くなってしまうため，宇宙ホテルの展示はなくなってしまったという。その結果，日本の産業技術に関する情報は日本発見展からなくなってしまったのである。

人々は異文化に接した際に，自文化ほどの多くの情報が異文化に対してはないために，博物館で展示されたものを「本物」で「正しい」文化と認識してしまう可能性が高い。しかし，多くの展示には必ずそれを企画し構成した人がいて，その人の考え方や視点が強く反映されているものである。その事実に気付かないまま「本物」であると勘違いすると，偏ったイメージをもってしまう。また，上述の宇宙ホテルが諸般の事情でなくなってしまったように，制作者側が展示内容のバランスに配慮していたとしても，資金不足や契約上の問題などでそのバランスが崩れてしまうことも現実にはある。そしてみる側の来館者にはこのような裏事情は伝わってこないため，目の前にある展示をあるがままに受け止めてしまう。このような点が博物館における異文化理解の影の側面である。

5 おわりに：異文化理解に向けて

人々が博物館に足を運ぶ理由は，美しいものや珍しいもの，貴重なものをみることで日常生活にはない刺激を求めたり，新しい知識や経験を期待したりするためといわれている。博物館に行きさえすれば，世界のほかの地域から集められた貴重な資料を目の当たりにできる。そして，私たちは現地に行かなくとも，その地域で着られている衣装や使われている生活用具をみたり，芸術作品を鑑賞することができるという恩恵に授かる。このような経験から来館者が，他国の文化や歴史に興味関心をもったり，現地を訪ねてみたいと考えるように

なったり，そこの人々と交流したいと思うようになったとすれば，博物館は異文化理解への橋渡しをしてくれたことになるだろう。日本発見展の事例でいえば，日本に行ったことのない英国の小中学生たちが，その展示で体験したことをきっかけに日本に好意的な印象を持ち，将来日本語を学ぶようになったり，日本人の友達を作ったり，さらには日本文化について知ろうと行動に移したりしたならば，これは異文化理解を促したことになるだろう。まさに博物館における異文化理解の光の側面である。

しかし，前節でも述べた通り，光の面があれば影の面もある。博物館における異文化の展示にもそれは該当する。人々は博物館というある種の権威づけが行われることによって，そこに展示されたものを「真実」「正しい」「正確な」情報と思ってしまう。そして，実は展示を制作した人々の考え方や物の見方が強く反映されていることに気付かず，それをあるがままの姿と勘違いしてしまう点である。極端な例ではあるが，もし制作者側が展示を通してある特定の文化圏の人々に対して嫌な気持ちや敵意をもつように意図して仕組んだならば，それをみた来館者はその異文化を嫌ったり，そこの人々に対して否定的な感情をもつかもしれない【参照⇒第2章[2]：いわゆるヨーロッパ中心主義について】。

このような影の側面が近年，広く認識されるようになってきた。そこで，博物館の展示で異文化を扱う場合，その対象とした文化の担い手の声を企画・制作の段階から取り入れることの重要性が認識され，実行されるようになってきた。さらには，展示に多様な視点を取り込むため，キュレーターなどの学術的な専門家のみならず，学校教員など立場の異なる人々からの声を取り入れ，ジェンダーや年齢層も考慮した人々からの意見に耳をむけるようになってきた。

その好例が，2004年9月に米国ワシントンDCにあるスミソニアン博物館群の1つとして開館した国立アメリカン・インディアン博物館（National Museum of the American Indian）である。ドーリング等（Doering et al, 1999）によると，この博物館の展示を企画する際，米国人の一般的なアメリカン・インディアンとネイティブ・アメリカンへのイメージを調査したという[4]。その結果，彼らは現在もテント暮らしをしている，いつも羽飾りを頭に付けているといった

一部の映画やコミックに出てくるようなステレオタイプ的なものが多かった。そして，このイメージには現代のネイティブ・アメリカンの姿が反映されていないことに気付き，このような一般の人々の理解とイメージを出発点にして展示を作りはじめたという。

そして，ロソフ（Rosoff, 2003）によれば当事者の声を展示に取り入れるために北米・南米の各地域で展示の主人公となったアメリカン・インディアンのなかから，ネイティブ・キュレーターを採用した[5]。このキュレーターを選ぶ際には男女比や年齢構成のバランスを考え，彼らの声を取り入れながら，その地域における暮らしや文化の生の姿が伝わるように検討したという。現在も展示室に行くと，展示制作に協力したネイティブ・キュレーターの写真と紹介文を読むことができる。このように，異文化を伝える際に誤解や偏ったイメージとならないようにするために，ネイティブの人々にキュレーターという対等の立場で企画チームに入ってもらい，その声を展示に反映させていくことが実現されるようになってきた。

それでは，日本発見展の場合はどうであったのだろうか。日本発見展が公開された1991年に，この展示は王立スコットランド博物館のアジア担当の英国人女性キュレーター2名によって作られた。展示内容を決める企画段階から日本人が関わることはなく，必要な際には英国人の日本専門家にアドバイスを求めたという。実際に展示で使った物品も日本にいる知人に頼んで送ってもらったそうで，キュレーター自身が準備のために日本に行くこともなかったという。女性のみで企画したためか，英国の男子にとり日本への関心事である空手，柔道などの武道やゲーム機，漫画などは含まれなかった。むしろ日本ではみられるが，英国ではなかなかみられない（とキュレーターの彼女たちが認識した）日常生活で見受けられる細やかな装飾などが注目され，紹介されている。その例として挙げられるのが日本発見展の「包装」コーナーであり，そこでは数種類の駅弁の凝った包みやふろしきで一升瓶を包む方法が紹介され，実際にふろしきで瓶のレプリカ（模型）を包めるようになっていた。さらに「デザイン」のコ

ーナーでは折り紙の作品がたくさん並び，その細やかな作りや表現が紹介されていた。

　もし国立アメリカン・インディアン博物館の展示のように，日本発見展を企画した際に日本人が企画段階から協力し，若い世代の声や男性の声を反映させていたならば，日本発見展は違った趣をみせていたかもしれないのである。したがって，相手の文化や人々に対してポジティブな異文化理解を促すには，博物館の制作側の顔ぶれに配慮する必要があるといえよう。

　また，展示をみる側の私たちも，その展示から受け取るメッセージを今一度，咀嚼し，その展示で示された情報だけでなく，複数の情報源を元にして異文化理解を進めていくようにしたい。展示を楽しみ，そこから新しいことを学ぶことは奨励されるべきことであるが，どのような展示にも特定の人々の考えや物の見方が反映されており，それが必ずしも真実の姿をみせていない場合もある。そのことを意識して，今後は展示をみていってほしい。

【ディスカッションのために】

1. お互いの一番思い出に残っている博物館（ミュージアム）での体験を自由に話してみよう。その思い出の共通点と相違点はどこか，どうして印象に残ったのか，話し合ってみよう。
2. 海外のミュージアムに行ったことがある人は，その体験を話してみよう。日本の博物館とはどこが違うのだろう。行ったことがない場合は，どこの館に行ってみたいか，その理由をあげてみよう。
3. 日本の文化を外国人の友人に紹介して欲しいといわれた場合，あなたは何をどうやって紹介するだろう。具体的な内容と方法をお互いに出し合ってみよう。
4. 上記のなかでみんなが取り上げた項目に共通することは何か話し合い，紙にまとめてみよう。どうしてそれを選んだのか，お互いの考えを聞いてみよう。

5．異文化の展示をしている博物館はどこにあるだろうか。わからない場合は調べてみよう。そして実際に足を運んで，何を感じたか，面白かったところは何か，どのようなメッセージを受け取ったのかを話し合ってみよう。

【リーディング】

井上由佳「イギリスのおける博物館教育の展開―ブリティッシュ・ミュージアムを中心に」，(『日本社会教育学会紀要』No.38，2002年) 25～34頁。
石森秀三『博物館概論』(放送大学教育振興会，2003年)
竹内誠 (監修)『知識ゼロからの博物館入門』(幻冬舎，2010年)
K.マックリーン (井島真知・芦谷美奈子訳)『博物館をみせる』(玉川大学出版部，2003年)
箕浦康子『地球市民を育てる教育』(岩波書店，1997年)
吉田憲司ほか『異文化へのまなざし―大英博物館と国立民族学博物館のコレクションから』(NHKサービスセンター，1997年)

【ホームページ】

ブリティッシュ・ミュージアム (British Museum) http://www.britishmuseum.org/
国立スコットランド博物館 (National Museums of Scotland，旧王立スコットランド博物館) http://www.nms.ac.uk/
国立民族学博物館 (日本) http://www.minpaku.ac.jp/
国立アメリカン・インディアン博物館 (National Museum of American Indians，米国) http://www.nmai.si.edu/

【注】

(1) 石森秀三『博物館概論』(放送大学教育振興会，2003年) 18頁。
(2) ディスカバリング・ジャパン (日本発見展) に関する考察は，Y. Inoue, "Museum education and international understanding: representations of Japan at the British Museum", 2005 (Unpublished PhD Dissertation: Institute of Education, University of London). を参考にしている。
(3) Photographs by permission The Japan Society.

(4) Z.D. Doering, K. R. Digiacomo, and A. J. Pekarik, "Images of Native Americans.", *Curator*, 42(2), (1999) pp.130-150.
(5) N. B. Rosoff, "Integrating native views into museum procedures: hope and practice at the National Museum of the American Indian.", *Museums and Source Communities: A Routledge reader*, L. Peers and A. K. Brown ed. 2003 (London: Routledge).

（井上由佳）

[トピックス③] モスレムからの視点

クレイシ・ハールーン
日本イスラム文化センター（東京支部）「マスジド大塚」理事

　2002年5月，文教大学国際学部1年生必修科目「国際学入門」は，パキスタン出身，現在東京でボランティア活動などをしている，クレイシ・ハールーン氏を招いた。9.11を受けて開始されたアメリカ・イギリス連合軍によるアフガニスタンへの報復攻撃に関して，ハールーン氏には「モスレム（イスラーム教徒）からの視点」という題目で講演していただいた。以下は，そのトランスクリプトである。

　みなさん，おはようございます。まず自己紹介します。クレイシ・ハールーンです。パキスタンのラホールという街の生まれです。1991年に日本に留学生としてきました。職業は，コンピュータ・プログラマーでした。今は貿易の仕事，ボランティア活動の仕事をしています。ジャパン・イスラミック・トラストという団体を運営しています。将来的に国際学校を作りたいと思っております。アラビア語でモスクは「マスジド」と呼びます。モスクは生活の中心，礼拝，結婚式，葬式，生活相談，さまざまな活動の場です。去年（2001年）からアフガニスタンで活動をしています。

　「イスラーム」についてお話します。「イスラーム」は宗教のこと（だけ）を指すものではありません。イスラームはわれわれにとって生き方そのものです。ですから，「イスラーム教」という言い方はまちがいです。イスラームには，「従う」「平和」という2つの意味があります。「従う」ということは，唯一の神アッラーに従う，という意味です。「平和」という言葉は，私たちの挨拶である「アッサラーム・アレイコム」という言葉に使われています。これは，「あなたに平和がありますように」という意味です。

　残念なのは日本では，イスラームに関する知識といえば，西側からの情報のみが溢れていることです。なかでも，「イスラームはテロリスト」ですという

情報が溢れています。しかし，それは偏見です。どの社会でもどの宗教でも，本当に悪い人はいます。テロはイスラームのせいではありません。

9.11について，お話します。無実の人を殺すのはコーラン（クルアーン）の教えではありません。イスラームでは，1人を殺したことは全人類を殺したことと同じ罪になるのです。1人の命を守ることは全人類の命を守ったことにもなります。これがコーランの教えです。

今度は，アフガニスタンについてお話します。アフガニスタンは，1838年にイランから侵入を受けました。次は，1839年，1878年，1919年と，3回にわたりイギリスによる侵略を受けました。その後は，平和でとてもいい国でした。その後，1979年，ソ連が侵攻します。その後，10年近くの戦争がありました。彼らはひどいことをやりました。今でも，当時の地雷が残っています。地雷撤去には，50年はかかるといわれています。いろんな形の地雷があります。おもちゃの形をした地雷もあるのです。私が2週間前にアフガニスタンに行った時，手や足のない6人の子どもたちをみました。

ソ連軍が撤退した後，アフガニスタンは平和になるはずでした。しかし，内戦になりました。背景には世界の政治が影響しました。インド，ロシア，イラン，アメリカがいろいろな目的で各グループを支えました。内戦の後，やっとタリバン政権ができました。タリバン政権は6年間でした。私は，タリバンにも北部同盟にも会ったことがあります。弱点もありますが，タリバン政権には私自身の考えでは，いいところもあったのではないかと思っています。

アフガニスタンにおける，マスジド大塚の活動についてお話します。マスジド大塚は豊島区大塚駅から3分のところにあります。私たちのアフガニスタンでの活動は，昨年の2月からはじまりました。ペシャワールに近いところに，ジェロイゼ県というところがあります。私たちは，そこで活動しました。そこには，1万4,000世帯，8万人が3日間で集まってきました。

でも，彼ら・彼女らは，難民として認められていません。難民としての法的資格認定を受けないと，UNHCR（「国連難民高等弁務官事務所」Office of the United Nations High Commissioner For Refugees, 1951年発足）の援助を受けること

ができないのです。食料が足りなくて，動物の餌を食べていた人もいます。医薬品もありません。肺炎に罹って私の目の前で死んでいった人もいました。私たちは，全世帯にナンを配りました。子どもに粉ミルク，薬も配りました。近くにUNHCRの倉庫があったので，訪ねてみました。国連には，いいところもありますが，残念なところもあります。目の前で子どもが死んでいるのに，法律がどうのこうのといって，何もしてくれないのです。

　また，私たちは，日本から古着を集めました。最初はコンテナ1台分くらいだと思っていましたが，コンテナ48台分も集まりました。それを，パキスタンとアフガニスタンに送りました。

　昨年の11月にアフガニスタンに入りました。アフガニスタンでの空爆について，お話しなければなりません。子どもが少なくとも1万人，1万8,000人の女性や老人が亡くなっていました。けが人がたくさん出ていました。輸血のバッグもありません。病院の前に何百人のボランティアがきても，献血することもできない状態でした。そこで，我々は献血用のバッグを配りました。また，手術の時の麻酔の注射もありません。軽いけがはロープでくくって手術をするしか方法がない状態でした。しかし，重い怪我の人は放置しておくしかありませんでした。また，パキスタンの薬局が，薬を無償提供してくれました。

　アフガニスタンの病院に麻酔注射を運ぶマレーシアのジャミーラ医師という方がいます。彼女は空爆の激しい時に，病院を作りました。(この病院にくるために) 女性たちは何10キロも歩いてきます。彼女たちは，お腹が痛いのです。なぜかというと，彼女らは (おなかが空いて) 石や土を食べているからです。葉っぱも食べているのですが，特に干ばつで葉っぱのない人が石を食べているのです。私たちは，日本全国から集めた古着を配りました。難民キャンプに，そして，さらに奥にも入り込み，配りました。

　空爆の時に，アメリカがサリンガスを使っているらしいです。現地のお医者さんは，ガスマスクがほしいといっています。また，アメリカは化学兵器を使っています。これは，人権問題です。また，パキスタン人が何百人か釈放されたのですが，その話では，拘束中の暴力がかなりひどかったらしいです。アメ

リカ軍が，平気で鼻や指をちょん切っているのです。

　みなさんも機会があったら，アフガニスタンに是非行ってほしいです。アフガニスタンの農業は，タリバン崩壊で7割がアヘン畑になってしまいました。治安も悪くなりました。タリバン政権の時は，初めてアヘン畑がなくなったのです。タリバンの時は治安も良かったのです。アザーンというお祈りの呼びかけで店のシャッターもおろさずに礼拝に行くこともできたのです。

　スピンボルダックという街に，ピマという団体が運営している病院があります。私ども「マスジド大塚」が協力している病院です。そこに，ある1人のアフガン人が運ばれてきました。北部同盟の人の強盗にあったとのことです。彼らは16万ルピーをとって逃げたというのです。ここからも，治安は悪化していることがわかると思います。

　9.11事件について，もう一度お話します。私の調べた結果では，9.11とタリバン，オサマ・ビン・ラディン氏もまったく関係なかったと思います。私の知っているパキスタンの神学校の校長は，ムシャラフ大統領が空爆を止めるために，オマール氏のところに送った方です。ビン・ラディン氏を引き渡すためにです。オマール氏によると，ビン・ラディン氏は関係ないとの証言をしました。小さな証拠でも，アメリカには出して欲しいと思います。実際に，オマール師のアメリカへの話し合いの申し入れも拒否されました。「ニュース・ステーション」（テレビ朝日）にも出ていますが，最後にタリバンがオサマ・ビン・ラディンを渡すとCIAに約束したのですが，アメリカは聞き入れませんでした。アメリカは，どうしても空爆をやりたかったようです。

　アフガニスタンでは，米軍に強い反感があります。カンダハルの近くで，一般の人たちが，その場で壊れた（アメリカ人の）車に火をつけて燃してしまいました。アフガニスタンの人々は日本にも少し怒りがあります。ヒロシマ・ナガサキがあったのに。アフガニスタンも同じアジアの国なのに。なぜ日本がアメリカに協力したのか，とアフガニスタンの人は思っています。タリバン政権の人は，300人しか亡くなっていません。一般の人は罪もないのに，少なくとも2万8,000人位は亡くなっています。

クエッタの近くに，ラティファバールと呼ばれるキャンプがあります。クエッタから，車で2時間くらいです。日本から送られた古着が到着したキャンプです。しかし，古着は配ることも難しいです。危険が多いからです。彼らの多くは，ここからアフガニスタンに入ります。しかし，先ほど述べたように，法的に認定されないと，彼らは国連にとって難民にはならないのです。

　ここにある小さな病院で私たちは，活動しています。多くの患者，けが人が運ばれてきます。なかには足がない患者もいます。足が切られているのです。また，なかにはテントのない家庭もあります。気温は，夜はマイナス7度くらいまで下がります。子どもは靴がないため，非常に寒い思いをします。とても狭いところで，こどもが5人くらい入るのがテントです。ここでは，水が少ないため，私たちは1日3回タンクに水を入れます。また，テントのない家族もいます。今でも，女性は，ほとんどブルカを被っています。ブルカはアフガニスタンの文化の1つです。タリバン政権崩壊の後でも，彼女らはほとんど被っています。

　質問があればどうぞ。

Q（質問者）　古着について質問します。配布はどのようにやるのですか？
A（ハールーン）　場所を選ぶのが難しいです。UNHCRの認定している難民に配るのは容易です。でも，私たちは認定難民になっていない人に可能であれば配りたいと思います。でも，何もないところで配るのは難しいです。人々が殺到するから。
Q　テントのない人々についてお聞きしたいのですが。
A　別の援助団体が配りました。配った後できた人たちには，テントがない人がいます。今は暑い時期です。彼らは暑さに弱いです。30度くらいから「暑い暑い」と言い出します。
Q　テントでの生活はどのようでしたか。
A　寒い時期は布団が足りません。身を寄せ合うしかありません。早く寝て早く起きるしかないんですね。電気もありませんし。電気は，空爆で破壊

されました。そして，仕事もありません。
Q　日本のメディアでは，アフガニスタンはアメリカ空爆によりタリバンが崩壊して，自由を得たという報道がありますが，それは本当ですか。
A　いったい「自由」って何ですか。日本の「自由」とアフガニスタンの「自由」は違うということを理解してください。「自由」をいう前に「文化」を理解してください。タリバンの方が良かったという人も多いのです。ブルカも，決して強制されたものではないのです。9割以上の人は，髭ものばしているのです。以前とまったく変わっていないです。
Q　アメリカはどうしてタリバン政権が悪いという名目でアフガンの人たちを苦しめて空爆したのでしょうか。
A　これは，タリバン政権の大きな罪なのかもしれません。アメリカのいうことに「はいはい」と従わなかったことが原因でしょうか。ザイーフ大使にも何度も会って聞きました。彼は，今，捕まっていますが，いい方です。真実のためにがんばっています。今，日本がアメリカに反対したらどうなりますか。アメリカのいうことを聞いていれば何もなかったのです。それが，タリバンの罪ということです。もう1つ，（原油の）パイプラインについての交渉が，アメリカとうまくいかなかったのです。タリバンは，アメリカに「カネをちゃんと払え」といったのです。
MC（司会）　それは，板垣雄三さんの分析ですね。アフガンやチェチェンと共通の問題なんです。アメリカが石油を支配するために，イスラームの人々を「テロリスト」といっているのです。
A　そうなんです。実際上空爆は終わっていないのに，アフガニスタンではパイプライン工事がすでにはじまっています。最近，パキスタンの新聞にエンジニアの募集が行われているのをよくみかけます。給料は1,000ドル。アメリカは，何よりも早くパイプラインの工事をやっています。メディアはあまり取り上げないけれども，パイプラインを引くことはアメリカの大きな目的だったのではないでしょうか。
MC　この授業では，この後，16世紀以降，ヨーロッパがいかに世界の富を

かき集めたかという話しをします。今も石油争奪が続いています。そのなかで，一番悲しい思いをするのは普通の人たちですね。
A　その通りですね。おっしゃった通りです。
Q　モスクに行っていいですか。
A　是非きてください。勉強会もありますし。9月頃には寒くなります。7月から古着集めで忙しくなります。時間のある人は手伝ってください。
MCと学生たち　ハールーンさん。本日はどうもありがとうございました。お体を大切にしてください。

注：現在（2012年3月）もなお，アメリカ軍によるアフガニスタン駐留は続いている。

第10章
環境とツーリズム

【キーワード】

環境保護，観光による環境負荷，地域社会，環境・経済・社会，サステナビリティ，エコツーリズム，国際協力

---

1 はじめに：「観光客は迷惑な存在」

　オーストラリア・タスマニア州で，あるエコツアーに参加した時のことである。自然公園内の洞窟を訪ねるプログラムが組み込まれていた。森林組合員が務めるガイドのレクチャーを受けながらユーカリの森を抜け，洞窟にたどり着くと，公園レンジャーが我々一行を待ち構えていた。彼は我々を洞窟内のちょっとしたオープンスペースに招き入れた。さあ，ツアーのはじまりだ。ところがカメラを準備する一同に向かって，彼はとんでもないことをいいはじめた。「今から，あなたたち観光客がいかにタスマニアの洞窟にとって迷惑な存在なのかを講義します」プロジェクターにスイッチを入れると，スクリーンいっぱいに，洞窟内の写真が映し出された。レンジャーの解説が淡々と続く。「あなたがもっているその懐中電灯は，本来暗闇の洞窟では育たないはずの緑藻類の光合成を助けている」「あなたのその衣服には無数の埃や虫たちがついている。彼らはここで繁殖をはじめている」「あなたの靴は，森から種子を運び込んでいる」「ツーリストが折った鍾乳石は何百年もかけて成長したものだった」「成長した植物や昆虫をねらってネズミなどの哺乳類も入ってきた」…。人間が運び込んだ異物は洞窟の生態系を乱し，とりかえしのつかないことを引き起こしているという。このまま帰れといわれるのだろうか。場がざわめいた。彼は続けた。「でも。タスマニアには洞窟がなんと100もあります。私たちはタスマ

ニアの生態系を守るために，この洞窟を'犠牲'にして，ほかの99の洞窟を守っているのです。洞窟の生態系と，人間が環境に及ぼす影響をたっぷりみて帰ってください」レンジャーはツーリストの心を一気に引き寄せ，ツアーは大成功だった。さらに出口ではおまけがついた。ボランティアの子どもが帽子をもってまわり，自然保護のための寄付金を集めたのである。帽子はたちまちドル札でいっぱいになった。入園料5ドルをすでに入口で支払っているにもかかわらず。

環境も観光も，国境や人種を越えて考えなければならない文字通りグローバルな課題である。だがこの2つのテーマを結び付けて考えたことがあるだろうか。私たちが旅をする時，その土地の環境とのかかわりを必然的にもつことを想像したことがあるだろうか。本章ではこのテーマについて考えてみよう。

2 環境問題とは何か

20世紀が終わる頃，次の世紀は「環境の世紀」だといわれた。事実，物心ついた頃には21世紀になっていた学生諸君にとって「環境」という言葉は，身近に当たり前にあったはずだ。まずはこの環境そして環境問題について考えてみよう。

最初にいくつかの質問をするので答えてほしい。

第1問：あなたが知っている「環境問題」をいくつでもあげ，説明せよ。

いくつの環境問題があがっただろうか。子どものころからさまざまなメディアや授業を通じて学んでいて，スラスラと書いた人も多いだろう。環境省が毎年発行している『環境白書—循環型社会白書・生物多様性白書』の目次をみると，国が環境問題として取り上げ，対策を講じているテーマとして次のような項目があがっている。

・地球温暖化	・オゾン層保護	・酸性雨
・黄砂・海洋環境汚染	・森林保全	・砂漠化
・南極地域の環境保護	・廃棄物の発生と処理	・化学物質と環境リスク
・生物多様性の保護　等	・大気汚染	・水質汚染
・土壌汚染　　　　等		

（『環境白書』平成22年度版をもとに作成）

　国境や人種といった社会の枠を超えて考えなければならない，文字通りグローバルな課題群であるといってよい。

　東日本大震災を経験したいま，ここに「原子力」「放射能」を加えてもよい【参照⇒第14章①⑤：原発の環境への影響，核廃棄物問題】。

第2問：前問であなたがあげた「環境問題」はなぜ，どのように「問題」なのか。具体的に説明せよ。

　明確に答えられただろうか。よく知っているはずなのに答えられなかった，あるいは答えづらかった，ということはないだろうか。ここで問いたいのは，どれだけあなた自身がリアリティをもってこの「環境問題」を捉えているか，という点である。それはこういうことだ。例として「地球温暖化問題」を取り上げてみよう。国際的な議論の枠組みも整い，日常生活でも話題にのぼることが多い地球レベルの環境問題である。あなたは「地球温暖化問題」とは何なのか，ということは'知って'いる。だが，あなたにとっては何が，なぜ「問題」なのか。これを説明する際には，問題と思う／感じる主体を設定せずに論じることはできない。

　To be or not to be, that is the question. ハムレットが問題としたのは，彼自身がそれを「するか・しないか」であり，それはハムレット以外の人にとっては問題ではない。「問題」は主体抜きには存在しないのだ。すなわち問題は社会的に作られるものなのである。環境問題は最も象徴的な社会問題だ。では環境問題の主体は誰か。「地球」と答えたくなるかも知れないが，残念ながら地球は人間が引き起こす環境問題になぞ頓着してはいない。では一体誰？

第3問：「環境」とは何か。

答えは,「環境」とは「とりまくもののすべて」という意味である。とりまくのであるから,とりまかれる主体がある。その主体のまわりにあるものが環境である。すなわち環境には所番地がある。「問題」に主体があったように「環境」にも主体がある。環境問題は,漠然とした概念ではなく,具体的に説明できるものなのである。ただし,説明するためには,問題の所在やその因果関係などについて,科学的な知識を含めて学習する必要がある。そこまで踏まえて,「環境問題」についてあなた自身の言葉で語れるようになるには,個別具体な事実を知らなければならない。

3 ライフスタイルとしての「エコ」と環境

もう1つ,整理しておきたい用語がある。近年ブームとなっている「エコ」という言葉である。ECOの語源はギリシア語のOIKOS（共同体,家）であり,'とりまくもののすべて'を意味する環境も同じルーツをもつ。環境の英訳にはenvironmentが当てられている。巷間で流行している「エコ」には,環境というよりも,物資の無駄を省く,石油エネルギーを使わない,自然素材を使う,過度の装飾を省く,体に優しい,安心・安全など,もっぱら節約・省資源や低コスト,低影響を志向するライフスタイルに関して用いられているようである。この時に使っている「エコ」は,ECOの語源とは離れて,人のふるまいを指している。空間を指す「環境」とも別の概念である。両者は分けて考えなければならない。

表10-1 環境とその周辺の用語群

eco	エコ,OIKOS（共同体,家）（接頭語）
ecology	エコロジー,生態学,動植物と環境間の関係性
ecosystem	生態系
environment, surroundings	環境

さて,これらの環境や環境保護について考える時,私たちは内省的な意識をもつものだ。考える姿もうつむき加減かも知れない。一方,旅や観光のことを

考えようとすると，一転して開放的な意識をもつ。つまり両者はベクトルが正反対なのだ。それらを同時に考えよう，というのが本章のねらいである。この課題を考えやすくするために，2つの地域を事例に取りあげてみよう。ガラパゴス諸島（エクアドル）とボルネオ（マレーシア）である。

(1) ガラパゴス諸島―世界自然遺産第1号における観光の光と影
 1) 進化の実験場・ガラパゴス諸島の自然

日本のほぼ裏側，南米エクアドルの洋上1,000kmに浮かぶ火山群島・ガラパゴス諸島は世界自然遺産第1号登録地である。この諸島を有名にしたのは，後に『種の起源』を著し，進化論を唱えた英国人博物学者，チャールズ・ダーウィンであった。ダーウィンがガラパゴス諸島を訪れたのは1835年，弱冠26歳の時のこと。フィッツロイを艦長とする調査船ビーグル号で，5年に及んだ南米調査の途中で2週間立ち寄ったのである。時代は大航海時代を経て「博物学の世紀」と呼ばれたころである。博物学とは，自然に存在するあらゆるものを対象とする研究分野で，大航海時代に各国の冒険者たちがもち帰った異国の文物が引き金となって，18世紀半ば～19世紀後半にかけて普及した。資金のある研究者や貴族たちが，博物学調査と称して世界各地の人跡未踏の地へと足を運んだ。プラントハンターと呼ばれる植物採集者たちが有用植物を探し求めて世界中を旅し，珍しい動物をことごとくもち帰る博物学者もいた。大英博物館等はこの時代に活躍した蒐集家のコレクションを基盤としている【参照⇒第9章3：博物館と異文化理解の関係性について】。ダーウィンはその優れた観察眼によって，ガラパゴス諸島と中南米大陸の生物の比較や，餌によって嘴の形態が異なる野鳥（ダーウィンフィンチ）などを記録し，「進化論」のヒントを掴んだと伝えられている。

ガラパゴス諸島のように，周辺の大陸から隔絶された島々を海洋島と呼ぶ。ガラパゴス諸島は，かつてどの大陸とも地続きだったことがない。

ここでクイズを出そう。大陸から1,000km離れた火山島にすむ生き物たちは，どのようにしてこの島に定着したのか？――答えは鳥・海流・風である。たい

ていは最も近い陸地からやってくるが，たまたま運ばれ，たどり着き，運よく環境に適応でき，子孫を残せたものだけが生き延びて新しい生態系を創る。このような生態系を「島しょ生態系」と呼ぶ。海洋島に生息・生育する動植物はごく狭い範囲での遺伝子の交配を繰り返すため，遺伝的に偏り，他地域には存在しない種＝固有種が生まれやすい。ガラパゴスゾウガメ，ガラパゴスウミイグアナ，ガラパゴスペンギンなど「ガラパゴス―」と頭に着く種はすべて固有種で，諸島の陸産爬虫類は100％，海鳥の26％，陸鳥の28％，陸産哺乳類の93％，双子葉被子植物の59％が相当している。火山島という過酷な環境条件も加わり，たどり着いた動植物たちは独自の進化を遂げた。たとえばウミウは地上の敵がいないことから羽を退化させ，ガラパゴスコバネウという別の種になった。ガラパゴスウミイグアナは，ガラパゴスにたどり着いたリクイグアナが，餌を求めて海草を食べるようになったものだ。それが「進化の実験場」という異名をガラパゴスに与えた。これがのちに世界自然遺産指定の根拠となった。

　ガラパゴス諸島は，研究者達の熱心な政府への訴えにより1959年に国立公園に指定され，陸域の97％は厳重保護のために原則的に立ち入り禁止となった。1964年にはガラパゴス諸島の生物多様性保全を図るNGOの「チャールズ・ダーウィン研究所」が活動を開始し，代々欧米の研究者が所長となって，ガラパゴスゾウガメの保護増殖や外来種の駆除その他の研究活動を行ってきた。現在に至るまで，これら2つの機関が中心となってガラパゴス諸島の生物多様性保全に関する政策決定および調査研究の両輪を築いており，1978年には世界自然遺産に指定された。

2) 世界自然遺産への登録
　ここで，世界遺産登録のしくみについて知っておこう。世界遺産は，1972年に国連会議で採択された国際的に顕著な普遍的価値を有する文化遺産及び自然遺産の保護を目的とする「世界の文化遺産及び自然遺産の保護に関する条約世界遺産条約（世界遺産条約）」に基づき，締約国における自然遺産または文化

表10－2　世界遺産のカテゴリーと登録数（2010年6月現在）

カテゴリー	内容	遺産数
文化遺産	顕著な普遍的価値を有する記念物，建造物群，遺跡，文化的景観など。	725
自然遺産	顕著な普遍的価値を有する地形や地質，生態系，景観，絶滅のおそれのある動植物の生息・生育地などを含む地域	183
複合遺産	文化遺産と自然遺産の両方の価値を兼ね備えている遺産	28

出典：UNESCO World Heritage Center, 2011.

遺産を登録する制度である。背景にはこれらの遺産が自然由来の消失だけでなく，戦争や開発等による破壊，損傷などの脅威にさらされていることから，国際社会の責任において保護するべきであるとの認識があった。世界遺産には自然遺産・文化遺産・複合遺産の3つのカテゴリーがあり，条約に批准した国が挙げた世界遺産候補地について，自然遺産は世界自然保護連合（IUCN），文化遺産は国際記念物遺産会議（ICOMOS）が調査・評価を行い，国連教育科学文化機関（UNESCO）が認定することによって登録が決まる。ユネスコの公表データでは，2010年6月現在，936の遺産が登録されている。

世界遺産には，上記のカテゴリーと並行して第4のカテゴリーが存在する。「危機遺産」である。武力紛争，自然災害，大規模工事，都市開発，観光開発，商業的密猟などにより，その普遍的価値を損なうような重大な危機にさらされている遺産は，「危機にさらされている世界遺産リスト（危機遺産リスト）」に登録される，というものである（社団法人日本ユネスコ協会連盟，2011）。2011年9月現在34の遺産が危機遺産にリストアップされている。もちろん国際的支援等により危機状態を脱すれば解除されるが，そのまま遺産登録を取り下げることになった例もある。

実は，ガラパゴス諸島は2007年に危機遺産リストに記載されてしまった。第1号でありながら危機遺産入りした背景には観光が大きくかかわっている。

3) ガラパゴス諸島の「管理型観光」

　ガラパゴス諸島ほど自然とのふれあいの魅力に富んだ土地はない。何といっても，出合う動物，植物，火山や地形などのすべてが個性に満ちている。動物たちは人を怖れないため，ごく間近でみることができる。研究者たちの長年の調査活動によって，いつ，どこに，どのような動物がいて何をしているのかという生物暦(フェノロジー)が把握されており，観光客は，ほぼ裏切られることなく彼らにめぐり合えるのである。まさに自然の王国である。

　ガラパゴス諸島の観光は1969年に就航したクルーズ船「LINA-A号」からはじまった。以来，船旅(クルージング)が主なスタイルである。1972年にはアメリカの大型クルーズ船が多数の観光客を送り込み，欧米の富裕層にとってガラパゴス諸島クルーズは「一生に一度は体験したい旅」として人気を博していった。短いものは日帰り，長いものは2週間以上のさまざまなコースが設定されている。乗船客は，美味しい食事や動物たちとの出合いに満ちた船旅をゆったりと楽しむ。このガラパゴスの船旅は，科学的知見とアイデアを駆使して，生態系に危害を及ぼさず，観光による経済収入をしっかり確保し，かつ観光客を自然保護の協力者にしようという目的で組み立てられたエコツーリズムの世界的先進例であり，別名「管理型観光（management tourism）」と呼ばれている。そのしくみは，観光によって自然が荒れることを恐れた国立公園局が1973年に策定した国立公園管理計画にはじまっており，その方針は現在も大きくは変わっていない（表10-3）。

　このしくみによって，観光客個人には，環境保護意識の高さは必ずしも求められないが，ガラパゴス側が敷いているこの観光システムに乗って行動する限り，環境への負荷を大きく与えることなく稀有な動物たちに出会うことができるようになっている。観光客の行動は完全に管理されているのだ。まるでテーマパークである。国立公園入園料の100ドルはかなり高額だが，この金額は来訪者への歯止めにはならず，逆に期待感を煽って観光客は年々増え，ガラパゴス諸島は，今やエクアドルにとってドル箱となっている。

表10-3　ガラパゴス諸島の管理型観光を支える方策

項目	内容	備考
空間区分 (ゾーニング)	・利用可能域の限定	・訪問者区域は全土の1％未満に限定する
	・歩行位置の限定	・杭から杭までの幅内を歩く
行動規制	・ナチュラリストガイドの同行義務	・国家資格によるガイド制度
	・グループサイズの限定	・ガイド一人に対し観光客16人まで
	・観光客マナーの徹底	・観光客へのルールの普及
総量規制	・クルーズ船のライセンス化	・環境基準、ガイド雇用等が原則
	・クルーズ船の年間就航スケジュール策定	・毎年年初に決定
観光客把握	・空港・港のパスポートチェック	・宿泊先も把握し、観光客の行動を厳重管理
環境保護資金確保	・高額の入園料と分配	・外国人一律$100(エクアドル人$6)
	・厳重な検疫	・専門機関SICGALの設置
環境管理	・モニタリングの実施	・ガイドが監視し、報告
	・環境、生態系調査の実施	・ダーウィン研究所が実施

4) ガラパゴス諸島の観光と社会問題

　ガラパゴス諸島の観光はサクセスストーリーのようにみえる。ところがこのこと自体が2つの新しい課題の火種となっている。

　1つは、観光関連産業への就業を求めるエクアドル国内での移住問題である。エクアドルは失業率が高く、2000年前後に失業率14％を超える高さとなった。特に太平洋沿岸部での貧困が深刻となり、観光産業への就職を求めてガラパゴス諸島への移住が続いたのである。しかし実際には収益事業となる観光産業に就職できる人材はごく一部に限られ、ガラパゴスでも職にあぶれた人々は漁業に転向せざるを得ない。そのことが漁業資源(特にナマコやロブスターなどの換金性の高い資源)の保護問題へと発展したのである。生物多様性の維持を優先事項とする国立公園局とダーウィン研究所は、漁業資源の保護のために禁漁期間の設定や漁獲量の調整等の規制に乗り出したが、これが漁民と国立公園局の対立を招いた。実は、観光産業もダーウィン研究所もトップはエクアドル人ではない。住民を無視するかのような規制や管理への反発に差別問題もからんで

図10－1　ガラパゴス諸島への観光客数・移入種・移民数の増加

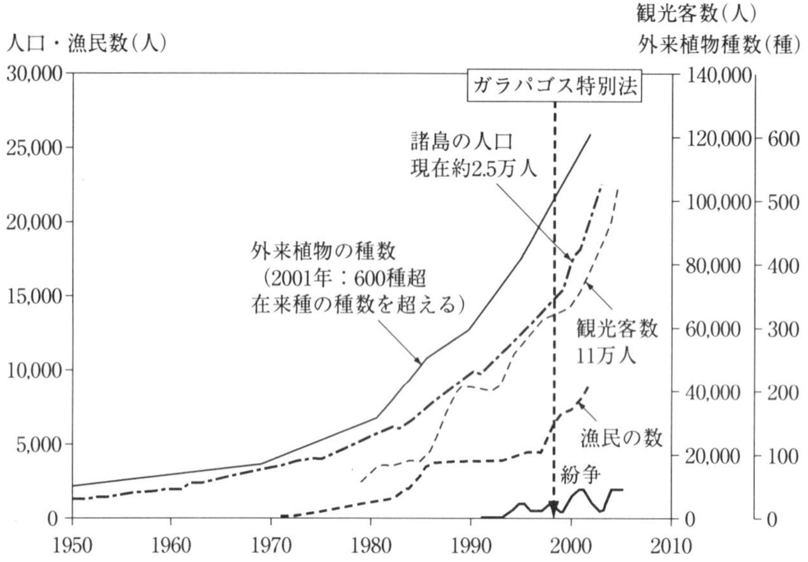
観光客数(人)
外来植物種数(種)
人口・漁民数(人)
ガラパゴス特別法
諸島の人口
現在約2.5万人
外来植物の種数
(2001年：600種超
在来種の種数を超える)
観光客数
11万人
漁民の数
紛争
30,000
25,000
20,000
15,000
10,000
5,000
0
140,000
120,000
100,000
80,000
60,000
40,000
20,000
0
600
500
400
300
200
100
0
1950
1960
1970
1980
1990
2000
2010

出典：ダーウィン研究所資料をもとに作成。

いた。国は1998年に「ガラパゴス特別法」を施行し，外国人のガラパゴス国内での就労や新たな移民の規制を図り，事態の改善を図ろうとしたが，功を奏したとはいえない。もう1つは，観光客の増加に伴う外来種の急増である。船，飛行機，物資，観光客の荷物などに紛れて多くの種が移入され，ガラパゴス諸島固有の生態系への脅威となっている。

図10－1に，ガラパゴス諸島への観光客数の増加と移入種，人口の増加を表した。経済や社会を変えるはずの観光，そしてその源である自然環境の保護の折り合いをどう考えればよいのだろうか。

(2) ボルネオ島（マレーシア）

1) 絶滅の危機に瀕する動物たち

ここに2枚の写真がある。写真10－1は東マレーシア・ボルネオ島北部に

第10章 環境とツーリズム　●――― 169

写真10－1　セピロック・オランウータン・リハビリテーション・センター

写真10－2　川辺の草をはみながら観光客を威嚇するアジアゾウ

　あるサバ州で最も人気の観光地，セピロック・オランウータン・リハビリテーション・センターでの給餌風景，写真2は川岸で餌をはむアジアゾウである。この2葉の写真には共通点がある。絶滅の危機に瀕する野生動物が写っているという点だ。彼らは熱帯雨林を切りひらいて作られたアブラヤシの農園（プランテーション）によって，すみかだった森を追われた動物たちである。
　セピロック・オランウータン・リハビリテーションセンターは，親が殺され

たり，親とはぐれてみなし子になったりしたオランウータンの子どもを保護し，5歳ごろまで育てて森に還す活動を続けている。1964年に4,300ヘクタールの森林保護区内に設けられた。現在，サバ州野生生物局が運営しており，運営費には観光客の入場料（30リンギット），カメラ使用料（10リンギット），土産品の販売益の一部，寄付金などを充てている。一方でサバ州で最も集客力がある観光施設となって，センターの運営は回っているが，オランウータンを野生に帰すための森がどんどん失われている。

　アジアゾウを取り巻く環境はもっと深刻である。彼らがもともと生息していたのはサバ州最大の河川，キナバタンガン川流域の熱帯雨林である。今，ここで何が起きているのか。

2）キナバタンガン川の河畔で

　サバ州での農園開発事業は，1881年にイギリスによって「北ボルネオ会社」が設けられた英国植民地時代にさかのぼるが，現在のような大規模な農園にまで広がった契機は，1913年の土地布令，1930年の土地条例によって，農園開発のための土地の払い下げが認められるようになったことにある（都築，1999）。当時の農園はゴム産業が中心であったが，1930年代になると年間14,000エーカーのペースで面積を増やしていき，1956年に設立された連邦土地開発庁（FELDA）はマレーシア農業の飛躍とマレー系住民の農業参加を目指して大規模展開を図った（高多，2008）。

　アブラヤシから抽出するパーム油は，土壌と健康によいとして世界で使用されている植物性の油だ。環境ブームに乗った世界的な需要により，経済的価値が高まって換金性が高い。パーム油は2004年に大豆油を抜いて世界最大のシェアを占め（高多，2008），石油を代替するバイオマス・エネルギー源としてもヨーロッパ等で注目されている。マレーシアとインドネシアは，抜きつ抜かれつの主要産出国であったが，マレーシアは2006年にインドネシアに抜かれ，現在輸出量は2位となった。日本はマレーシアで産するパーム油の主要な輸出国の1つであり，対日本パーム油輸出量は第8位を占めている。日本ではその

8〜9割が食用に用いられている（地球・人間環境フォーラム, 2005）が, それよりも知られているのは,「自然にやさしい」というキャッチコピーが一時期ついていたヤシ油石鹸だろう。

アブラヤシは, 一度植えれば20年程度は収穫が続き, 育成方法が単純である。そのため手っ取り早い収入になるからと自分の土地を農園主に貸しだす住民は後を絶たない。キナバタンガン川流域に住むオラン・スンガイ（川の民）たちも例外ではない。もともと川を使った交易で生計を立ててきた彼らは, 車社会の浸透によって職を失い, 貧困のまま取り残されていた。農園主になる, 農園で働く, 土地を貸すなどアブラヤシ農園とかかわることができれば当面家族を養っていくことができる。都市化が進む中で, 経済を生まない熱帯雨林は住民にとっては生活の糧とはならない。開発はこのようにして進む。

オランウータンやアジアゾウ, テングザルなどの野生動物たちを絶滅の危機に追いやっているのは, このアブラヤシ農園である。野生動物たちは, 森のさまざまな動植物に食を依存し, 巣をつくり, 繁殖・移動を行う。そこに広範囲な農園が開かれれば, 食糧, 営巣地, 移動場所, 繁殖場所など, 動物たちが生きるために必要な環境がすべて奪われることになる。加えて農園の周囲には塀や象除けのための電気柵, 溝などで仕切られている。動物たちは移動を阻まれるか溝に落ちて餓死するか。運よく農地に入れたとしても害獣として駆除されてしまう。

3) 観光を利用した環境保護＋地域振興両立のためのプロジェクト

世界最大の国際的な自然保護団体, 世界自然保護基金（WWF）は, 2003年より, キナバタンガン川流域におけるこのような事態を少しでも好転させ, 野生動物の生息環境を維持するため, 観光を組み込んだモデルプロジェクトを開始した。このプロジェクトはMESCOTと名付けられ, 次のようなスキームで実施されている。

　① ホームステイによる集落観光の受け入れ
　② 滞在中のプログラムにボルネオの現状に関する講義と植林への参加体

験をインプットする
③ 観光客のガイドとして村民を教育，事業化へ誘導
④ 植林や育苗管理者として村民を教育，雇用へ誘導

　すなわち観光による外貨と外からのまなざしを獲得することによって，農園依存型経済からの脱却と，植林による熱帯雨林の回復を図ることがねらいである。このプロジェクトに参加している村落のひとつ，ビリット村では，プロジェクトはWWFの手を離れ，村が立ち上げたエコツーリズム協同組合（Batu Puteh Community Eco-Tourism Co-operative（KOPEL Bhd.））が運営している。このモデルを応用して，農園からの土地取得と熱帯雨林のリハビリテーション，集落滞在観光を組み合わせた観光プログラムは，日本でも企業や大学等の研修ツアーとして利用されている。このように，地域社会や集落（コミュニティ）が主体となって進める観光をコミュニティ・ベースド・ツーリズム（通称：CBT）と呼ぶ。農村社会や先住民社会における自然や文化の継承手段としても，近年，注目されている概念だ。現実には，農園から得られる安定的な収入を上回るほどの観光収益があるわけではなく，あくまでも副収入手段の1つに留まるが，このような観光を通じて，ボルネオにおける環境保護と社会問題が少しずつ知られるようになり，集落の人々にも地域外からの声が入るようになってきた。一方で，観光客も，日ごろ求めてきた「エコな暮らし」とそれを支えてきた産業のグローバリゼーション，その結果招いてしまった，環境や自然への取り返しのつかない負荷影響という矛盾に気付かされるのである。

4 環境・経済・社会：三つ巴か補完か

　自然環境や文化などの地域の資源の保全と，資源を活用した観光振興，観光による地域振興という3つの目的を互いに補完し合い，持続可能な地域づくりを図ろうという考え方を「エコツーリズム」という。エコツーリズムはとても広く深い概念で，図10－2のように表現される。

図10-2　エコツーリズムの概念

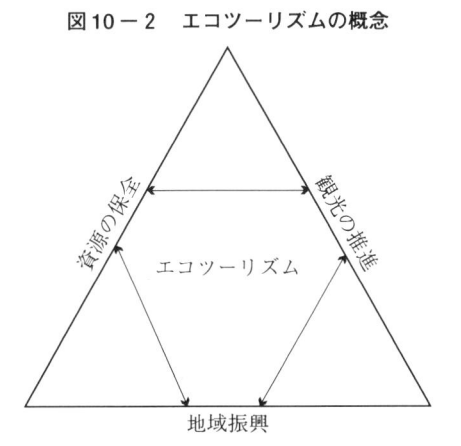

（図：三角形の頂点に「資源の保全」「観光の推進」、底辺に「地域振興」、中央に「エコツーリズム」）

出典：真板・海津（1999）。

　観光としてみれば，冒頭にあげたように，自然や文化などの資源の保護に十分配慮し，地域経済にも貢献する旅のスタイルを意味する。難点はあるもののガラパゴス諸島の「管理型観光」も，ボルネオのコミュニティ・ベースド・ツーリズムもエコツーリズムを目指している。地域社会からみれば，守り伝えたい資源を観光者と共有することによって，観光収益を得，資源の保全を図る手段である。資源の保全からみれば，観光によって保護コストをねん出する手段ということができる。

　エコツーリズムは，その目標を持続可能な社会運営システムの構築，すなわちサステナビリティ（持続可能性）においている。その点で，いわゆる観光ビジネスとはスタンスが異なっている。観光ビジネスのモデルを確立する以前の状況にあるコミュニティにおいても導入することができるエコツーリズムは，観光を通じた国際協力としても重要な考え方であり，手法である。日本国際協力機構（JICA）を通じて，マレーシアやインドネシア，モンゴル，バルカン半島等諸外国で応用されているが，それはエコツーリズムが，上記のような大きな概念を有しているためである。

5 おわりに

　本章で紹介した3つの国の事例は，それぞれ別個の例でありながら，環境と経済と地域社会の折り合いをどうつけるかという普遍的な課題であり，それぞれ地域の主体間の関係性の問題を提起している。

　世界の「現場」で起きているさまざまな矛盾やできごとに出会うためには，そこに身を置くこと，すなわち旅することが第一だ。産業としてのツーリズムがグローバルに展開されるようになればなるほど，旅を通して予期せぬ'問題'に出会う機会も増える。すぐに答えが出せない課題にぶつかったとすれば，それはあなたへのギフトである。その課題をどうとらえるか。その課題とあなた自身とのつながりをどう考えるか。それを論じるためには，あなた自身の経験値を積むしか方法がない。旅とその考察を通じて。

【ディスカッションのために】
1．あなたが旅をする時に，環境保護について考えさせられた経験があるか。あればその経験について話し合ってみよう。
2．観光を通して，地域社会に貢献する方法にはどのようなものがあるか。例をあげてみよう。
3．環境保護と観光と地域社会のあるべき関係について，あなたはどう思うか。具体的なケースを想定して話し合ってみよう。

【リーディング】
　古岡文貴・ベトリス・リム・ロスリナ・マフムド・加藤巌『東マレーシアと日本の歴史的関係に関する考察』和光大学，309〜321頁（和光大学総合文化研究所年報，2007年）
　ガラパゴス国立公園（2009年），ガラパゴス国立公園HP，http://www.galapagospark.org/sitiosdevisita/index.html
　石森秀三・真板昭夫・海津ゆりえ『エコツーリズムを学ぶ人のために』（世界思想社，2011年）

伊藤秀三『ガラパゴス諸島―世界遺産・エコツーリズム・エルニーニョ』（岩波書店，2002年）

真板昭夫・海津ゆりえ「What is Ecotourism?」『エコツーリズムの世紀へ』（エコツーリズム推進協議会，1999年）

西原弘・伊藤秀三・松岡数充「ガラパゴス諸島，世界自然遺産第1号登録地の栄光と挑戦」，『地球環境』Vol.13, No.1（国際環境研究協会，2008年）41～50頁

高多理吉「マレーシア・パーム油産業の発展と現代的課題」，『国際貿易と投資』No.74,（国際貿易投資研究所，2008年）26～40頁

都築一子「マレイシア・サバ州における植民地時代の土地制度」，国際協力研究Vol.15 No.1（国際協力学会，1999年）61～69頁

（海津ゆりえ）

第11章
「食」とグローバリゼーション

【キーワード】

食文化，ナショナル・アイデンティティ，文化のハイブリッド性，環境差別，構造的暴力，フェア・トレード，スローフード，反グローバリゼーション運動

---

1 はじめに：日本の食事情は特殊か

在日ペルー人やブラジル人と話していて，こんなことを聞かれる。「日本のテレビ番組はどうしてこんなに食べ物のことばかり扱っているの？」そして，その質問に答えるために改めてテレビをみてみる。すると，本当に食べ物に関連する情報番組の多さに驚く。食を中心にした番組ではなくとも，なにかにつけ食べ物が登場する。トーク番組でありながら，食べ物が話を盛り上げるためには不可欠であるかのごとく，出演者は食べなければならない状況に置かれる。テレビで食べるシーンまたは料理をつくるシーンを私たちはどれだけみせられていることだろう。

きわめつけは「大食い選手権」などと名付けられた番組であろう。大食いであることが「芸」として認められることで，専門タレントまでも登場した。とにかく，ただ同じ料理を何人かで競争して食べる（多くの場合きれいとはいえない）シーンがテレビ番組となることには，外国人でなくとも首を傾げる人はいる。

それにしても，日本人はこれほど食べ物に執着した民族だとは一般に思われていない。だから，ペルー人は日本のテレビ番組に驚いたのだ。たとえば，世界が認める美食愛好家としてのフランス人や中国人に比べたら，日本人の食に対する情熱はずっと冷めたもの，または奇妙な独特なものと考えられている。

ところが，テレビをみるかぎり，日本人はほかのなによりも「食」を優先されるべき中心においているようだ。このギャップに戸惑ったからこそ，私は在日外国人に上記の質問をされたのだ。

さらに分析をすすめるなら，次のようなこともいえそうだ。日本人が求めているのは「食」がもたらす快楽であることは確かだが，それ以上に日本人が欲望しているのは，テレビや雑誌に代表されるメディアで流れる「食」に関する情報に対してなのではないか，ということだ。ただ食べるだけでなく，情報を一緒に食べなければ満足できないような欲望を多くの日本人が共有しているのではないだろうか。この素材はどこで生産されたものがこういう理由で逸品なのだ，などという蘊蓄が欲望されるのだ。だからこそ，多くのテレビ番組にこれだけ「食」が登場し続けているのではないか。

このような「食」に関する情報が溢れかえる日常とは裏腹に（というよりも，むしろそのためかもしれないが），「食」に関する情報開示や安全管理にかかわる偽装事件が頻発している。近年の話題としては，狂牛病を発端とした食肉に関する安全管理の問題や雪印・不二家などの大手食品メーカーのずさんな安全管理が取りざたされた。さらに，日本の基準値を上回る農薬残留野菜が外国から輸入されている問題への対策は，果たして輸入を禁止すれば解決する問題と考えてよいのか，といった私たちの食生活を根本から考え直さなければならないような事態が私たちを取り巻いている。

日本に暮らす私たちの食生活は，まさに外国からの輸入食品に支えられている。カロリーベースで日本の食糧自給率は40％を下回るという。輸入がストップしたら，3人に2人は食べることができなくなる計算だ。国家の安全保障上，大変危うい土壌といわざるを得ない。つまり，日本は外国からの食糧輸入ができなくなるような事態を招かぬよう最大限の努力をしなければならない。世界平和は，まさに，世界のためのみならず日本にとっての死活問題なのだ。そして，日本にとって世界が自分たちの生命を支える食糧生産地であることの意味を，今こそ噛み締めて考えるべきなのだ。

本章では，私たちの生活に欠かすことのできない身近な「食」が，世界と私

たちをどのように結び付けているのかを考えてみたい。

2 近代国民国家体制と「食」：アイデンティティを求めて

　本書で扱う近代国民国家体制というテーマに即していうなら，食べ物は自分の「〜人」という国への帰属意識＝ナショナル・アイデンティティと深く結び付いている。たとえば，留学などで日本以外の土地で長期にわたって暮らしたことのある人は，「あぁ，味噌汁とごはんが恋しいなぁ」と感じると，「自分は日本人なのだ」と自覚したりする。ここでは，食べ物が自分の帰属意識を確認する手段となっている。

　しかし，よく考えて欲しい。現在日本で生活しているあなたは，毎日ごはんと味噌汁だけの食生活を送っているわけではない。第二次世界大戦後の食糧難の時代に米作が奨励された時期を経て，十分な米の確保ができるようになると，今度は米余りのために水田の減反政策が1970年代以降続けられてきた。戦前の日本軍では1人当たり1日平均5合のごはんを食べることが前提とされていたが，現代日本人は1合しかごはんを食べなくなっている。パンやスパゲッティやラーメンを食べて，ごはんをまったく口にしないで1日を過ごす若者たちは少なくない。さて，それでもあなたは「日本人」なのだろうか？

　逆に，世界レベルでは米の消費量がどんどん増大している。もともと米を食べる習慣のなかった地域での消費が増えているのだ。「ごはんを食べないと食事をした気にならない」というペルー人だって少なくない。ペルーで米食が普及したのは，19世紀後半に大量に導入された広東地域出身の中国系労働者の食文化が影響しているといわれる。ブラジル南部でも20世紀以降流入した日系移民の食文化により，米の消費が拡大したといわれる。さらには，近年アフリカでも日本の開発援助の一貫として稲の栽培技術が伝えられ，米食が拡大しているという。「ごはんが好きな人＝日本人」という等式は，論理的には成り立たないのが世界の現状なのだ。

　食べ物の好みがナショナル・アイデンティティに対応するというならば，逆に「すし」や「てんぷら」を毎日でも食べたいくらい好きだというタイ人やア

メリカ人を「日本人」と呼んでよいだろうか？　おそらく，即座に「そうです」と答える日本人は多くないだろう。つまり，日本人がアイデンティティを確認する要素として，日本の食べ物の好みをあげることができても，それを根拠にナショナル・アイデンティティを主張することはできない仕組みになっている。つまり，日本文化を身に付けることは，日本人の「必要条件」ではあっても「十分条件」ではない，ことを示している。

　しかし，これに矛盾するような仕組みもある。しばしば，日本人は日本に滞在する外国人に対して，刺身や納豆を食べることができるかどうかという質問をする。そして，これをクリアできなければ日本になじんだということができないというような態度を示すことがある。この質問の背後には，日本で生活したことのない人は，一般に生魚や発酵食品の独特の匂いに対して抵抗感をもつはずだ，という前提がある。さらに，この抵抗感こそが外国人の証であることを相手に突きつけたい，という一種の攻撃的感情のようなものが質問に込められていることもあるので，外国人のなかにはこの質問を不愉快に思う人もいる。

　もっとも，これは日本人に特有の言動というわけでもない。似たようなことは，私自身もオーストラリアでVegemate（パンやクラッカーにぬる独特のにおいと味のペースト）をめぐって何度も体験したし，タイやペルーや中国でも体験した。つまり，「同じ釜の飯を食う」ことができれば自分たちの仲間として認める，という原理を世界の人々は共有しているのだろう。とすれば，日本の食べ物が大好きな外国人は，日本人の仲間としてのアイデンティティを獲得することができることを示している。事実，そうした外国人に対して「あなたは日本人以上に日本人です」という奇妙な形容をすることは少なくない。

　こうした事例は私たちに何を示しているといえるのだろうか。

　第一にいえることは，私たちは現在の国境線を前提として，食文化を都合しだいで国民国家の枠組みのなかに組み込んでいるということである。本来，米を食べるかどうかということと，どこの国籍をもっているかどうかということとの間には必然的な結び付きはないことは，すでに論じた。また，同じ国内で

も自然条件が著しく違えば，稲作ができない地域では米を主食にすることはできない。日本国内でも，現在のようにほとんどの国民が米を日常的に主食として食べるようになったのは，第二次世界大戦後のことだといわれている。稲作に適していない地域では，雑穀やイモ類を主なカロリー源にしていたのだそうだ。ただし，米を食べることを特別な機会と結び付けて，米を食べたいという欲望を共有する人々として日本人アイデンティティを作り上げてきたことを，歴史的に検証している研究もある（大貫 1995，坪井 1982）。つまり，食文化はナショナル・アイデンティティを強化するための「道具」として使われることが多い【参照】⇒第3章：「道具」としての言葉との類似性】。

第二に注目するべきなのは，食べるということが私たちを密接に結び付ける機能をもつと同時に，人々の関係性を切断する機能をもつということである。著名な例としてあげられるのは，イスラム教徒は豚を食べない，ヒンズー教徒は牛を食べない，といった信仰する宗教と食習慣の関係である。豚を食べないイスラム教徒同士の結束を固める一方で，豚を食べる非イスラム教徒と自らを明確に異なる人々として区別しているのである。この場合も，食文化はアイデンティティと切り離して考えることができないような役割を果たしているということができるだろう。

以上のような事情から，私たちには食とナショナル・アイデンティティを結び付けて考えたがる癖がついている背景がわかってきたのではないだろうか。

しかし，そもそも「食」を固定した国民文化の枠組みで考えることには無理がある。食べ物に対する人の欲求は，文化の枠組みを越えることが少なくない。私たちは貪欲にいろいろな食べ物を試して，おいしいと思う食べ物をどんどん自分のものしてきた歴史をもっている。これらの歴史は，近代国民国家体制には対応していない。次節では，こうしたダイナミックな歴史の例をみてみよう。

3 ハイブリッド化する食文化：新大陸と旧大陸の交流

私たちが普段想像する以上に，「食」は古くからグローバルな移動をしてき

た。食材や料理が国境を越えて世界に広がった例には枚挙にいとまがない。トマトを使わないイタリア料理や唐辛子を使わない韓国料理を思い浮かべることは，今の日本に住む私たちにはほとんど不可能だ。しかし，トマトや唐辛子やジャガイモなどはアメリカ大陸が原産である。大航海時代にヨーロッパ人たちがこれらの食材を「旧世界」にもち出す以前には，イタリアにトマトソースを使った料理は存在しなかったし（当時はイタリアなどという国家は存在しないわけだが），真っ赤な唐辛子のきいたキムチは存在しなかった。

　代表的日本料理の1つとされる「てんぷら」も，16世紀の大航海時代に日本にやってきたポルトガル人がもたらした調理法だといわれている。キリスト教を布教するための寺院（templo）で行われた料理という意味でテンプロを語源としているという説や，ポルトガル語で味付けした食べ物・調味料をさす単語（tempero）を語源としているという説などがある。当時，比較的大量の油に小麦粉をベースにした衣をつけて野菜や魚介類を揚げる調理法は新奇かつ贅沢なもので，徳川家康をはじめとした権力者たちの間で人気を博したという。その後，てんぷらは日本で独自の発展を遂げ，現在のヨーロッパで作られる「てんぷらの原型料理」とはまったく異なる料理として認識されるに至っている。

　日本の「洋食」といわれるものにも，異なる食文化の出会いのプロセスを見出すことができる。たとえば，「スパゲッティ・ナポリタン」である。スパゲッティといえば，イタリア料理に決まっているだろう，というのは早合点だ。「スパゲッティ・ナポリタン」の味の決め手になるケチャップは，米国で開発された調味料である。日本にスパゲッティをもたらしたのは，1945～52年の間に日本を占領した米国だといわれる。もっとも，米国にスパゲッティを普及させたのは，19世紀を通じて大挙して新大陸に移民したイタリア出身者である。同時にトマトソースを米国にもち込んだのもイタリア人だが，ケチャップにしたのは米国人だ。また，「スパゲティ・ナポリタン」のピーマン，たまねぎ，ソーセージを炒めてケチャップで味付けする調理法は，ソース焼きそばの調理法が原型になっている。実は，「野菜炒め」も第二次世界大戦後になって

初めて日本の一般家庭に普及した料理であり、これは戦前・戦中に中国の食文化に触れた日本の人々が中華料理を「日本化」した結果ということができる。

　他方、スパゲッティの起源を遡ると、イタリアで独自に発展したパスタ（小麦粉をベースにした練り物を使った料理一般をさす）というわけではないらしい。麺状のパスタは、現在の中国を中心にしたアジア地域で発展していたものを、ヨーロッパ人が交易などでアジア地域に出かけた際に味わい、ヨーロッパにもたらしたものだといわれる。一説では、13世紀に中国まで交易に行ったマルコ・ポーロがスパゲッティの生みの親だともいう。とはいえ、スパゲッティはアジア地域の麺とは硬さ・触感などの面で異なる性質をもち、その料理法も異なる。つまり、スパゲッティ料理はアジアとヨーロッパの食文化が出会って混交した結果としての「ハイブリッド」と位置付けることができる。

　とすれば、そもそもイタリアでハイブリッドだったスパゲッティが、米国でさらにハイブリッドになり、日本でもさらにハイブリッド化されて生まれたのが「スパゲッティ・ナポリタン」ということになるだろう。ちなみに、イタリアのナポリには「スパゲッティ・ナポリタン」という料理は存在しない。トマトソースをからめたスパゲッティに対する米国での名称が起源といわれる。つまり、日本の「スパゲッティ・ナポリタン」は、日本で開発された独自のハイブリッド料理＝「洋食」として位置付けることが適当だろう。この例ひとつをとっても、食文化は、国境にかかわらず、地球上のさまざまな地点の食材や料理法が出会うプロセスを繰り返しながら、発展を続けているダイナミックなものであることが確認できるだろう【参照⇒第12章③④：音楽のハイブリッド性との類似】。

　にもかかわらず、ハイブリッドに対する近代国民国家体制によって植え付けられた思考枠組みからの拒否反応・抵抗感は強い。たとえば、「洋食」を代表的日本料理として外国に紹介してよいか、といわれて戸惑いを感じない日本人は少数派だろう。また、カリフォルニア巻き（アボガドを具に使っている巻き寿司）のようなアメリカ生まれのハイブリッドを「正統なすしとはいえない」といって排除したがる日本人は少なくない。

興味深い私の経験を紹介しよう。ある日，日本の大学で数人の研究仲間と学生食堂に昼食をとりに行った。そこで私が「キムチ風漬物」をトレイに乗せて会計しようとしたら，隣にいた韓国人の研究仲間が「偽物のキムチを食べてはいけません」といいながら勝手に私のトレイからカウンターに返してしまった。彼は冗談ではなく，本気で「キムチ風漬物」に怒りを表明していた。韓国人の彼にとって日本の白菜の浅漬けとキムチのハイブリッドは受け入れ難いのだろう。「正統なキムチ」以外のものを認めない権利を韓国人である私はもっているのだ，という主張を私はされたのだと思う。私は，彼とけんかをしたくなかったので，泣く泣く「キムチ風漬物」を食べることをあきらめた。
　このように近代国民国家枠組みを食文化にもち込んで評価したがる癖は，私たちの美味しさを求める節操のない食欲に一種の規制をかけようとするものということができる。しかし，国境を越えてさまざまな文化が出会う機会がどんどん増している現代世界において，多様な異なる食が混ざり合いながら新しい食文化が生まれるのを阻むことは困難だ。こうして生まれてくる新しい食を，国民国家の枠組みから解放して楽しむことによって，私たちは新たなグローバリゼーションの時代を作っていくことができるのかもしれない。

4 食のグローバル化と環境差別：国境を越えた企業活動がもたらしているもの

　さて，運輸・交通網が飛躍的に発展した21世紀にいたっては，日本で私たちの食べるものが一体どれだけの国境を越えて世界のどこからやってきたものなのか，数え上げるだけでも相当の労力が必要になる。まさに，グローバル化された食卓だ。
　天丼の上に不可欠な海老はインドネシアやインド洋やエクアドル沖からやってくるし，大トロはミクロネシアの海からペルーの港を経由してやってくるものもある。すしネタのサーモンはチリで養殖されているものかもしれない。うなぎの蒲焼は台湾で行われたものがスーパーに並び，焼き鳥の串刺しの加工をしているのはタイの労働者たちだろう。

世界有数の経済大国である日本の消費者のニーズを満たすために，世界各地から食材が集まってくる。食をめぐるビジネスのグローバルな展開は，とどまるところを知らないかのようにみえる。日本で手に入らない食材は存在しない，とさえいえるかもしれない。さらに，東京には世界の最高級レベルのさまざまな料理を提供するレストランがひしめく。日本のフード産業は，まさにグローバル化の最先端といえるかもしれない。

　その一方で，世界には毎日の食事も満足にとることができない人々が存在している。世界の富は極めて不均衡に分布している。世界の80％の富が，世界の20％の人々によって所有されている。そして，富を所有する人々のニーズを満たすための食糧生産が，世界各地で行われている。豊かな北半球に住む人々のニーズにあわせて単一商品作物が「南」の貧しい国々で生産される方式をプランテーション経済という。コーヒーやバナナや椰子やサトウキビの畑が，見渡す限りの大地を覆いつくす景観を「南」の国々では目の当たりにすることができる【参照⇒第5章②：植民地化とモノカルチャー経済について】。

　あなたがバナナを食べる時，こうしたプランテーションで働く労働者の生活に思いを馳せたことはあるだろうか。スターバックスでカプチーノを注文するときに，コーヒー豆を生産しているジャマイカやエチオピアやグアテマラやブラジルの農園労働者がどんなふうにコーヒーを育てているのか想像したことはあるだろうか。プランテーションの労働者は，多くの場合，それぞれの国でも最底辺レベルに位置する低賃金労働者である。健康を害しても十分な収入がないために適切な医療サービスを受けることもできず，最低限の生活を保障してくれる社会福祉制度に守られているわけでもない最底辺である。

　それは，果たしてあなたにとっては関係のないことなのだろうか？　南北問題といういわゆる先進国と途上国の経済格差は，あなたが日本で安くておいしいコーヒーを求める消費者の立場を追求することとまったく関係のないことなのだろうか？　日本の消費者がのべつまくなしに求める海老を養殖するために，インドネシアの熱帯地域特有のマングローブがどんどん養殖池に変えられて，特有の生態系が破壊されていることは，あなたとまったく関係のないこと

なのだろうか？　単一作物の連作を可能にするために，注ぎ込まれる化学肥料や農薬によって，農園の労働者の健康が害されるだけでなく，大地が汚染されることについては，どうだろうか？

　あなたがもし関係があると考えるとすれば，それは世界に蔓延している構造的暴力への気付きである【参照⇒第1章[1]および第16章[2]：グローバルな関係性への気付き，かかわりについて】。「南」の地域や社会的弱者の居住地域で環境破壊がはびこる状況は，「環境差別」と命名されている。「北」の消費者のニーズを満たすために，「南」の環境に圧倒的な負荷をかける状況は，一種の差別といってよいだろう。地球を共有しながら生きる私たちが，同じ地球市民の生活を踏みつけにしないで，どのよう食生活をおくることができるのか。

　こうした文脈のなかで，フェア・トレード（公正貿易）が注目を浴びてきている。

[5] フェア・トレードとスローフード運動：反グローバリゼーションの文脈

　日本でのフェア・トレード運動の草分け的存在であるオルター・トレード・ジャパンのバナナ民衆交易は1989年にはじまっている。オルタートレードとは，生産者と消費者が創り出す新しい経済と暮らしの仕組みだという。「南」の民衆が作る物産を日本の消費者が購入することで「南」の生産者（民衆）が社会・経済的に自立し，日本の私たちは自らの暮らしのあり方を変えていく。つまり，「豊かな先進国」が「貧しい途上国」に対して一方的に「援助する」という関係性や「南」の労働者を奴隷以下の条件で酷使するような関係性を脱して，地球上に生きる対等な人間としての関係を築くための一歩を踏み出すことを目指している。

　たとえば，バナナの世界生産に占める80％以上はたった5社の多国籍企業を経由して市場に流通しているし，コーヒーやカカオを原料とするチョコレートについても少数の多国籍企業が圧倒的な市場占有をしているのが現状である。こうしたグローバル企業の営利を最優先とする支配のもとでは，小規模生産者が大規模生産者にどんどん淘汰される条件におかれる。このような状況を

打破するため，世界の小規模生産者が協力しあい，構造的暴力へ抵抗する意思をもつ消費者と手をむすぶことができるような仕組みを作ることを目指しているのが，フェア・トレード運動なのだ【参照⇒第16章③④：共同的自助努力とのかかわり】。

また，フェア・トレード運動は有機栽培を推奨する運動とも密接なつながりをもっている。すでに先進諸国では使用が禁止されている農薬などが途上国に輸出される環境差別によって，生産者の健康を害するだけでなく，実はそうして生産された食べ物を消費する先進国の人々の健康も脅かされている，という問題が日本でもマスメディアなどを通じて知られるようになってきた。つまり，生産者と消費者双方にとってハッピーな状況を地球レベルで作ろうという動きが，フェア・トレードというかたちで出現しているのだ。

類似した趣旨を，特に消費者側に訴えることに成功しているのが，スローフード運動であろう。これは，1980年代にイタリアで提唱されはじめ，1989年に初の国際大会を開催してスローフード宣言を出したことから注目をあびるようになった運動である。2003年には日本でも国内調整機関が設立された。日本スローフード協会のホームページには，スローフードを叫ぶことになった背景として，以下のような状況認識が示されている。1）ファーストフードによる食の画一化傾向，2）スピード重視の価値観の普及，3）安全性を軽視した食の氾濫状況。グローバルに企業活動を展開しているファーストフード産業が，私たち消費者にもたらしているものは何なのかを見直してみよう，という呼びかけである。

さらに，具体的にスローフード運動が取り組むべき目標として掲げられているのが以下の3つである。1）食の源になる種の多様性を保持する—人類の使命としての生命の多様性保持—，2）食の生産者と消費者の関係作り—手間にみあうフェアな市場つくり—，3）味覚の教育—多様な食文化の保持・ファーストフードによって画一化された味覚への抵抗—。一部のレストランなどでは，こうした目標とはかけ離れた集客スローガンとしてスローフードという言葉が使われているが，イタリアからやってきたおしゃれな食生活の模倣が求められ

ているのではない。日本で生活する私たちの足元から、食文化を見直すことが促されていることを確認しよう。

　このようなスローフードやフェア・トレードは、現代の私たちの生活を規定してきた権力者によるグローバリゼーションに抵抗する新たなグローバルレベルでの人と人の関係性づくりの実践である。しかも、その関係づくりに参加するのに、特に大きな資金や特別な資格をもっている必要はない。普通の人々に開かれた運動なのだ。あなたにも自分の食生活のあり方をじっくりと振り返ってみることからはじめることができるだろう。

6 おわりに

　私たちは日々食べることによって生命を維持している。そのことは当たり前すぎて改めて考えるまでもないことのように思いがちだ。そこで、本章では、あえて食べることがもつ意味を世界とのつながりのなかで分析してみようと試みた。分析のなかから浮かび上がってきたのは、私たちが好むと好まざるとにかかわらず、食べることによって地球上のさまざまな地点の人々とつながっているという事実であり、歴史によって私たちの食べ方が大きく左右されているということである。無自覚なままに「文化」として身についている食習慣や食の嗜好を、歴史的文脈そして世界の社会・文化状況に照らして解体してみることによって、私たちは自らの文化を新たな視点から把握しなおすことができるだろう。

　繰り返すが、私たちは生きているかぎり食べることから逃れることはできない。だからこそ、もう一度食べることによって私たちは何をしていることになるのかを自覚しようではないか。自らの生命を支える食を大事にすることは、地球上のすべての生命を尊重することにつながる。どのようなものを、どのように食べるか、ということに心を配ることは、自らの生命を含めた多様な生命の存在を意識することにつながる。それは、壮大なグローバルな視点の獲得といってもよいかもしれない。

【ディスカッションのために】
1. 日本料理だと思う料理をできるだけたくさん列挙してみよう。その特徴は何なのかを分析してみよう。また，それがどのような歴史的背景をもっているのか，どうして日本料理といえるのかを調べてみよう。さらに，日本料理と日本人のアイデンティティの関係についても分析してみよう。
2. 日本で食べられている料理のなかで，ハイブリッド料理ということのできるものにはどんなものがあるのか，できるだけ列挙してみよう。また，その歴史的背景を調べてみよう。
3. あなたのふるさとや居住地における名産品・名物料理にはどのようなものがあるのか，またそうした「名物」にはどのような歴史的・環境的背景があるのかをリサーチしてみよう。そうした食べ物が地域の人々のアイデンティティとどのように結び付いているといえるのかもリサーチしてみよう。
4. スーパーで手にとることができる生鮮食品や加工食品が，どこで生産・加工されているものなのか，リストを作ってみよう。また，食品に表示されているさまざまなラベルにはどのようなものがあるのかについても，リサーチしてみよう。関連して，どのようなフェア・トレード商品があるのかもリサーチしてみよう。以上のリサーチに基づいて，私たちの食生活を支えているシステムにはどのような特徴があるといえるのか，まとめて分析してみよう。

【リーディング】
石毛直道『食事の文明論』（中央公論社，1982年）
大貫恵美子『コメの人類学』（岩波書店，1995年）
北山晴一『美食と革命：十九世紀パリの原風景』（三省堂，1985年）
桜井厚・好井裕明編『差別と環境問題の社会学』（新曜社，2003年）
坪井洋文『稲を選んだ日本人』（未来社，1982年）
鶴見良行『バナナと日本人』（岩波書店，1982年）

村井吉敬『エビと日本人』（岩波書店，1988 年）
マーヴィン・ハリス（板橋作美訳）『食と文化の謎：Good to eat の人類学』（岩波書店，1986 ＝ 1988 年）
シドニー・ミンツ（川北稔・和田光弘訳）『甘さと権力：砂糖が語る近代史』（平凡社，1985 ＝ 1988 年）
スティーブン・メネル（北代美和子訳）『食卓の歴史』（中央公論社，1985 ＝ 1989 年）
デイヴィッド・ランサム（市板秀夫訳）『フェア・トレードとは何か』（青土社，2004 年）
スーザン・ジョージ（小南祐一郎・谷口真理子訳）『なぜ世界の半分が飢えるのか』（朝日新聞社，1982 ＝ 1984 年）
池上俊一『世界の食文化（15）イタリア』（農山漁村文化協会，2003 年）
ジョージ・リッツァ（正岡寛司監訳）『マクドナルド化する社会』（早稲田大学出版部，1993 ＝ 1999 年）

（山脇千賀子）

第12章
音楽のグローバリゼーション：
多文化・クレオール主義と国際コミュニケーション

---【キーワード】---

談話政治，複製，複製テクノロジー，恭順化された身体，ワールドミュージック，音楽のグローバリゼーション，多文化主義，クレオール主義，ハイブリッド

1 はじめに

　この章では，みんなが親しみのある音楽を題材に，対話形式で話を進めてみたい。音楽のような私たちの生活の一部となっているものも，本書でテーマにしている「グローバル化」と無縁ではない。では，音楽はどのように「グローバル化」と関係があり，私たちに影響を与えているのだろうか？　2人の対話を読みながら考えてほしい。

2 音楽の日常化／日常の音楽化：複製時代の音楽

藤巻（以下，Fと略す）：私たちは，すでに音楽のない生活を想像することができない程，音楽とのかかわりが深くなってきています。音楽って一体何なのでしょうねえ。

山脇（以下，Yと略す）：通勤電車のなかで，たまに隣に座った若者が，ずっとイヤフォンをつけて音楽をしゃかしゃか鳴らしている。あの音量に長時間耐えられる人の神経が私にはわからないんです。ゲームセンターの音楽も耐えられない。どうしてでしょうねえ。

F：ジェネレーション・ギャップじゃないですか？（笑）。多分，音楽に対す

る私たちと彼らの間にある感性の違いに原因があるのではないでしょうか？私たちは，実はウォークマンやiPodで音楽を聴くことができない人間なんですよね。

Y：そもそも，ウォークマンの発明は，人々の音楽を聴くという行為を決定的に変えてしまったわけですよね。歩きながら音楽を聴くということはウォークマンができる前までは考えられないことだった。日常的な動作のなかに組み込まれている音楽になったのです。

　社会学者の小川博司さんが書いていますが，現代日本において音楽は非日常的な場面で聴かれるものから日常的に流れているものになっていることが，昭和天皇崩御の際，確認されたというのです。あのとき，街に流れていた音楽が消えて，それが非日常性を強く私たちに印象付けた，と。

　たえず音楽が流れていないと落ち着かないという人が大量に生まれたのは，歴史的に考えてそんなに古いことではないわけです。

F：多分，ウォークマン以前にも，ある革命的な事件はあったんだと思います。ただ，ウォークマンで決定的になったというか…ウォークマンの登場で決定的に何かが変わってしまったのです。

　私が思うに，それは，音楽と人との関係だと思います。音楽は人にとって，自分だけのものになったのだと思います。人と音楽の関係が，一対一のものになった，もしかしたら「親密」になったということも可能です。この親密性はウォークマンの登場によって決定的になったものの，多分それ以前から何らかの形で存在してきたものなのでしょう。人と音楽との関係を決定的に親密にしたのは，ラジオの普及でしょうね。そして，それに伴って普及したレコード。そしてその延長線上にCDやMDを聴くウォークマンやデジタルコンテンツになった音楽を聴く機器があるのだと思います。

Y：ここでの音楽と人の間の親密さというのは，ただ仲良くなったというような意味で一般的に考えられているものとは少し違うんですよね。

F：はい，ここでの親密さっていうのは，あらかじめ計算されつくされた「親密さ」なんですね。ラジオの発明とともに，この「親密さ」は生まれたといい

ます。ラジオ番組を思い出してみてください。今でもラジオ番組のパーソナリティの語りは，あたかもリスナーの1人ひとりに向かって話されているように思えますよね。だから，たとえ部屋で1人でいても，ラジオを聴いていればあまり寂しくなく感じますね。ラジオの語りが親密だからです。

Y：中学・高校生の頃，夜中のラジオ番組が楽しみだったことを思い出しますね。仲間うちでもお気に入りのパーソナリティが違いましたね。

F：そうそう，あの感じです。ラジオのパーソナリティは，不特定多数のリスナーに向かって話しかけているにもかかわらず，そのメッセージがあたかも自分1人に向けられて語られているような気持ちになってしまうあの感覚です。つまり，ラジオの音声は自分との親密な関係を結んでいるかのような錯覚を私たちに与えるのです。これはレコードでも同じようなことが起こります。このラジオやレコードの音声との親密な関係は，まったく不思議なものです。ラジオでは，恋の相談などを至近距離で聞いているような気持ちになってしまいます。レコード（今は，みんなはCDだね）で聞く音声（リズムにのった歌詞）は，あたかも自分に向かって発せられた声のように聞こえてしまうんですよ。自分自身の悩みをその歌手が代弁してくれているような気持ちになったり。悩み相談のレベルであれば娯楽で済まされますが，これが政治に応用された例も数多くあるんですよ。というより，ラジオはもともとは軍で使用され，そして政治的に利用されるところから普及したのです。

たとえば，アメリカの大統領であったフランクリン・D・ルーズベルトがラジオでアメリカ国民の1人ひとりに語り掛けるように話すことで，1929年の大恐慌を耐え乗り切るように人々に訴えたことだってあります。その語りは，まるで1人ひとりに語りかけるようなものであったために，彼のラジオを使った政治は「談話政治」などと呼ばれました。ここでは，ラジオの音の「親密さ」が政治的に大きな役割を果たしたということになるでしょう。そして，この「親密さ」というものが，あらかじめ計算尽くされたものであることがわかると思います。

実際に，音楽だって不特定多数の人に向けられた歌詞なり音声なりを，あた

かも自分だけに発声されたものであると勘違いしてしまっているのでしょうね。多くの人々に届けるために、元の音声であるとか歌手の声は、CDやコンピューターのファイルなどにコピーされ、つまり複製されているということなのでしょうね。ここでの「親密さ」は、あらかじめこの複製のなかに取り込まれてしまっているということになるのでしょう。この複製技術のなかにある、「親密さ」をみんなが聴いて、私たちは音楽の「親密さ」を感じているのですよね。それは何度も何度も繰り返し聞くことができる複製の「親密さ」なんです。
Y：どうして、そんな複製された「親密な」音楽を聴いて楽しいんでしょうねぇ？
F：たとえそれが複製であり、複製技術により増幅された「親密さ」であっても、部屋で1人で音楽を聴いたり、ウォークマンで聴いたりすると、自分自身の世界が出来上がるからではないでしょうか。複製のなかの「親密さ」でもって自分ひとりの世界を楽しむ一方で、その1人の世界はみんなが聞いている、なんてことが起こります。みんなと共有する独りだけの世界！　ものすごい矛盾ですよね。みんな、音楽にいったい何を求めているのでしょうね。
Y：音楽を聴くという同じ行為であっても、その目的とするものは2つに分けることができるように思います。つまり、自分らしさを求めて音楽を聴く人たちと、音楽を聴いて自分が自分でなくなる瞬間を楽しみたい人々の2グループです。前者は、音楽によって個人の思いや感情を表現することにのめりこむ場合で、濃密で閉じた自分だけの世界へ向かっていく。これに対して、後者は自分ではないものへ向かって、たとえば他者や世界や宇宙のリズムやハーモニーに開かれた世界へ向かっていく、というイメージです。
　似たようなことをマリー・シェーファーという音と文化や世界の関係性について研究してサウンド・スケープ（音の景色）という概念を作った女性が、楽器の起源には2つあるといっています。ひとつは、主観的感情を表現するもので、人間の内なるものの発露として出てきたといいます。もう1つは、宇宙の調和を人間に知らせるために神が送ってきた音で、人−生物−地球−宇宙のつながりを音で表現したもの。どちらにしても、重要なコミュニケーションで

す。

F：私は，そういう「宇宙」とか「自然」とのハーモニーっていうと，ニューエイジを思い出してしまって，すでに複製のなかに取り込まれた癒し系の音楽を思い出してしまいます。でも，山脇先生のおっしゃることはよくわかります。

　私の場合，そのようなつながりを感じる時は，自分が自分でなくなる瞬間を味わう音楽に出会った時です。大げさに聞こえるかもしれないけど，自分の身体が自然に動き出してしまうような音楽ってあるでしょう。それは決して，何度も何度も同じ演奏が可能なCDなどの音楽などによるものではなくて，その場限りでしか存在しないような音によるものなんです。そして，それについつい反応してしまう自分の身体の反応を楽しむ…そんな時に，このつながりみたいなものを感じてしまうんですね。きっとその延長戦上に自然とか宇宙とかがあるんでしょうか。それは，やっぱり複製の音楽では無理なんですね。

Y：でも，今私たちの生きている世界で複製を可能にした音楽を抜きにして，音楽を聴くのって難しくないですか？

F：そうなんですよ。でもね，80年代のクラブやハウスなんかでは，かなり複製化に抵抗した音楽がはやっていたような気がします。複製音楽をその場限りのものにするために，DJの果たす役割が大きくなって，レコード盤を何度もゆすったりして独特のリズムや音を生み出したムーブメントがありましたよね。あの雰囲気を思い出してもらうと良くわかると思うな。その音楽にあわせてみんなは身体を動かさざるを得なくなってしまうようなノリですね。でもこれは一部の人々に限って快楽を追求したもので，かなり抑圧もされました。

　話を元に戻せば，音に合わせて身体を動かすことが極端になると，もう恍惚状態で音楽に自分が動かされている状態に陥るような感じになってきます。きっと，自分の外にあるもの，ここでは音なんだけれども，こういったものに自分が突き動かされて身体を動かすこと。これが，自分が自分でなくなってしまうということなのかなあ？　これで，私たちがここで話している，自分が自分でなくなるような音楽って，ニューエイジあたりの癒しの音楽とは，一線を画していることがわかりますね。ニューエイジは，身体が動いちゃうって感じの

音楽ではないから。

Y：音楽に突き動かされて身体が動いちゃうっていうけれども，それはたとえばラジオ体操とはどう違うの？　ラジオ体操の音楽で身体が自然に動いちゃう人っているでしょう？

F：いるいる。僕なんか，ラジオ体操に一度も参加できなかった（子どものころからの寝坊クセのため）。

Y：わたしが思うに，ラジオ体操は身体を恭順化すること，つまり言うことをきかせることを目的としたものなんですよ。

F：つまり，身体と音楽が連動しているってことなんですね。だから，この2つの動きが一致したものになるときには，ウォークマンで聴くことができるような複製化されたものになってしまうわけなんだね。調べたわけじゃないけど，ラジオ体操ってきっと戦争中の隣組かなんかの名残りなんだよ，きっと。あれは草の根の国民統合の一種じゃないかな。これはさっき話したルーズベルトのラジオ講話とよく似ているね。音が政治的に利用されるという点で。

Y：確かに。音楽を通じてどこに向かおうとしているのか，という問題は個人レベルで議論されることが多いように思うけど，そこから社会と個人の関係性がみえてくる社会レベルの問題なんですよね。このあたりから多文化主義と音楽の問題がからんできますが，この問題はワールドミュージックの話を続けながら展開していきましょうか。

③ ワールドミュージックをめぐって：文化の商品化と多文化主義

F：最近ではCDショップなどでも「ワールドミュージック」という音楽のジャンルが設定されているのが当たり前のようになっています。それは，文字通り世界の音楽を楽しみたい人々の欲望を満たすものとして登場したのでした。ワールドミュージックの流行初期のもので，皆さんが知っているのに「ランバダ」があったのではないでしょうか。男女のカップルが身体をくねらせながらセクシーな雰囲気をかもしだすダンスミュージックですね。これは，80年代にフランスのチャートで連続トップになり，世界中にこの音楽が広がったので

すが，元はといえば，南米ボリビアの音楽で，現地ではどちらかといえば土臭いイメージのものです。私も，ボリビアでこの音楽に合わせた踊りをみたことがあります。セクシーというよりはみんな楽しそうでした。おばあちゃんもおじいちゃんも，お腹を突き出して前にぐぐぐっと出て行って踊っていたっけ(笑)。山脇先生は，ご専門がラテンアメリカ地域研究ということで，もっとご存知でしょう。

Y：ランバダの元になったのは，南米ではフォルクローレ音楽といわれるものです。フォルクローレという言葉は，日本では「フォークロア」として「民族調」という意味でファッション用語として使われることもありますから，女性は聞いたことがあるという人が多いかもしれません。実はフォルクローレ音楽は日本でも人気が高く，茅ヶ崎駅前広場でもときどきペルーやボリビア出身者によるバンドが演奏をしています。色鮮やかなポンチョを羽織った数人の男性グループが，もの悲しげなケーナという縦笛の音を響かせているのを聞いたことがありませんか。あの民族音楽が，ブラジルを経由して，官能的な踊りをくっつけられて，フランスに渡ってしまったのがランバダです。そこから，ラテン的なダンスミュージックとして世界市場に進出したんですね。

そういう意味で，ランバダは，ボリビア→ブラジル→フランス→世界と，それぞれ人々がエキゾチックだと思うものをどんどん重ねていった結果できあがったワールドミュージックなのかもしれません。自分にはないものを求めてたどり着いた先です。

ランバダの場合，ボリビア（スペイン語），ブラジル（ポルトガル語），フランス（フランス語）というラテン系言語を共有している国々で，基本的にはどこか理解しあうことのできる感性を土台として微妙な差異を楽しんだ，ということかもしれません。

F：ところで「ワールドミュージック」というジャンルはどこで作られたのでしょうか。1980年代後半，オランダはアムステルダムの街を歩いていたら，CD屋さんがあってそこではじめて「ワールドミュージック」という言葉をみたことがあります。英語で書いてあったような…で，その後，ロンドンの街を

歩いた時も CD ショップで「ワールドミュージック」と書いてありました。日本ではきっと 90 年代あたりから六本木 Wave やタワレコあたりが使用しはじめた言葉かもしれないですね。元々、日本には、存在しなかった音楽ジャンルです。それにしても、「ワールドミュージック」とは、へんてこなジャンル分けです。

Y：日本の市場では、英語圏＋日本以外の音楽に対する総称のようになっています。もちろん、クラシック音楽も含まれませんよね。つまり、一般に日本人にとってなじみのない音楽の総称と考えていいでしょうね。いわゆる民族音楽といわれたものから、土臭い・ダサいイメージを抜き取ったものがワールドミュージックでしょうか。どっぷり土着的な中南米の民謡はワールドミュージックというジャンルには含まれずに、ランバダはワールドミュージックとして市場に流通するわけです。日本人にとっての「ワールド」とはどういうものなのか、この例から理解できる気がします。

F：これはきっと日本人だけではないですね。さっき私が「ワールドミュージック」ということばをヨーロッパで目撃したように、ヨーロッパ人・北アメリカ人（ここではまとめて欧米人と呼びます）と、彼らの視点を取り込みたい日本人にとっての「ワールド」とはなにか、という意識の問題なんでしょうね。あくまでも、欧米人の視点から見た「ワールド」ということになるんでしょう。

　ランバダは、本来、お祭りの時に踊られる日本でいったら盆踊りのようなものなんですが、その盆踊りのようなものに聞こえるものは CD にならないですよね。でも、セクシーでロマンチックにアレンジすると CD になって「ワールドミュージック」の名前が与えられる。後者の方が、欧米人にとってわかりやすい、何度も複製として聴きたくなるような音楽なんでしょうね。盆踊りの CD なんて、聞いたことがないもんなあ。

Y：まったく聞きません！　私たちがすでに音楽として認識しているスタイルに「同化」したものなら音楽として受け入れるが、「同化」していない独自のスタイルをもった音楽は私たちにとっては雑音でしかない。だから CD にもならない。理解できない雑音は、「ワールド」から消えてもらうということです

ね。「違う世界」に雑音を閉じ込めるわけですよね。

F：「ワールドミュージック」って聞くとすっかり世界中の音楽をすべて集めてすっかり所有したような気持ちになってしまうけれども，実はある種のフィルターを通過したものを「ワールド」という形容詞を付けて「ワールドミュージック」って呼んでいるんですよね。一般的には，これが「音楽のグローバリゼーション」であると考えられているのです。

　本書のテーマとして「何かがぐるっと地球を回るということがグローバリゼーションである」ということを設定しましたが，この場合のグローバリゼーションは欧米人の視点からみた世界の音楽，音楽がぐるっと世界を廻ってグローバル化したということになるんでしょうか。このフィルターを経由した音楽が日本などの世界のさまざまな地域に知れ渡ったということになるのでしょうね。よくワールドミュージックを絶賛する人が，「音楽は世界の人に受け入れられるから，平和に貢献する」なんてこというけれども，ここでの音楽のグローバリゼーションを考えてみると，実際には違っていることになりますね。逆に，「ワールドミュージック」ということばを編み出すことによって，世界のさまざまな音楽とその演奏者たち，そしてその音楽を楽しんでいる人々すべてをステレオタイプ化したことになりますね。ハワイの人は，いつもウクレレを弾いているわけじゃないし，ジプシーはいつも情熱的にフラメンコを踊っているわけではない。日本に住む人も，いつも東儀英樹のような笛を吹いているわけでもない。「ワールドミュージック」は，世界の人々の多様な音楽状況をとてもシンプルなものとして固定させてしまうのですね。しかも，それぞれの音楽が，一集団（つまり，民族）を代表するような形で，振り分けることに成功してしまったのかもしれないですね。

　「ワールドミュージック」の音はすでに欧米人向けにアレンジされているわけだけど，アレンジされる前の音ってどんな風に説明できるんだろう？音楽的にいうとどうことになるんだろう？

Y：すでに私たちが音楽だと思っているものというのは，五線譜という西洋音楽が生み出したシステムに落とすことができる音楽になっているわけですね。

それが，音楽という商品として私たちのまわりに氾濫している音楽の大部分を占めているのが現状です。楽譜が商品として売られ，楽譜に基づいて演奏された音楽がCDなどに録音されて商品として売られている。コンサートやライブにもお金を払って聴きに行く。それが，商品化された世界に生きる私たちにとっての音楽になっているわけです。お金さえ払えば，私たちは世界の音楽をすべて所有できるかのような感覚をもっているのです。

　これは，ある種の多文化主義という考え方に合致しているのです。世界にはさまざまな異なる文化が存在していて，それが対等に尊重され，文化を根拠とした差別を被ることがないような社会のあり方が望ましい，という考え方です。そして，ここでいう文化には特定の人間集団が対応して考えられています。

　わかりやすい言い方をしてみましょう。日本人は日本文化，タイ人はタイ文化，メキシコ人はメキシコ文化をもっていて，お互い違う文化だけれども誰もが同じ人間なんだよ，という考え方がシンプルな多文化主義です。あるカリフォルニアに住むアメリカ人がこんなふうに考えるとします。「アメリカに移住してきたメキシコ人は，英語がうまく話せない人もいてちょっと理解に苦しむこともあるけれども，彼らだってスペイン語なら上手に話すことができて，なかなか美味しいタコスという食べ物と陽気なマリアッチ音楽が好きな結構いい人たちではないですか」シンプルな多文化主義に則った場合の理想型のようにみえますが，さて，こういう感想の何が問題なのでしょうか。

Ｆ：これは難しい質問ですよ。だって，みんなはこういう種類の多文化主義しか聞いたことがないのではないですか？　もしかしたら，多文化主義って言葉さえ聞いたことがないのかもしれません。知っていたとしても，多文化主義が複数存在するなんて考えたこともないでしょう。無理もないです。大学で3年，4年と勉強しても，この考え方の多文化主義をもち続けている人が多いですし，教員のなかにもこのように考えている人が多いのですから。この多文化主義は，先ほどもいいましたが，あくまでも欧米の視点からのものであることを押さえておきたいですね。

Ｙ：そうなんです。そもそも1つの社会に多文化が存在するということは，混

乱の原因といってよいはずです。文化はある種のルールですから，違うルールに従って一緒にサッカーをしましょう，なんていわれてもできるわけがありません。ふつうの人なら，違うルールをもちこまれると嫌な気分がするものです。それを，違うルールで一緒にプレイできるなんて本当に素晴らしい，と思うことができるようにするのがここでの多文化主義です。かなり無理をしている気がしませんか？

F：無理があるからほころびが生まれるんですよね。2つの違う文化というルールが交錯するってことは，無理が起こる。だからほころびができる。だから，そのほころびに気が付かないフリをすることが一番楽チンなんですよね。ルールがぶつかり合っていることに気が付かないフリをして，2つのルールがまったく平行に存在しているような気持ちになっていれば，ほころびに気が付きませんよね。

Y：そうそう。先にも話したように，「私の耳に雑音としてしか聞こえてこないものは音楽として認めない」というほうが，よっぽどわかりやすいですよね。「私には雑音にしか聞こえないけれども，これもメキシコ人にとっては音楽なのだろう」と決め付けてしまえば，私とは関係ないものとして片付けられるのですから。それを，「メキシコ文化」と名付けて，私とは関係のない異文化として尊重するということは，それほど難しいことではないのです。

　さらに，ヨーロッパ人がメキシコに初めて到達して彼らの音楽に触れていながら，ヨーロッパのスタイルとは異なるために，「メキシコ先住民には音楽というものはない」と平気で断言できた時代（自文化中心主義の時代）に比べたら，それを音楽として認めるようになっただけ異文化理解という面では進歩したのでないか（文化相対主義の時代），ということもできるでしょう。このような異文化への対応の仕方を多文化主義と呼ぶ人もいます。

　「メキシコ音楽」という名前をつけて，CDとして商品化してしまえば，とにかく異文化を尊重しているから素晴らしい，という評価で落ち着くような多文化主義です。どこまでいっても，異なる音楽は異なる音楽でしかないという世界です。もしかしたら，メキシコ音楽を探っていくと日本の演歌に共通する

ものがみえてくるかもしれない，という発想にはつながらない世界なのです【参照⇒第1章3 4：「かかわり・つながり・交わり」を基軸とした国際学の考え方，視点について】。

F：そうなんです。この多文化主義は，自文化中心主義的なんですよね。このような考え方はそこらじゅうにみつけることができますね。現在のジャズの原型であるラグタイムという黒人ダンス音楽があるのですが，これも白人音楽文化には最初は受け入れられなかった。あまりにセクシャルなものを想像させるリズムであると白人たちに一方的に決め付けられて。結局，その音楽は白人・黒人の境界線をはみ出て，今はジャズにつながっていった。また，現在のラップといわれるメロディを破壊する（とされる）音楽も，当初は教育上悪いとかなんとかいって州の教育委員会のお偉方（白人中心）には音楽として認められなかった。しかし，エミネム（Eminem）のような白人ラッパーも生まれてきた。つまり，白人・黒人の境界線は，さらに壊れかけている部分もあるんですね。

また同時に，この多文化主義は相対主義的なんですね。自分の大切にしている音楽文化と，ちょっとノリの良い音楽が交じり合うことに嫌悪感を示して，それを全く自分たちの音楽とは違うものと位置付ける。「ラップはラップで黒人の音楽だから，自分たちの音楽とは関係のないものだなあ」と考えるやり方でもあるんです。

Y：そうです。音楽は元来国境や人種で分類できるわけではなかったはずです。その音楽を演奏する集団や人の文化的な所属先とは関係なく，音楽を楽しむことができるはずなのに，実際には何かしらの集団や文化などと結び付けて音楽を評価する態度が無意識のうちにつくられている気がしませんか？

F：その通りですね。しかも，ここでの多文化主義では音楽のジャンル化によって民族や文化の分類が，ある1つの視点から決定されようとしていることに気が付くことが重要です。そんな文化のなかの音楽なんてつまらないと思います。音楽は，本来的に混ざり合っているものなのですよね。

Y：私は，音楽を音楽としてだけ楽しむ可能性が，多文化主義によって阻まれ

るのであれば，それはとても残念なことだと思います。
F：そうなんですね。ここで私たちが問題にしている多文化主義は，音楽の可能性をまさに摘み取っていますね。

　私は，どちらかというと音楽を音楽として聴くことが難しいタイプの人間です。音楽のなかにあるさまざまな文化の交錯点から生まれ出ているものを敏感に感じていたいのですね。それが，私にとっての音楽を楽しむことなのかもしれません。
Y：私が音楽を楽しむ時に大切だと思っているのは，何よりも声や音そのものの美しさを愛でること。さらに，その場に生起している音の絡みあいへの感性でしょうか。

　とにかく，音楽をジャンル分けして，自分はこういう音楽が好き／嫌いというふうに音楽をひとかたまりにすることで，私たちが音楽を楽しむ可能性が狭くなるのはもったいないなぁ，と思うわけです。

4 おわりに：響き合う音楽

F：たしかに，音楽って1つの民族や文化の「かたまり」として客観的に存在するわけではないんですね。さまざまなものが混ざり合って，形になっていくんだけど，それでもその形は最終的なものではなくて，いつも何かになろうとしている生成過程そのものなんだよね。音楽と音楽は，響き合って1つの形になろうとしている。響き合う時に音楽ってうまれるんじゃないかな，と思うんだけど，どう思います？

　さっき，例にあげたラグタイムの例も黒人音楽と白人音楽が響き合った結果，ブルースを生んだり，ジャズを生んだりすることになったんですよね。そして，アメリカのジャズだってブラジルの音楽と出会ってボサノバなんて音楽ジャンルも生み出したし。現在の音楽は，それらの音楽がいろいろごちゃまぜに混ざり合ってしまった感じ。

　面白い話があるんですよ。昔，アメリカ人の友人にサザンオールスターズの「勝手にシンドバット」を聞かせたんですよ。「All (are) mixed together!」な

んていわれました。私としては，大学時代の思い出のつまった極めて日本的な音楽のつもりだったのに！ でももう一度聴いてみると，サンバとロックに，ちょっぴり演歌っぽいところもあって，すべて混ざった，まさしく「all mixed together!」なものだと実感したのですよ。さまざまな音楽ジャンルが響きあって1つの音楽を作り出しているというか…

その一方で，もう1人のアメリカ人の友人からは，サザンの音楽は日本の音楽じゃない，ともいわれました。これは，日本の音楽は「さくら・さくら」なのだ，いやそれに違いない！ という「ワールドミュージック」的なステレオタイプが彼女の頭のなかにあるんですよね。また，もっと面白いことに，中国人の友人からも同じようなことをいわれました。彼女はゆっくりとした山口百恵のような歌謡曲が日本の音楽だと思っていました（中国でそのころはやっていたのが，百恵ちゃんだった）【参照⇒第1章2：固定的・画一的なものの見方から自由になる（なれる）こと】。

文化のかたまりのようなものが並行に並んでいるのではなく，音楽同士が響きあってごちゃまぜになっているのでしょうね。つまり，響き合うってことは，音楽って根本的に身体的だってことなんだよね。身体的に響き合うことが止まってしまったら，それはすでに楽しい音楽じゃない。いつも同じ音で，同じメロディで，同じ歌詞で，同じトーンで，同じ和音で演奏される複製音楽，つまりウォークマンで聴くことができるような音楽ということになる訳です。音楽が楽しいのは，いろんなものが交じり合う時に，変化が起こるから楽しいんですよね。

ここで，2人で話してきた「ワールドミュージック」というジャンルが，ウォークマン的な音楽の種類に属していることが，わかるでしょう。その一方で，「ワールドミュージック」が収録・複製しようとした音楽は，実は非ウォークマン的なごちゃ混ぜで身体的な音楽に属するわけです。つまり，「ワールドミュージック」は，ワールドミュージックに取り込まれようとしている身体的な音楽，その音楽を演奏し身体を動かしている人々，そしてその音楽を生活の一部にしている人々に対する一種の暴力なのかもしれません。

音楽はごちゃまぜであるが故に，私たちをワクワクさせる可能性をこの複製音楽の中に保持しているということもできるでしょう。でも，何も考えずに，この「ワールドミュージック」を消費している私たちは，この「ワールドミュージック」というジャンルを生み出した北アメリカ・ヨーロッパ文化の音楽に対する態度を，そのまま受け継いでいるのかもしれません。

　しかし，身体を動かしあい響き合うってことが，私たちがここで皆さんに話したい音楽のみなもとであり，響き合うことによって生まれるものが文化と文化が交錯しあう本当の意味での多文化主義なのです。つまり，複数の違うものが思わず共鳴し合ってしまうという意味で，これも多文化主義なのです。ここで響き合うことは，お互いが影響しあうため，とても親密なものということができますが，最初の方で話したあらかじめ取り込まれた親密さとは違います。

Y：多文化主義という言葉が，2つの意味をもつものとしてここまで出てきました。混乱すると困るので，2つ目の多文化主義を別の言い方で表現しておきましょう。私が先にメキシコ音楽の例をだして定義したような多文化主義とは区別する意味で，こうした複数の違うものが響き合うことを大事にする考え方を「クレオール主義」と呼びます。日本で，この名前を付けたのが，文化人類学者の今福龍太という人です。「クレオール」とは，もともとフランス語ですが，植民地育ちのフランス人・文化をさしました。つまり，フランス人・文化がもともとの文脈から切り離されて異なる人・文化と響き合ってできたハイブリッドというわけです。

　ですから，クレオール主義を複合文化主義といったりする人もいます。クレオールの実例を探そうと思ったら，音楽はまさにクレオールの宝庫です。ワールドミュージックの例にだしたランバダにしても，サザンオールスターズにしてもクレオールといえるでしょう。

F：音楽は，私たちに響きあってしまうクレオール的な可能性を常に提示してくれます。身体が動いてしまう，というノリです。ここには，自我を忘れてしまう可能性がいつもあり，ウォークマン的な音楽とは違うものであることがわかると思います。複製よりはライブを。分類を前提とした音楽よりは響き合う

クレオールを，ということです。

　軽いノリの音楽談義にしようと思っていたのですが，思ったよりも力の入ったものになってしまいました。しかし，音楽を考えることによって大切なことを2人で話したと思います。皆さんもこの響き合いを，お互いに感染しあってみませんか？

【ディスカッションのために】
1．あなたにとって「これが音楽だ！」と自分の信じるCDをもってきなさい。そして，それがなぜあなたにとって「The 音楽」であるのかを，隣の人に説明しなさい。
2．近所のレンタルCDの店かCD屋に行き，「ワールドミュージック」のジャンルをみつけて来なさい。もし，みつからなかったら，お店の人に聞きなさい。また，そのジャンルのなかにある音楽の種類をメモしてきなさい。どのような種類の音楽CDがそこに並んでいましたか？ 音楽，アーティストの名前をメモしてきなさい。そして，あなたなりの「ワールドミュージック」の定義を考えなさい。その際に辞書をみてもかまいません。
3．もし，可能ならば「ワールドミュージック」のCDを1つレンタルしてみてください。聞いてみて，どのような印象をもちましたか？ 隣の人，またはグループで意見を交換してみてください。
4．「ワールドミュージック」のコーナーのCDの並べ方，分類の方法は，あなたの考える多文化主義と合致していましたか？ 合致していても，していなくても，その理由も述べなさい。
5．「ワールドミュージック」のコーナーに沖縄音楽が含まれていたCD屋さんをみつけた人は，教えてください（タワーレコードは，2003年秋から沖縄音楽を，J-popのコーナーに移した）。
6．あなたがつい身体を動かしてしまう音楽をもってきなさい。そして，

みんなの前でその音楽に合わせて踊る準備をしてきてください。
7．皆さんが，「国際学入門」の授業で聞くことになる縄文笛コンサートは，どのような種類の音楽ですか？　それはこの章で私たちが話してきた「ワールドミュージック」に分類されますか？　それともそれは何か他の種類の音楽なのでしょうか？
8．縄文笛は，「日本」の音楽なのでしょうか？　あなたの意見を述べなさい。

【リーディング】

今福龍太『クレオール主義』（青土社，1991年）
小川博司『音楽する社会』（勁草書房，1988年）
　　　　『メディア時代の音楽と社会』（音楽之友社，1993年）
小沼純一『サウンド・エシックス：これからの音楽文化論入門』（平凡社新書，2000年）
シェーファー・マリー（鳥越けい子ほか訳）『世界の調律』（平凡社，1986年）
野田努『ブラック・マシン・ミュージック：ディスコ，ハウス，デトロイト，テクノ』（河出書房新社，2001年）
中村とうよう『ポピュラー音楽の世紀』（岩波新書，1999年）
ベンヤミン・ヴァルター（高木久雄ほか訳）『複製技術時代の芸術』（岩波文庫，1994年）
本田創造『アメリカ黒人の歴史』（岩波新書，1991年）
三井徹『黒人ブルースの時代』（音楽之友社，1997年）

（藤巻光浩，山脇千賀子）

第13章
多国籍・多文化の子どものいる教室から：
日本における国際教育の現状と課題

―【キーワード】―
国際教育／地球市民教育，国籍による差別，自己肯定感（セルフ・エスティーム），母語教育，マイノリティとマジョリティ，移民政策，多文化共生社会，多文化主義

1 はじめに

　1つの教室に，複数の違う言語を話し，異なる文化をもつ子どもたちが集まっている様子を想像してみよう。それは，世界各地からの移民を受け入れている欧米諸国のこと，として考えられがちではないだろうか。実際には，日本の各地でそうした教室の「国際化」が進んでいる。代表的なのは，東京都新宿区であるが，首都圏に限らず，全国レベルで外国にルーツをもつ子どもたちが増加している。

　日本の義務教育現場が「国際化」を意識させられた画期は2つある。1つは，1980年代に話題となった「帰国生」問題で，これは，日本企業の世界市場への進出に伴って起こっている。もう1つは，1990年代に急速に増加した外国籍児童・生徒にかかわる問題で，こちらは日本の労働市場に外国籍の人々を招き入れたことによって起こっている。

　1990年に出入国管理法が改正され，「日系人」が定住者として合法的に単純労働に従事できることになり，主に中南米から多くの「日系人」が家族を伴って流入するようになった。2008年には，40万人以上の中南米国籍者が関東・東海地方を中心に在住している。こうした「日系人」労働者は，人材派遣業者

を通じて主に製造業の現場に送り込まれることが多く,工業団地を抱える学区を中心に公立小・中学校に多数の日本語を母語としない子どもたちが在籍する事態が生まれた。

そうした中南米からの「日系人」集住地区の1つが神奈川県藤沢市北部である。同学区のS小学校では全国の学校に先駆けて1992年に日本語指導教室が開設されている。ペルーやブラジルではスペイン語やポルトガル語を話していたのに,親の都合で日本に連れてこられた小学生が,すべて日本語で行われる授業に参加させられる苦痛を想像してほしい。同時に,そうした子どもたちを教室に抱えることになった担任教員にとっても,経験したことのない重い試練となった。日本語指導教室は,こうした子どもと担任教員の負担をいくらかでも軽減する役割を期待されたのだ。

S小学校の日本語指導教室は,ほかの学校では「国際教室」・「日本語教室」といった名称になっていることもある。いわゆる「取り出し授業」を行う場である。子どもが所属する母学級で,特に理解することが困難な「国語」や「社会」などの授業の時間に,母学級を離れて日本語指導教室で特別に授業を受ける形で支援が行われる。では,実際にS小学校の様子をみてみよう。

2 日本の学校で外国籍の子どもが経験すること:みえない同化圧力

S小学校は,全校生徒の約5%が外国にルーツをもつ親の子どもである。したがって,クラスに1人くらいの割合で外国籍の子どもがいる。つまり,圧倒的に少数派なのだ。そうすると,母学級での子どもたちは,学校生活・学習時間のなかで,できるだけトラブルを起こさず,目立たないように生きることを選択するようになる。教師の指示がわからない時に,友達の支えが必要で,支えてもらうためには,対等な立場でいるより一段低い位置を保っている方が居心地よいことを,日本の学校に通学しはじめた数週間で感じ取るようだ。また,日系人のなかで容姿が日本人と変わらない子は,黙っていれば「外国人」だと思われない。だからこそ,ひっそりとしていれば日本人に同化しているようにみえてしまう。担任教員のなかには,こうしたクラスの状態を「何の問題もな

く，友達ともうまくコミュニケーションをとれている」，と勘違いするケースが少なくない。

それだけ必死に「外国人」であることを消そうと努力している子どもたちにしてみれば，日本語教室担当教員や日本語指導員（子どもの母語を使って学習支援するスタッフ）がクラスのなかに入り込んできて話しかけられることや，休み時間にクラスメートといる時に話しかけられることは，迷惑以外のなにものでもない。そういう時の子どもは無視をするという手段に訴える。後で無視した理由を子どもに聞くと，「だって，恥ずかしいよ」とか，「外国人だからねとか，甘えていると友達にいわれるのがいやだから」などと答える。時には，授業参観や学年行事に親がくることも恥ずかしいという理由で，学校側でわざわざ親の母語に翻訳した「お知らせ」を，あえて親に渡さない子どももいる。

クラスでの授業の様子をみると，自ら意見をいえる外国籍の子は少なく，周囲の子どもたちの様子を笑顔で伺いながら，一緒の言動をしようとしていることがわかる。みんなが挙手する時は，何を問われているのかわからなくても同じように挙手する。しかし，実際に授業目標を理解していないと困るのは，グループ活動が行われる時で，グループになって1人ひとりが役目を果たすべきことを外国籍の子どもが理解していないためにグループの「お荷物」になってしまう場合もある。

このように，外国籍の子どもは所属するクラスで何かと窮屈な生活を余儀なくされているために，いったん日本語教室に入ってくると噴水が噴出すように話しはじめ，教員を相手に「私の話を聞いてほしい」と全身を使って訴えるケースもある。クラスでの様子と日本語教室での子どもの言動に大きなギャップがあることは，多くの関係者が証言している。日本語教室は，多くの外国籍の子どもにとって「癒しの場」であり，自分がありのままで受け入れられるという安心感をもたらす場として機能していることを示している。

低学年の子どもの場合は，時には，教員が母親のように抱っこをしながら，授業をすることもある。それは，せめて日本語教室は子どもが安心して学習できる場であることを，教員の身体を使って伝える手段である。言語能力が発達

してくる高学年になると,「お願い! 教室でとっても頑張っているから,ここでは,せめて"だらっ"とさせて!」と子どもが直接教員に訴えるケースもある。

このような外国籍の子どもが日本の学校で置かれている状況について,日本社会のマジョリティ(多数派)である日本人の側はほとんど無知といってよいだろう。その背後には,日本人の意識の問題だけではなく,日本の学校教育を支えている制度的な問題が横たわっている。

3 日本の学校における「国際化」の課題:現場と政策のあいだで

日本の学校において,日本語を母語としない子どもの教育をより効果的に行うために,必要に迫られて子どもの母語を活用しているケースは少なくない。前節で言及した日本語指導員などがこれにあたるが,多くの場合,こうしたスタッフはアルバイト扱いである。

文部科学省は,1991年以来,「日本語指導が必要な児童生徒」の実態を把握するための全国レベルでの調査を行っている(参照:文部科学省HP)。しかし,そうした子どもの母語に基づいた教材開発などを国が率先して行う状況にはなっていない。また,実際の教育現場において重要な役割を果たす教員について,日本語以外の母語をもつ人材を積極的に採用する方針を採っているのは,特にブラジル人が集住している愛知県豊橋市や群馬県大泉町などの限られた市町村にすぎない。それもごく近年になって行われたことである。

また,日本語教室や国際教室の担当となる教員は,外国籍の子どもに「第二言語」として日本語を教える教授資格をもっているわけではない。ほとんどの担当教員は,日本語を母語とする子どもに対する教員資格をもつにすぎない。「国語」の教え方と「第二言語としての日本語」の教え方はまったく違うであろうことは,素人にとっても想像に難くない。つまり,担当教員にとっても試行錯誤をしながらの指導が行われているのだ。逆にいうと,担当教員次第で日本語・国際教室で行われる指導には大きな差が生まれていることになる。

こうした事態をもたらしているのは,日本の公教育システムが基本的に日本

語を母語としない子どもへの教育を前提にしていないからである。日本において外国籍の子どもは「義務教育」の対象外とされている。子どもの権利としての教育を認めるかたちで，公立校へ外国籍の子どもを受け入れることはあるが，それは日本政府による「恩恵」のレベルで捉えられている。「憲法」や「教育基本法」に基づく教育の権利・義務は，あくまでも「国民固有の権利・義務」であるという解釈が強固なのである。つまり，国籍によって子どもに対して差別的な扱いをすることが公然と認められていることになる。

　日本の公立小・中学校における教育は，あくまでも日本国民を対象として，「そのコミュニティのメンバーになるよう教育すること」が目的として掲げられている。その背景には，第二次世界大戦後を通じて在日コリアン児童・生徒を日本人として同化させるか，外国人として排除するかという二者択一の論理のなかに押し込めようとしてきた日本政府の意向がある。つまり，外国籍児童・生徒に対して，日本語以外の母語や異文化に対する尊重をしながら基礎教育を提供するつもりはない，という方針が長年にわたって採用されてきたのである【参照⇒第4章[2] [3]：いわゆる「日帝36年」時代の朝鮮統治について】。

　こうした方針によって不利益をこうむることになったのは，ほかならない学齢期にある子どもたちである。言語や文化の違いによって日本の学校に適応できない子どもや，周りの子どもたちによるいじめによって不登校に陥る外国籍の子どもは少なくない。同じように不登校になる日本人の子どもに対しては，学校は基本的にいつまでも登校できるようになるまで席を用意している。他方，外国籍の子どもに関しては，義務教育の対象外だという理由で，短ければ数カ月で除籍扱いにされる。外国籍の子どもの教育への権利は，決して十分に保障されているとはいえない実態となっている。

　さらに，外国籍の子どもの教育保障に障害となるもう1つの要因として，親をとりまく労働状況に関連した諸問題をあげなければならない。既述のように，多くの外国籍労働者は人材派遣業者を通じた間接雇用の条件で働いている。間接雇用というかたちで製造業の現場で働くということは，労働者としての権利が保障されていないことを意味する。通常，雇用者は被雇用者に対して

少なくとも1カ月前には解雇する意向を伝える義務がある。しかし，派遣社員は「労働者」として扱われているのではなく，あくまでも請負労働時間がカウントされるだけの存在である。会社は人を雇っているのではなく，「労働」を派遣業者から買っていることになる。

派遣社員としての働き方のメリットは，景気が良い時には残業をできるだけこなして最大限の給料を得ることができることだ。しかし，同時に会社の都合で簡単に解雇されてしまうリスクを背負うことになる。会社にしてみれば，「景気の調整弁」として必要に応じて増減できる「労働力」なのである。

したがって，多くの外国籍の親たちは長時間労働に従事して，できるだけ給料を増やそうとする。将来にむけたリスクを軽減するには，今働くしかないのだ。夫婦共働きが基本で，家庭で過ごす時間は限られている。それだけ子どもへ向けられるはずの時間とエネルギーが奪われてしまう。子どもの教育に関心がないわけではなくとも，そもそも親にとっての外国語である日本語で提供される教育に関する情報には目が向かず，母語による限られた情報に頼った教育方針をとることになりがちだ。子どもが不登校になっても，学校が働きかけない限り，親が有効な手段をとることは困難である。

さらに，派遣業者の都合次第で，労働現場を簡単に移動させられてしまう問題もある。S小学校でも，ある日突然，「明日から群馬県の工場で働いてもらう」と派遣業者にいわれたから，という理由で授業の途中に教室から子どもが親に引き取られていってしまう，というケースがあった。仲良くしていた先生や友だちと別れを惜しむ間もなく学校を離れなければならない子どもの気持ちは，どんなにせつないだろう。このような転校を繰り返すことが苦痛で，日本の学校に通うことを断念する子どもも出てくる。

このような学校に行かない義務教育の学齢期にある子どもたちが放置される背景には，国籍による差別的な待遇を外国籍住民に対して行っている日本の国としての責任があることは明らかである。「労働力」として受け入れながら，対等な人権を保障しようとしない国のあり方には疑問を感じざるを得ない。国家として明確な移民政策を整備しないまま，学校や労働の現場では「国際化」

が進んでいる現状では，課題の解決がすべて「現場」まかせになっている。

　このような「現場」の最前線の1つが，S小学校なのである。S小学校には，課題解決に取り組むさまざまな人々や組織の熱意と努力が結集してきた。そうした取り組みの一端を以下，紹介していこう。

④ 多国籍・多文化の子どものいる教室での取り組み（1）一般教室

　日本語教室に通っていた外国籍のAさん（女児・当時3年生）は，普段から声が小さく，特に教科書の音読に自信がなかった。母学級の授業では，さらに小さい声でしか音読できなかった。2年生の時の担任にはAさんは「だんだん元気がなくなっていく」ようにみえた。こうしたAさんの様子をみていた日本語教室のボランティア支援スタッフは，「寿限無」というお話を暗誦させることを考えた。＜寿限無寿限無，五劫のすりきれ・・・＞という長い名前をもつ子をめぐるお話だ。ちなみに，S小学校の日本語教室には，近隣の大学で作られたボランティア団体メンバーや地域社会の退職した教員などが支援スタッフとしてかかわっている。支援スタッフの工夫をこらした教授の甲斐あって，Aさんは見事にお話を暗誦できるようになった。

　そのことを日本語教室担当教員が担任の先生に伝えると，母学級でも「寿限無」を国語の総合的学習教材として使うことを決めたという。そこで，担任は「寿限無」の最初の授業で，Aさんに皆の前で暗誦してみるように頼んだ。1回目は緊張のあまりAさんは大きな声で発表できなかった。しかし，暗誦し終わったとたんに，クラスメートたちが「アンコール，アンコール」の大合唱をはじめたという。そんなクラスメートの声援に励まされ，Aさんは勇気をふりしぼって，大きな声でもう一度暗誦することができた。さらには，「寿限無」の意味までクラスメートに説明したという。当然，クラスメートは拍手喝采である。これが引き金になって，クラス全体が「寿限無」の暗誦に取り組んだだけではなく，学級を越えて学年全体の子どもたちが暗誦をはじめて「寿限無」ブームを巻き起こしたのである。

　このような小さな成功体験は，Aさんの自尊心を向上させるのに役立っただ

けではなく，クラス全体の国際理解促進につながっただろう。日本語教室でのAさんの学びを，母学級の担任がクラス全体の学習につなげようという意識をもっていなければ，このようなポジティブな展開にはならなかった。その背後には，もちろん日本語教室でAさんの個人的資質にあった指導を工夫した支援スタッフの支えがあった。その連携を可能にしたのは日本語教室担当教員である。そして，何よりもマイノリティ（少数派）である外国籍の児童とマジョリティである日本人児童の子ども同士の相互作用が，クラス全体の活性化に不可欠だったといえるだろう。クラスメートの努力に素直に拍手を送ることのできる柔らかい感受性が，お互いに及ぼしあう影響力はこのうえもなく大きい。

5 多国籍・多文化の子どものいる教室での取り組み（2）日本語・国際教室

　一般教室である母学級に比較すると，日本語教室はまさに「国際」教室の様相を呈する現場である。母学級ではマイノリティであることを意識せずにいられない子どもが，日本語教室はマジョリティもマイノリティも存在しない場だと感じられる。1人ひとりが違う個性をもっていることを認め合うことのできる場であることを実感できるのだ。そうした「現場」で起こったある日の様子を簡単に紹介しよう。

　既述のように日本語教室では子どもの日本語や苦手な教科の指導をするだけでなく，カウンセリング的な機能を果たすこともある。その日，ある時間の日本語教室には2年生の女児2人，4年生の男児1人・女児1人，6年生の女児1人が集まっていた。

　突然，2年女児のB（ペルー国籍）が，「私，日本人に生まれたかったな。ペルー人はいやだ！」という。教員が「どうしてペルー人がいやなの？」と訊くと，Bは答えた。「だって，ペルー人は色が黒くて可愛くないし，勉強できないもん」。

　すかさず4年男児Cがいう。「僕はベトナム人だけど，ペルー人はうらやましいよ。だって，この学校にはたくさんペルー人がいるんだもの。ベトナム人は僕と弟だけだよ」。

続いて4年女児E（ブラジル国籍）がいう。「私は日本人より色が白いけど，白いのもいやだよ！」すると，Bがいう。「でも，Eちゃんはかわいいじゃないの」。

話がまとまりそうにもない展開で，それまで黙って会話を聞いていた6年女児Fが口を開いた。「色が黒くても白くても日本人にはなれないよ。それに，Bちゃんは可愛いと思うよ。Bちゃんだって，ペルーに行ったら，日本人じゃいやだ，ペルー人がいい，と思うようになると思うよ」。

子どもたちは，Fに諭されるかたちになった。そして，C君がその場のみんなの気持ちを代弁した。「そうだね。どこの国の人でもいいんだよね。日本語教室はいろんな国の人がいて，みんな兄弟みたいだもんね」。その場のみんなが晴れがましい顔つきで，うなずきあう。「時々，こんな話をここでしたいよね」と誰かがいう。

その場にいた教員として，こうしたやりとりが行われることこそが日本語教室の存在意義だと感じずにいられなかった。子どもに教えてもらったといってよいと思う。人はみんな自己肯定感（セルフエスティーム）を必要としている。自分をあるがままで認めてもらうことが，目標をもって落ち着いて学習に向かうための出発点なのだ。

6 地球市民教育をすすめるカリキュラム：学校をこえて／学校から

S小学校では，総合的学習の時間が導入されて以降，2004年度からは多文化共生のためにはマジョリティである日本人に対する異文化理解教育が不可欠だという方針のもと，「宇宙船地球号カリキュラム」の実践が行われてきた。2005年度には文部科学省から「帰国・外国籍児童と共に進める教育の国際化推進事業」の委嘱をうけ，教育国際化推進連絡会を設置して，教育行政関係者や小学校から大学までの関係者および地域住民による幅広い人材を集めた研究体制が整えられ，継続して2006〜2008年度に文部科学省委嘱「国際教育推進プラン」事業を行った。

「宇宙船地球号カリキュラム」に掲げられている3つの目標，自己実現的な

学び・相互的な学び・地域に広がる国際化は，まさにグローバル化が進む日本における地球市民教育の目指すところを示している。1人ひとりがセルフ・エステームを高めることのできる機会を提供しよう。学び舎として開かれた学校にしよう。誰もが先生で誰もが生徒であるというスタンスを学校内部で完結させるのでなく，地域社会に広げる活動を，外国籍住民を含めた地域住民とのかかわりをつくる緒活動によって実現しよう。これらは，外国籍の子どもが多いS小学校に限って有効な教育方針なわけではなく，広く国際教育の方針として普遍的な価値をもつものということができるだろう。

　学校で実践された「宇宙船地球号カリキュラム」では，国語・社会・音楽・家庭科等のクロスカリキュラム的な内容の総合的授業づくりが行われた。授業の進め方としても，教員が一方的に教えるのではなく，子どもが主体的に授業に参加するために教員が支援をするというかたちのワークショップ型が多く取り入れられた。

　また，授業に必要な場合は，地域住民やボランティアなどの参加を積極的に取り入れた。たとえば，異文化体験シミュレーションを行うのに，同様の授業を受けたことのある大学生をアシスタントとして活用したり，スペイン語の授業を行うのにネイティブ・スピーカーの保護者に協力してもらうこともあった。

　外国語を勉強する授業に関しては，日頃から日本人に支援される立場にある外国籍の大人や子どもが，逆に日本人を支援する立場に立つことのできる貴重な機会ということができる。一方的に支援される側にいる限り，セルフ・エスティームを高めることは難しい。そこから，日本語以外の言語・文化に囲まれた家庭環境がメリットになるという経験を，日本の小学校ではなかなかできないという問題が浮かび上がってくる。つまり，学校教育の現場が，多文化・多言語に開かれた状態になっていないことを意味する。現実の社会におけるグローバル化と学校教育現場との乖離という問題である。

　日本社会において外国籍の人を支援する日本人が，国際社会においては外国籍の人々に支援してもらう立場になる，という役割交代をすることは外国に行かない限りなかなかできない。だからこそ，支援がいかに相互的なものなのか

を実感する機会として，外国語の学習をする授業は貴重である。マジョリティとマイノリティの関係性は，人々が置かれる文脈によって変わるものだという実感を生むことができる。世界はみんなの支えあいによって成り立っているという意識は，地球市民として世界で生きていくのに欠かすことのできない基本的な精神的態度であり価値である。

　このような取り組みが，学校において行われることの意味は学校のなかにとどまるものではない。S小学校における「宇宙船地球号カリキュラム」は，「地域に広がる国際化」を謳っている。たとえば，学校でのダンスクラブで民族舞踊を練習した成果を，地域社会における各種イベントに参加して披露する機会も多々あった。ペルーの小学校との交流では，地域住民に呼びかけて，日本にやってきたペルーの子どもたちや先生のホームステイを引き受けてもらった。つまり，S小学校を地域における国際教育をめぐるネットワークの「結節機関」と位置付ける戦略をとった。学校は子どもの教育・社会化を目的とした組織である。しかし，それだけにとどまらずに「コミュニティ開発」の実践の場としても位置付けた。住民の社会・公的生活への参加を促す機関として，学校は伝統的に地域社会において一種の権威を保ち続けている。だからこそ，学校は国際教育を社会に広めるための戦略的場になりうる。

　学校側からみれば，地域社会には，専門的・特殊な技能や知識をもった住民がいるし，高等教育機関や文化施設などに代表される教育資源がある。これらを積極的に学校の教育に活用することによって，生きた社会とのつながりのなかで，子どもたちの教育・社会化を行うことができる。地域社会からみれば，学校がもつ教育資源を，子どもの教育・社会化のためにだけ活用するのではなく，広く地域住民がいきいきとした生活をするための資源として活用することができるはずだ。

　こうした試みは，私たちの教育に対する関わり方を根本的に見直す契機にもなるだろう。教育は，学校に代表されるような専門的機関や教員のような専門家だけが担うものではなく，地域社会・住民が全体でかかわっていくべきものなのではないか，という問いかけである。

「宇宙船地球号カリキュラム」では，その学びの過程を，以下のような経路として提起した。

　　　＜しる＞　→　＜かかわる＞　→　＜つながる＞　→　＜つくる＞

　学校での学習は，「教えてもらう」ものとして捉えられがちで，どうしても受身になりがちなのだが，学校から，学校をこえて，積極的に社会のことを知って，かかわっていくことを目指そうとしている。こうした学びの過程こそ，まさに，地球市民教育の実践といってよいだろう。

7 おわりに：私たち自身の教育として

　私たちが生きている21世紀の世界では，多様な背景や価値観をもつ人々が地球上に存在することをお互いに認識している。さらに，地球というかけがえのない環境を人間以外の生命体や無機物などとも共有していることもわかっている。そのうえで，そのような多様な存在とともに生きる地球市民としてのあり方が問われている。

　日本社会において社会化された日本人の多くは，異なる言語や文化をもつ人との長期にわたる共同生活を経験したことがない。ところが，日本にやってきているアジアやラテンアメリカの人々は，まさに日本において異なる言語や文化をもつ人々の間で生活をしている人たちである。グローバル時代において，日本人が学ぶべき経験をかれらは私たちのごく身近なところでしている。

　「多文化共生」というキーワードが，グローバル化とともに，日本社会にも定着してきたが，本当のところ，それは何を意味するのかが理解されているとは言えないのが現状であろう。より具体的にわかりやすく表現したのが，S小学校での教育目標として掲げられたモットー：「みんな違って，みんな輝いて」だ。1人ひとりがかけがえのない存在としての尊厳をもって生きることのできる社会をつくることが，地球市民の目標といってよいだろう。

　政治家や行政に社会づくりを任せるのではなく，1人ひとりが地球社会の一員としての務めを果たすために，何を学ぶべきなのか，考えて実践することが地球市民教育なのだ。地球市民教育といったら，外国語を勉強して世界の人々

とコミュニケーションをとるのが必須のステップと思いがちだが，決してそうではない。身近な人々と，手をつないで身近な問題に立ち向かって生きていくこと。それが，私たちが地球市民になるための教育課程だ。地域社会で生活している外国につながる人々を，私たち自身の教育の必要性に気付かせてくれる貴重な「教師」として，また同時に，ともに問題解決をしていくための「仲間」として，捉えなおす時期にきているのではないだろうか【参照⇒終章：国際学が提起する地球市民間（intra-people）の「旅」について】。

【ディスカッションのために】

1. これまでの学校生活において，同化圧力を感じたことはありませんか？　それは，どのような場面でしたか？　なぜ同化圧力があるのか，理由を考えてみてください。
2. あなたが日本語を理解できない外国人として日本の学校に通わなくてはならなくなったと仮定しましょう。どのようなことに困るでしょうか？　それを解決するためには，どのような対策が必要でしょうか？
3. 移民を受け入れながら発展してきた「移民国」と呼ばれる米国・カナダや豪州などにおいて，公用語である英語を母語としない子どもに対して，どのような教育が行われているのか，リサーチしてみましょう。そうした子どもの母語に関して，どのような位置付けをしているのかも調べてみましょう。それは，日本の初等・中等教育における外国語に関する扱いと比較して，どのようなものといえるでしょうか。
4. あなたがS小学校の教員になったとして，担任を務めるクラスで，どのような「宇宙船地球号カリキュラム」に則った授業を展開できるでしょうか？　さまざまな国籍や言語・文化をもつ児童たちの存在を具体的に想定して，授業案をつくってみましょう。

【リーディング】

太田晴雄『ニューカマーの子どもと日本の学校』(国際書院, 2000年)

佐久間孝正『外国人の子どもの不就学』(勁草書房, 2006年)

佐藤群衛『国際理解教育―多文化共生社会の学校づくり』(明石書店, 2001年)

志水宏吉・清水睦美編『ニューカマーと教育―学校文化とエスニシティの葛藤をめぐって』(明石書店, 2001年)

清水睦美『ニューカマーの子どもたち―学校と家族の間の日常世界』(勁草書房, 2006年)

宮島喬・太田晴雄編『外国人の子どもと日本の教育―不就学問題と多文化共生の課題』(東京大学出版会, 2005年)

(今津文美, 山脇千賀子)

第14章
「核」と市民社会：
「原子力帝国」の脅威と向き合う

―【キーワード】―

プルトニウム239，マンハッタン計画，リトルボーイとファットマン，高速増殖炉「もんじゅ」，核燃料サイクル，六ヶ所村（の核施設），原発ビジネス，原子力帝国，市民社会の「公共性」，「暗闇の思想」，「フクシマ」を乗り越える道

1 はじめに：今，「放射能と電気」のことを考える

　2011年3月11日午後2時46分，マグニチュード9.0の大地震が起きた。青森県から千葉県にいたる東日本太平洋地域の海岸線が，押し寄せる巨大な津波に呑みこまれるという未曾有の事態，そして死者行方不明者約2万人という被害に私たちは震撼し，生活もまた一変した。そして，そのあとを追うように，「核」の恐怖がやってきた。冷却用電源を絶たれた東京電力福島第一原発は次々にメルトダウンを起し，周辺環境に放射能を撒き散らした。土壌，空気，水が汚染された。政官学がこぞって吹聴し，人々を偽り続けてきた原発の安全神話が崩れた。「豊かさ」，「快適さ」を遮二無二に追及するあまり，地方に，そし未来世代にひたすらツケを回してきた果ての，恐るべき事態がとうとうやってきてしまった。

　この章ではエネルギー，特に電気（電力）の問題を取りあげたい。私たちの生活はエネルギーを利用し，消費することで成り立っており，明かりやエアコンなど，便利で快適な生活を営むために特に電気は当たり前のように必要であると皆が思っている。日本でそれが無い生活を考えることはほとんど不可能―

少なくとも,「フクシマ」と計画停電を迎えるまでは—だっただろうが,電力不足に悩む多くの第三世界諸国では停電が日常的に起こっており,電気が通っていない場所もけっして少なくない。私はたまにそんなところを旅する時があるのだが,そんな時には電気のありがたさを確かに実感する。電気の利用によって人類は闇から解放され,経済を発展させ,「豊かさ」を得てきたことは疑いのない事実だ。しかし,物事には必ず何がしかの裏表があるものだ。一方の利益や「豊かさ」が他者の犠牲や負担の上に成り立っている,という現代世界に往々にみられる不条理な構造は,この問題を語るうえでも例外ではない【参照⇒第1章2 3:いわゆる「共犯関係」の構図について】。たとえば,私たちが消費している電力はいったいどのように作られており,またその負担をいったい誰が負っているのだろうか。

表14-1は日本の発電量の推移をみたものだ。一目瞭然の事だが,年とと

表14-1　日本の発電電力量とその内訳推移 [1980-2017年（予測）]

年	年間発電電力量（億Kwh）	原子力	石油等	石炭	天然ガス(LPG)	水力	その他
1980	4,850	17	46	5	15	17	0
1985	5,840	27	27	10	22	14	0
1990	7,376	27	29	10	22	12	0
1995	8,557	34	20	14	22	10	0
2000	9,396	34	10	16	26	10	1
2005	9,889	31	11	25	24	8	1
2007	10,303	26	13	25	27	8	1
2012（予）	10,594	37	7	21	25	9	1
2017（予）	11,034	42	5	21	22	9	1

年間発電電力量に占める発電源の内訳（％）

出典：電気事業連合会「でんきの情報広場」・「原子力・エネルギー図画集2009」より筆者作成。

もにその量は増加しており，1980年には4,850億キロワット時（Kwh）だった発電量は2007年には1兆Kwhを超え，その後もさらに増えてゆくことが見込まれている。特にそのなかでも著しい増加を示すのが原子力発電で，発電総量に占めるその割合（原発依存度）は現在の3割程度から，2017年には4割を超えるまでに増えると予想されていた。―少なくとも，「フクシマ」を迎えるまでは。しかし，この予測は自然の流れというよりは，電力会社や日本政府が意図的にそちらに誘導しようとしているもの，つまり原子力発電を国策として推進しようとして作られたものだ（実際，この資料は電力会社が作っている電気事業連合会，つまり原子力発電を推進しようとする業界団体が意図的に流しているデータである。多分に「マユツバもの」の性格があることには留意しておいてほしい）。その"大義名分"としてあげられるのが今，大きな問題となっている地球温暖化への対策というものだ。たとえば原子力行政の基本指針を提示する内閣府原子力委員会は，次のようにその推進を公言している。

「…我が国における一般電気事業用の発電電力量約1兆kWhの26％は原子力発電によってまかなわれています（平成20年度）。原子力発電は燃料を装荷すると1年以上にわたって運転を維持できること，その燃料となるウランは，確認されている可採埋蔵量の大きさや，産出地域が偏在していないことなどから，供給安定性に優れています。そのため，原子力発電の推進は，エネルギー安定供給の確保に重要な意義があります。また，近年では，エネルギー安定供給の観点のみならず，地球温暖化対策の観点からも原子力エネルギーに対する期待が，顕著に高まっています。…温室効果ガス排出量を削減しつつ，持続可能な成長を実現するために，その活用を図ることが不可欠であるということは，国際的にも共通認識となっています。…」[1]

しかし，国策として推進されてきた割に，私たちは原子力発電（以下，原発とする）のことを，あるいはもっと広く，いわゆる「核の平和利用」と称する

政策全体のことを，どれほど知っていただろうか。たとえば，原発からは冷却水として使われた膨大な海水が温排水となって－その温度は周囲の水温に比べて7度近くも上昇する－海を温め，結果として海の二酸化炭素吸収量を大きく損なってしまうという事実はあまり語られない。また，後で述べるようなもっと深刻ないくつかの問題などは，電力会社がテレビなどで流しているCMからはほとんど消え去ってしまっていた。ごく当たり前のように使っている電気だが，確実に進んでゆくだろう原子力社会には，後世になるほど解決が困難な幾多の問題が山積みされ，またそれらを無関心なままに見過ごせば，自身の生活が大きな危険にさらされるだけでなく，周辺の人々や次世代の子どもたちにも大きな負担を負わせる。2011年の福島第一原発の重大事故は，政府や巨大資本の国策に依存し，その周辺的利益に預かる形で地方経済を維持発展させようとしてきた地方の人々にも，「トウキョウ」に依存することの危うさを痛感せしめたのではなかったのだろうか。原発立地の代償として得られてきた税制上の優遇措置や補助金のうえに成り立ってきた地方の「開発」は，なるほど相応に当座の地域経済を潤しはしたかもしれないが，それはいったん重大事故が起きれば，地域社会そのものが半永久的に壊滅してしまうかもしれないリスクと引き換えでようやく得られるものであることを，充分以上に知らされたのではないだろうか。

2 「冥王の火」

　少し回り道になるかもしれないが，問題の本質を考える手だてとして，原子炉のなかで日々作られているプルトニウム239（以下，プルトニウムとのみ表示）と呼ばれる核物質に注目しよう。

　プルトニウムはもともと自然界に存在せず，たった1グラムで50万人超を死に至らしめる猛毒だ。また，この物質は高いレベルの放射能を放出し，その半減期，すなわち放射線放出量が当初の半分に減じるまでに約2.4万年という膨大な時間を要する。さらにプルトニウムは核爆発を引き起こすことができる物質で，爆発に至るに必要な重量（臨界質量）はわずかに約5kg程度，"純度"

が相対的に低いとされる現在の通常原発（軽水炉）が使用した後に残された燃料棒から再処理したものでも，6.6 kg 程度あれば核爆発が起きるとされている。この物質はそうした特性ゆえに，リスクを管理するために巨額の社会的費用と，強い権力に統制される監視システムの出現を不可避なものとするだろう。

　プルトニウムの誕生は1940年暮れ，米国カリフォルニア大学の実験室でのことだった。サイクロトロンと呼ばれる粒子加速器でウランに重水素原子核を打ち込む実験から生まれた未知の物質はごく微量だったが，翌41年2月には「冥界の王」にちなんでプルトニウムと名付けられたこの物質を化学的に分離精製することに成功し，新元素として認定された[2]。プルトニウムは，天然ウラン鉱石のなかに微量（およそ0.7％程度）に含まれる核分裂性物質のウラン235（いわゆる「燃えるウラン」）を濃縮していく過程で排出された非核分裂性物質ウラン238（いわゆる「燃えないウラン」）に中性子があてられ，変成して生まれた物質だ。その誕生は1946年まで厚い秘密のヴェールに包まれていた。いうまでもなく，それは当時のアメリカ合衆国が原子爆弾の製造に必要な量のプルトニウムを生産すべく，後に「マンハッタン計画」と称された，一大プロジェクトを推進していたからだ。

③　「赤ん坊は満足に生まれた」：ヒロシマ・ナガサキへの道

　マンハッタン計画が目指した「原子の火」は，単に科学者によって考案・開発されたものではなく，強大な国家権力が巨額の資金（当時の金額で約20億ドル）を投じて作り上げた総動員体制と，それを可能にした超管理システムの恐るべき産物だった。マンハッタン計画に動員された人員は延べ60万人（ピーク時の雇用は13万人）で，全米19州とカナダにある延べ37施設のネットワークのもとに進められた。秘密に包まれたこの巨大国家プロジェクトの中核は，ウラン235を得るための濃縮，ウラン238からプルトニウム239への変換に必要な原子炉の運転，そして「死の灰」を含む核分裂生成物からプルトニウムを分離する再処理技術の3つだった。後述するように，実はこうした操作は現在の日本でごくありふれた光景となろうとしており，マンハッタン計画といわゆる「平

和利用」と称される今の原子力の利用システムには，ほとんどその差異は認められないものだ。

　原子爆弾製造チームは1945年7月までに3個の原子爆弾を完成させた。1つがガン・バレル（銃砲）式のウラン爆弾，そして2つがインプロージョン（爆縮）式のプルトニウム爆弾だった。プルトニウム仕様の原爆は起爆の確実性を期するために，ニュー・メキシコ州アラモゴード砂漠の実験場で試され，7月16日に核爆発に成功した[3]。残った2つの原爆が，広島に投下されたリトルボーイ（ウラン爆弾）と，長崎に投下されたファットマン（プルトニウム爆弾）だった。

　ところで，原爆が開発されていた第二次世界大戦後期の国際情勢はどのようなものであっただろうか。アメリカ軍は太平洋の戦略的要衝だった北マリアナ諸島のサイパン島，テニアン島を陥落させ，戦略爆撃機B29を配備し，日本本土への戦略爆撃を本格化させていた。一方，当時のソ連はナチス・ドイツとの戦いでようやく勝利を手にしようとしていたが，日本とは1941年4月に結ばれた日ソ中立条約によって直接交戦してはいなかった。しかし，ドイツ占領の方針（とりわけベルリンの管理権問題）や東欧諸国の政府樹立，バルカン半島での勢力圏をめぐって米英との角逐を深めていたソ連にしてみれば，北東アジアにおける勢力の拡大を早期に図ることは緊要の課題でもあった。一方，ソ連との亀裂を深めつつも，アメリカはこれから展開されるだろう日本本土上陸作戦に多くの出血を強いられることに逡巡し，また当時満州に布陣する日本陸軍（関東軍）を叩くという戦術的要請からも，ソ連の参戦を必要としていた。1945年2月，米（ローズヴェルト）・英（チャーチル）・ソ連（スターリン）の3巨頭会談がクリミア半島のヤルタで行われた。このヤルタ会談では，アメリカ側がソ連の対日戦を強く要望し，ソ連がそれに応えるという形で秘密協定が作られることになった。協定は満州における権益や南樺太・千島列島とひきかえに，ドイツ降伏後2，3カ月以内に対日参戦すること，また，蒋介石政府を正当な中国代表として承認することなど，ソ連側から提起された案を無条件に受け入れる形で成立した。

　しかし，アラモゴード砂漠での原爆実験成功は，それまでの米英とソ連との

力関係を一変させることとなった。これによって，米英側は対日戦争勝利への確信を得，戦術的にソ連の参戦を不必要としただけでなく，戦後国際秩序の主導権を握るという戦略的観点からも，ソ連の勢力伸張を押さえ込むに足る実力と見通しを手に入れることができた。当時，米英ソ首脳はベルリン郊外のポツダムで会談中（アメリカはローズヴェルトの急逝を受けてトルーマン大統領が，またイギリスはチャーチルの出席の後，総選挙で勝利した労働党出身出のアトリー首相に交代）で，対日戦争処理としての降伏条件，日本占領管理の方針を協議していたが，米英サイドには「もはや東アジアに関してはソ連の介入は不利益あって一益無し」との認識が生まれつつあった。会談に出席したチャーチルは，後日，このように回顧している。

> 「…その日の午後，スティムソン（米陸軍長官／当時）が私の許に訪れ，1枚の紙を前に置いた。それには『赤ん坊たちは満足に生まれた』（原爆実験の成功のこと：執筆者注）と書かれていた。彼の様子で，私は何か異常なことが起こったのだとみた。…われわれはロシア軍を必要とするものではなかった。対日戦争の終幕はもはや，最後のおそらくは長引くであろう殺戮戦のためにロシアの軍隊を投入することにかかるものではなかった。われわれは，彼らの助力を乞う必要は無かった。2，3日後に，私はイーデン（英国外相／当時）氏に次の覚書を送った。『米国が現在，対日戦争にロシアの参加することを欲していないことは明白です』と。」[4]

アメリカ軍はすでに日本本土の主要都市に対して焼夷弾を中心とした大量の爆弾を投下して，各地を焼け野原にしていた。それは，日中戦争当時から日本軍が重慶や南京などの都市の試みていた無差別爆撃――非戦闘員をも巻き込んだ，多くの命の根こそぎ抹殺を目論むこうした殺人行為は，後世「戦略爆撃」と呼ばれた――を倣い，より大規模に展開したものにほかならなかったが，原爆投下は確実に非軍事的対象，すなわち民間人をも無差別に巻き込む戦略爆撃思想の究極の具体化だった。投下目標として第1が広島，第2が小倉，第3が長

崎と決定され，最初の投下日は8月6日と決められた．特に優先的に広島が選ばれたのは，ここが未だ本格的な爆撃地でなく原爆の威力の計測が容易であったこと，また西日本最大の軍事生産拠点であり，日本を降伏に導くために相当の心理的効果を狙えることが大きかったが，それは日本人だけでなく，朝鮮人（当時は大日本帝国臣民だった…），東南アジア諸国民，さらにはアメリカ市民さえも含んだ，当時広島に住んでいた35万人の頭上から均しく死を強要するという，とてつもなく重く，大きな非人道的決定だった【参照⇒第4章3：広島・長崎への原爆投下とアジア人被爆者について】．

一方，ポツダム会談でソ連排除の動きを感じ取ったスターリンは，極東での戦力配備を急ぎ，約3カ月後にヤルタ会談での合意を実行に移すことになった．ヒロシマから2日後の8月8日，ソ連は日ソ中立条約を破棄して日本に宣戦布告し満州，朝鮮，樺太に侵攻した．精鋭をうたわれた関東軍は為すすべなく壊滅したばかりか，一部の高級軍人らは民間人を置き去りにして，現地を離脱するありさまだった[5]．残っていた「冥王の火」が登場したのは，こうした状況の時だった．その最終兵器の使用には，日本の降伏を促すというよりは，南下するソ連軍にその威力をみせつけて進撃をけん制する，という戦略目的が加わっていた．1945年8月9日午前11時2分，当時の長崎市の人口（推定）24万人の頭上で炸裂したファットマンは死者7万3,884人，負傷者7万4,909人，罹災戸数1万8,409戸という惨禍を地上にもたらした[6]．

長崎への原爆投下は，戦後冷戦体制の確立と極めて深いつながりをもつものだった．それは対日参戦を急いだソ連への恫喝，"見せしめ"としての機能を付加されていた．被爆し，その後死亡した約14万人の人々は，いわばその人身御供となった，冷戦最初の犠牲者ともいえた．核爆弾は爆撃機に搭載できるまでに軽量化され，やがてそれはミサイルの弾頭として搭載され，大陸間を飛来できるまでになった．一方で，ソ連はアメリカに対抗するための核開発を進め，第二次大戦後の世界を核兵器開発競争による「恐怖の均衡」のもとに置くこととなった．人類はいつやってくるとも知れない大量殺戮の恐怖に怯え続けなければならない時代に突入した．そしてそれは，今なお続いている．

4 高速増殖炉「もんじゅ」からみる核社会の未来

　立派に舗装されてはいるが，曲がりくねった道が海沿いに続く。「夢の原子炉」と呼ばれた，その巨大な施設に到達するためには1本の専用トンネルを通るほかはなく，そこは24時間にわたる厳重な警備体制が敷かれている。

　福井県敦賀市，敦賀半島の北端に立地する原子炉「もんじゅ」はほかの商業用通常原発（軽水炉）とはその設計思想が異なった原子炉として異彩を放っている。炉心内の核分裂反応を制御する中性子減速材には金属ナトリウムが使用され，机上計算では高速で衝突する中性子が燃料中の「燃えないウラン（ウラン238）」をより効率的に，多くを「燃えるプルトニウム（プルトニウム239）」へ転換させることができる。また，炉内で消費されるプルトニウム燃料よりも多くのプルトニウムを生み出すことができるとすれば，「燃えないウラン」がエネルギー資源となり，軽水炉の数十倍の効率でウランやプルトニウムが"平和利用"できることとなる。それが高速増殖炉（Fast Breeder Reactor＝FBR），あるいは世俗的に「夢の原子炉」と呼ばれるゆえんである。FBRの開発は1967年に動力炉核燃料開発事業団（動燃）が設立され，以来，茨城県大洗に実験炉（研究開発用の小型原子炉）「常陽」が1977年に臨界に達したのに続いて，28万Kw出力能力を備えた原型炉「もんじゅ」(実用性の或る発電サイズの原子炉）が1994年に最初の臨界をむかえ，その第一歩を踏み出した。

　原発で使用される燃料棒は，通常の運転をした場合には3～4年で劣化するとされる。政府や電力会社が唱える「核燃料サイクル」計画によれば，これを取り出し，30～50年間の冷却期間を経て，海外（イギリス，フランス）のほか，次節で触れる青森県六ヶ所村の核燃料再処理工場にまわされるのだが，使用済み燃料棒には運転の過程で必然的に生成したプルトニウムなどの核分裂物質が含まれる。すなわち，マンハッタン計画でみた同様の開発プロセスを経て，プルトニウムは国内で大規模に生成されていくわけだが，この活用＝再燃料化こそが，「核燃料サイクル」と呼ばれる計画の究極の目標で，その生産と消費において中核的部分を占めているのがFBRだ。

　FBRに対する最大の危惧は，減速材として使用される金属ナトリウムの漏

れや火災破損が生じ、炉心内で冷却能力が失われた時に起きる事態だろう。FBR炉心内での核分裂をコントロールする技術は格段に難しい。また、金属ナトリウムも空気（水蒸気）と接触すると容易に自然発火する。もしナトリウム漏れ事故が起こり、冷却能力が失われ、緊急停止操作にも失敗した時、炉心内では統御不能の"暴走"がはじまり、高熱によって炉心そのものの溶融（チャイナ・シンドローム）が起こり得る。最悪のシナリオはチェルノブイリ原発事故（1986年）あるいは「フクシマ」以上の放射能漏れ、放射性物質の拡散という事態だが、皮肉にも「もんじゅ」の場合は、そうした事態の発生は極めて単純な事故によって回避されている。1995年12月8日、使用前検査の際の出力40％段階で、もんじゅはナトリウム漏れ火災事故に見舞われた。最大運用量150トンのうち、漏れ出たナトリウム量は700キロと微量だったが、それが大火災に繋がったのだ[7]。この事故は、「夢の原子炉」がいかに脆い安全神話の上に成り立っており、システム全体の統御がどれほど困難な課題であるかを改めて浮き彫りにするとともに、プルトニウムの飛散の危険性がけっして杞憂ではないことに警鐘を鳴らすものだった（もし、「もんじゅ」にもっと大きな火災が起こった時、あるいは冷却機能が失われて炉心溶融が起こった時、その対策はほとんど皆無に近い。福島第一原発のように、外から水をかけて冷やすなどという手法はまったく通用しないのだ）。これまでに約9,000億円もの巨費が投ぜられたにもかかわらず、2011年夏現在、「もんじゅ」運転再開のメドはまったくたっておらず、1日あたり5,500万円の維持費が無駄に使われている。

　FBR計画の先行きが不透明で、開発自体が停滞する状況であるにもかかわらず、各地の原発から生み出されるプルトニウム量は今後も増大してゆく。プルトニウムの消費圧力が強まるなかにあって、政府や電力会社は今、軽水炉でのプルトニウム消費を図るため、ウラン・プルトニウムの混合燃料（Mox燃料）を原子炉で核分裂反応させるという「プルサーマル発電」のへの傾斜を深めてきた。計画段階のものまでを含めれば、玄海（佐賀）、伊方（愛媛）、浜岡（静岡）、高浜（福井）、島根（島根）、大間（青森）、女川（宮城）そして福島第一…Mox燃料を軽水炉で燃やすにはその統御操作は格段に難しくなり、安全性には疑問

符が打たれる。しかし生み出されるプルトニウムの消費を進めるために，プルサーマル発電がいったんはじまれば，それらを停止させることは難しくなる。また，核廃棄物の問題は解消されるどころか，ますます積み重なってゆくこととなる。

5 青森県六ヶ所村

「フクシマ」を体験した今となっては誰もが認めざるをえないように，原発は非常に迷惑な施設だ。発電の効率性や安全性の問題ばかりでなく，一番の難題はそこから必然的に生じる「ゴミ」処理がほとんど不可能である，という現実だ。運転で劣化した使用済み燃料棒からはウランやプルトニウ以外の核分裂生成物や，その他の放射性同位体が残される。一括して放射性廃棄物と呼ばれるそれら「核のゴミ」は長期にわたって放射能を発し，その根絶がほとんど不可能という厄介な代物で，危険度に応じて，密封されたキャニスターやドラム缶（通常原発の1年間の運転で1,000個以上といわれる）に詰められた形で敷地内に保管される。しかし，年を追うごとに積み重なるドラム缶に対して敷地は有限で，長期にわたって安定した形で保管することもままならない。それらはいったいどこへ行くのだろうか…。

本州の北端，下北半島。日本で稼動する54基の原子力発電所からの使用済み燃料棒と，発電に付随して排出される放射性廃棄物が集められようとしている。国策会社日本原燃による核燃料再処理施設が作られ，本格稼動を迎える青森県六ヶ所村は，高レベル放射性廃棄物貯蔵管理センター，ウラン濃縮工場，低レベル放射性廃棄物埋設センターを伴った核コンプレックスの所在地，というよりは，大量の放射性物質の飛散が不可避な，「核のゴミ溜め」としての役割を強要された日本最大の「核基地」であり，それらの施設には総額で3兆円近い巨額の資金がこれまでに投じられてきた（そのお金は税金のほかに，電気の消費者，つまりは私たちが支払う電気料金に上乗せされ，徴収されたものだ）。

2012年に本格稼動すると発表されている再処理工場には，150メートル超の3本の廃棄煙突が備え付けられ，そこから排出される細かな塵のなかには，再

処理工程から生まれるトリチウムやクリプトンなどの密閉不可能な放射性物質が含まれる。本格稼動が進めば、放射能は「やませ」といわれる下北半島特有の強い北東風にのって青森南部、秋田、岩手方面へと飛散してゆく。また、3キロ沖まで延びた排出口から外洋へと放出される温排水と放射性物質は、周辺域から三陸沖の海流に乗って岩手、福島、茨城、千葉方面へと拡散されてゆく。放射能汚染と被爆の危険性は、想像を超えて広範囲に及ぶ[8]。

　近代日本における他の周辺部と同様、この北の地もまたトウキョウ（権力と資本が集積する近代日本国家の中枢部）の意思に翻弄され続けてきた。その地は、かつて大日本帝国の屯田兵としての役割を背負わされた満蒙開拓団の帰国者たちが定住した土地でもある。樺太からの帰還者を含めて、六ヶ所村にはかろうじて戻ってきた人々が戦後荒れ野を開拓して住み着いていた。この地はまた、1960年代末には新全国総合開発計画（新全総）の目玉だった地方巨大開発、「むつ小川原開発」の候補地とされた。鉄鋼や石油化学コンビナート等の公害型産業を集中的に立地させるのに必要な土地を求めて、中央の資本が折からの「列島改造ブーム」に煽られるように土地を買い漁った。しかし、1970年代に訪れたオイルショックは、そうした巨大開発計画をまったくの幻想として終わらせ、結果として石油備蓄のタンク群だけが残された。そして次に訪れたのが、六ヶ所村を巨大な「核基地」につくり変えようとする企てだった。1985年には各電力会社共同で設立された電気事業連合会が青森県、六ヶ所村当局と基本協定を結び、核関連諸施の建設にゴーサインが出された。

　国内原発全体から出される使用済み核燃料棒は年間で約900〜1,000トン、これまでに約25,000トンが累積している。六ヶ所村の再処理工場では毎年800トンの使用済み燃料を今後40年間にわたって処理するというのだが、国内で生まれる使用済み燃料棒の蓄積ペースはこれをはるかに上回る。また、再処理に要する費用は約13兆円とされており、トン当たりに換算して約4億円という「処理コスト」は、現在、再処理工場を運転している英仏のそれの約2倍だ。「もんじゅ」の場合と同様に、すでに計画前提となる数字自体が、この施設の経済的非効率性を雄弁に物語っている。

最大の懸念は，再処理工程から発生する核廃棄物の貯蔵と処分に伴う問題だろう。低レベル廃棄物入りのドラム缶は六ヶ所村の施設に埋設されることとなるが，その「保管期間」は実に300年に及ぶ。また，高レベル廃棄物の処分はまったく解決の展望が立っていない。この危険極まりない，再利用不能の高レベル廃棄物はガラスと混ぜあわせて固化体とし，キャニスターにつめて30〜50年間冷却した後，300メートル超の深度地層処分をするというのが現在の主たる計画だ。この計画は2000年に「特定放射性廃棄物の最終処分に関する法律」が制定され，原子力発電環境整備機構（NUMO）が設立され地層処分候補地調査が始まっている。候補地には，上乗せされる電気料金からの補助金と巨額の地方交付金が調査段階から交付されることとなるのだが，さすがにこの危険極まりない代物を受け入れるべく名乗りを上げる地方自治体は現時点では現れていない。つまり，「一時的貯蔵」との建前とはうらはらに，「核のゴミ」は六ヶ所村に集中的に押し付けられているのが実態だ。

　すでに六ヶ所村での被爆事故の危険性は現実のものとなっている。2006年3月よりはじめられた試験運転は，肝心のガラス固化体形成工程での相次ぐトラブルのために中断が連続していたが，2009年1月，本格稼動に向け試験運転中の再処理工場で，配管から高レベル放射性廃液149リットルが漏れ，施設内を汚染するという事件が起きている。高レベル廃棄物の一部は不安定な液体状態に留まっており，地震や墜落事故（六ヶ所村の近隣には米軍三沢基地がある）など，いったん「何か」が起きた場合への対策は皆目目途が立っていない。

　東京都の"電気自給率"は約10％に過ぎず，残りの9割は周辺地域，特に福島（26％），新潟（19％）からの送電に依存している。そして，そのうち80％以上が原発からの供給に依存している[9]。六ヶ所村からは，地方に犠牲の上に中央の「豊かさ」が成り立っている構図を，容易にみることができる。中枢と周辺の「力」の格差，非対称性を背景にして，地方の人々の生活や心のひだに潜む様々な情念を抑圧し，「迷惑施設はカネをばら撒いて押し付け，遠隔地の住民に我慢してもらう」という手法はいかにもおぞましい。トウキョウとロッカショムラの非対称な関係図は，おそらく「抑止力」の名の下に今なお

多くの米軍基地を押し付けられている沖縄と本土を巡るそれとの類似性を想起させる【参照⇒トピックス②：沖縄に押し付けられているさまざまな矛盾について】。普天間基地と同様に，六ヶ所村の核コンプレックスもまた，中央の意志に支配され従属する地方，過疎と地域振興に悩む地方に対する差別を固定する仕組みの象徴として存在しており，しかも，その両者に「核」は密接に絡んでいる。

6 グローバル化する原発ビジネス

1966年に東海発電所（茨木県）で初めての運転が開始されて以来，今日では総発電量の約3分の1が原子力によってまかなわれるようになった。原発への依存は今後も深まり，2017年には総出力1兆1,034億Kw中のおよそ42％が原発からの供給に基づくようになる，と電力業界は予測する（表14-1参照）。安全性への疑い，運転の非効率性など，あらゆる疑問を排除してなお，原発建設が強行されてきたのはいったい何故なのだろうか。

おそらく，その最大の理由は原発建設自体が巨大なビジネス・チャンスである，という事実に拠っている。出力100万Kwの，標準的な軽水炉原発1基あたりの建設費用は約4,000億円以上といわれている。この「公共事業」に東芝，日立などの原発メーカーを頂点とする大小建設企業が，その利益のお裾分けに預かろうと群がり寄せてくる。また，政府の原子力関連予算や電力会社が投じる資金も馬鹿にならない。特に原発誘致に走る地方自治体には電源三法[10]に基づいて，電気料金の一部が建設促進資金に転嫁され，補助金へと回る。原発を誘致した地元には固定資産税や法人住民税などが落ちる。この税の収入は次第に低減することから，原発が立地する地方自治体にあっては，税収を確保するには原発建設を継続していかなければならなくなり，地元はいったん「原発公共事業」に依存する体質になってしまえば，そこからの脱却は容易ではなくなる。

「原子力の平和利用」が進んだ戦後の日本社会では，原発の「メインテナンス費用」としてばら撒かれる財投資金などをも含んだ巨額のカネと，それが生み出すビジネス・チャンスに群がり，利益を貪ろうとする多くの人々が重層的

に連なることで，原子力利権の分配構造が作られてしまった。それは，原子力産業自体がとてつもない利権の塊であると同時に，そうした巨額の資金注入が無ければシステム自体が維持されないものであるという，とてつもなく無駄で，歪んだ社会のありようを示してもいる。

　こうした理不尽な社会構造を生み出す原発ビジネスが，日本国内にとどまらず，グローバル化する傾向を顕わにしつつある昨今の状況に，私たちはどのように向き合うべきなのだろうか。とりわけ，原発マーケティングを展開するうえで最も注目されているのが経済成長の続くアジア地域だ。アジアの主要諸国では原発の建設計画が目白押しの情勢で，すでに日・米・韓のビッグビジネスを巻き込んだ受注合戦が，この地域を舞台に展開されている。特に問題となっているのがインドへの原発ビジネスだ。インドは現在20基以上の原発建設を計画しており，予想される原発ビジネス市場規模は13.6兆円にのぼるとさえいわれる。こうした趨勢を背景にして，日本でもインドとの原子力協定の締結を促す声が高まっている。すでにアメリカ，フランス，ロシア，カナダはインドと原子力協定を結び，原発関連技術の供与に踏み切っている。しかし，インドは核（兵器）保有国であるにもかかわらず，核拡散防止条約（NPT）に加盟しておらず，同国に原発技術を移転すること自体，核の軍事的利用につながる懸念を拭えない。受注を優先するあまり，非核拡散の原則に頬かむりを決め込めば南アジアでの核拡散をなし崩し，非核・反核の理念と矛盾した行為となってしまう。

　また，2011年5月には経済産業省がアメリカエネルギー省との共同で，使用済み核燃料や核廃棄物の貯蔵・最終処分場をモンゴルに建設することを極秘に進めていたことが発覚した[11]。それは国内に最終処分場をもたない両国にとって原発ビジネスをより有利に展開するために必要だというのだが，国内で強い反発を招いている廃棄場の建設や輸送ルートにあたる地域への危険性をも含めて，それはまさに「核のゴミ」を他国に押し付けるのみならず，兵器とは違った形での新しいタイプの核拡散を生み出す論外の企てというほかはなく，核のグローバル化に加わる「核加害国」としての日本の存在を際だたせる結果

となるだろう。こうした事例にみられる原発ビジネスのさまざまな問題は，何故か被爆国である日本において，あまり語られることがない。

7 核社会の行方

　20世紀後半は，人類が文字通り核社会へと足を踏み入れた時代であった。地球上に存在するプルトニウムは数万発の核弾頭のなかにあるだけではない。出力100万Kwの通常型原発1基からは年間200〜250kgのプルトニウムが生成する。理論上は日本でも毎年数兆人もの人々を死に至らしめる量のプルトニウムが生まれ，年間2,000発超のナガサキ型原爆が製造可能となる計算である。日本原子力委員会によれば，日本が抱えるプルトニウムは2007年12月時点で約139.4トン（各原発に存在する使用中，使用済み燃料棒内のものに加え，英国とフランスで再処理され返却された45トン分を含む）[12]，日本は既に大量の核物質に取り囲まれた核社会となってしまった。

　核社会の安全を確保してゆく上で最大の"障害"となるのは，おそらく人間そのものだろう。それは，単に原発で働く技術者・労働者たちが予想外の人為的ミスを犯す危険だけを想定しているのではない。そこには原発の存在を疑問視し，批判的な言動を繰り返す人々の"過激な"行動もまた含まれ，巨大技術システムに支えられた運転を安定して維持するためには，潜在的な危険因子たる彼らへの監視をより強めることさえもが許容される，との社会的合意も生まれ得る。すなわち，核エネルギーに日常生活を委ねる社会にあっては，人間という最も厄介な不安定要因を管理し，想定されるリスクを排除するために，社会自体の変容が不可避とならざるを得ない。そこでは「安全の確保」という至上命題のもとに，市民の日常生活自体が権力の監視下に置かれ，民主的な諸権利が脅かされるだけでなく，原発に批判的な地域住民への疎外が進み，市民的紐帯が解体される。結果，地域共同体は寸断され，人々はバラバラに分断された個的存在，まさにアトム（原子）化された人形に成り下がってしまう。

　このように，民衆が徹底的に権力の管理下に置かれる社会への変容危機は，地球温暖化対策やエネルギー供給の安定化を大義名分として静かに進行してゆ

く。国際ジャーナリスト，ロベルト・ユンクはすでに1970年代にそうした時代に生きる人間像を「ホモ・アトミクス（原子力人間）」という言葉を使って，次のように批判していた。

「…（権力当局は）住民の政治的関心を調査するだけでなく，個人的な傾向や性格についての詳しいデータを得ようとするのである。当局はこうした措置を当然のことと考えている。なぜなら，こうすれば，なにか『突発事故』が起こったとき，原子力施設や核物質を襲撃するテロリストやストライキ参加者に隠れ家を提供するグループがつきとめられるからである。…人々は『破壊分子』とみなされるのを恐れて，他人との会話のさいもしだいに用心深くなり，知り合いにもしだいに本心を打ち明けなくなる。なぜなら批判的な言葉や常識からはずれた振舞いは，監視されている人間に対して大きな不利益を招来するかもしれないからである。核の事故が起これば，一時的な自由剥奪にまでエスカレートしうるのである。核エネルギーを工業用に使い，核施設を整備している国の政府は，事実，真の意味でのジレンマのただ中にいる。保安措置が手ぬるすぎれば，原子力施設でストライキやテロ行為があった場合，そのような措置は市民の生命を守るには不十分であると非難されるであろう。しかし，核テロリズムの脅威を重大に考えるならば，国家は警察国家に変貌せざるをえない。市民が原子力をさらに拡大することを許すならば，それは民主主義的な権利や自由が少しずつ掘り崩されることを認めたことになる。…市民から原子力施設を防衛することは，少なくとも原子力推進にとっては，原子力施設から市民を防衛することと同じぐらい重要なことなのである。」[13]

科学が巨大プロジェクトを実行するために力と金をもつ国家権力に従属してしまう結果，市民はその存在を知らされず，たとえ知ったとしても口をはさむことさえ許されず，重要な意思決定から疎外されてしまうという現代社会の恐るべき側面を，「核」はシンボライズする。こうしたなかで進む市民的つなが

りの分解，情報の秘匿性の傾向は，核社会の進展に伴ってますます強くなっていくだろう【参照⇒第7章10：「新しい市民社会論」との矛盾について】。

8 「暗闇の思想」から

事故が起これば放射能を撒き散らし，また「核のゴミ」を押し付け，そこに住む人々を被爆の危険にさらす。原発が立地する地方の犠牲の上に東京など大都市の「豊かさ」が成り立つという関係性，核社会に組み込まれたこのような中枢－周辺の関係は，原発ビジネスを推進する側が市民を，大都市が地方を犠牲にする，という地理的・空間的拡がりに留まらず，現在の世代が目先の「豊かさ」を享受するために，長期にわたる放射能汚染の危機を積み残すことで，未来の世代の「豊かさ」を奪っているという時間的拡がりをも含んでいる。この事実に真摯に向き合うならば，私たちは現在享受している「豊かさ」そのものへの懐疑，すなわち，果たして得本当の意味でそれが「豊かさ」の名に値すべきものなのか，という本源的な問題を自省せざるを得ないのではないだろうか【参照⇒第1章5："Imagine"の重要さ】。

青森県六ヶ所村に隣接する十和田市で無農薬・無肥料の自然農法で米を育て，核燃料再処理工場の稼働に反対運動を続けている苫米地ヤス子さんは，再処理工場からの放射能の危険性をずっと訴えつづけている。苫米地さんが作るお米は安全，安心で非常に美味しいお米なのだが，慈しんで育て，作られてきた田んぼにさえ，本格稼動が始まれば再処理工場からの放射能を含んだ塵は落ちてくるだろう。数年前，私たちの「国際学入門」講座に来てくださり，放射能の危険性に関する現地からの声を届けてくれた苫米地さんは，後日，次のようなお便りを送ってくれた。

「…私は相変わらず田んぼの草取りをしておりますが，大学生の方々が一生懸命書いたであろう感想文がありがたくて，嬉しくて，草を取っていても不思議と力が湧いてきます。チェルノブイリの子供たちからの言葉が24年経ってまったく聞こえなくなってきている現実がありますが，大学

生の皆様がしっかり聞いて下さったこと，これもご縁だと思います。ほとんどの方が放射能の恐ろしさを理解してくださいました。…構造的暴力，量産効果という言葉を覚えました。例えば電気自動車がエコと言われていますが，基（つまり発電源）をみないと放射能がたまっていくだけです。放射能の出ない発電を一刻も早く国が主体となって取り組むべきだと思いませんか。…放射能のことを忘れない生活がチェルノブイリの女の子が『私を忘れないで』と言った言葉と重なるのではないかと思います。…もうこれ以上，子供たちに負の遺産である放射能を残さないためにも…。」[14]

　苫米地さんが指摘するように，核社会が進展していくのと並行して，ヒバクシャもまた確実に増加の一途をたどっている。ウラン鉱石の採掘に伴って，"保護区"に囲い込まれていたアメリカ合衆国やカナダの先住民たち，オーストラリアのアボリジニー先住民らは絶えざる被爆の危機にさらされ，また劣化ウラン弾を打ち込まれ，飛塵に汚染された水や空気を摂取せざるを得ないイラクやアフガニスタンの子どもたちもまた，小児がんの多発に苦しめられている。ヒロシマ・ナガサキを起点として，「核」被害はまさにグローバル化し，人類に均しく死を強要しようとする傾向を強めている。皮肉なことに，日本はもはや「唯一の被爆国」ではなく，日本人もまた「唯一の被爆民族」ではなくなっている。チェルノブイリとロッカショムラ，そしてフクシマは結び付き，危機のグローバル化は露なものとなっている。

　ところで，これらはすべて電力会社や国家権力が「エネルギーの安定供給」という大義のもとにもち込まれた構造的暴力によって，民衆が生活を蹂躙された結果だ。しかも，これら一連の動きは「公共の利益のため」との理由から，国策として推進されてきた。資源小国日本の原子力政策は，「原子力発電所や再処理施設は国民が豊かな生活を営んでゆくために絶対に必要」との「公共性」を最優先する立場から，地方に犠牲を強いる。そしてそこでは，社会的に弱い立場にある人々の生活権や，反対を主張する権利はほとんど考慮されることもなく，多くの場合，それらは「公共の福祉」に反する「住民エゴ」，「地域エゴ」

として切り捨てられていく。社会的弱者を人身御供とするためにもち出されるこうした「公共の利益」論を，ここでは「負の公共性」と命名しよう。「負の公共性」論理は，多くの場合，「大多数の人々の利益を実現するためには，少数の人々には多少我慢してもらうほかはない」という論法で周囲に説明されるのだが，それが実は権力や財力を持つ少数の強者にとっての利益でしかないにもかかわらず，彼らの巧妙な世論操作やさまざまな恫喝，懐柔措置もあって，社会的に弱い立場に置かれた人々は自らの意見をほとんどマス・メディアに取りあげられることもなく，抵抗する手段も限られている。

　こうした動きに対して，私たちにはどのような視点，立場が求められるのだろうか。不条理な構造の上にしか成り立たない，おおよそ持続可能ではない既存のライフスタイルを作り変え，民衆が自らの力をたくわえて自身の運命を切り拓いていくための市民的連帯の精神は，地球市民という政治的レベルでの「公共性」を獲得し，普遍化していくうえで重要なものだろう。その一例として，かつて日本の公害反対市民運動が提起した豊かな思想土壌の1つとして，大分県中津市での火力発電所建設反対運動にかかわっていた作家，故松下竜一氏が主張した「暗闇の思想」について言及したい。

　彼が強くかかわった住民運動に対して，行政や電力会社が「電気の恩恵を受けながら発電所建設に反対するのは地域エゴだ，反対運動する家など電気を止めてしまえ」とすごんでみせたことに対して，松下氏たちは敢えて自主的に灯火を消す「停電の日」，「暗闇の日」を設けて，夜空に輝く星をみて家族の絆を強めた。彼は「お上」が押し付ける「公共性」と対峙し，住民自らが作り上げるべき「公共性」の指針として，「暗闇の思想」を説く。

　　「…電力会社や良識派と称する人々は，『だが電力は絶対必要なのだから』という大前提で，公害を免罪しようとする。国民すべての文化生活を支える電力需要であるから，一部地域住民の多少の被害は忍んでもらわねばならぬという恐るべき論理が出てくる。本当はこう言わねばならぬのに－誰かの健康を害してしか成り立たぬような文化生活であるならば，そ

の文化生活をこそ問い直さねばならぬと。じゃあチョンマゲ時代に帰れというのかと反論が出る。必ず出る短絡的反論である。現代を生きる以上，私とて電力全面否定という極論を言いはしない。今ある電力で成り立つような文化生活をこそ考えようというのである。…いわば発展とか開発とかが，明るい未来をひらく都市志向のキャッチフレーズで喧伝されるなら，それとは逆方向の，むしろふるさとへの回帰，村の暗がりを懐かしいとする反開発志向の奥底には，『暗闇の思想』があらねばなるまい。まず，電力がとめどなく必要なのだという現代神話から打ち破らねばならぬ。ひとつには経済成長に抑制を課すことで，ひとつは自身の文化生活なるものへの厳しい反省でそれは可能となろう。冗談でなく言いたいのだが，『停電の日』をもうけてもいい。」(15)

国家や巨大企業が勝手に作り上げた「負の公共性」論に潜む偽りを疑い，生活の安全を他者に委ねるのではなく，営む普通の市民たちにとって本当に安心できる生活の基盤を作り上げること，いうなれば「市民自身による公共性」の獲得がいかに重要であるかを，私たちは「暗闇の思想」から理解することができるのではないだろうか【参照⇒第15章②：「グローバルからローカルへ」のテーマ，および第16章⑤：ファノンの「一つの橋の思想」とのつながり】。それはまた，ヒバクシャや原発ビジネスが"グローバル化"する今日の状況に鑑みるならば，共生と協働の原則を基礎とする地球市民社会への創造努力にとっても重要なメッセージとなり得る。

⑨ おわりに

松下氏も明言しているように，反核・脱原発の生活実践は「電気などなくてもよい」などという乱暴な論を前提にしているのではない。主張すべきことは，極めてシンプルなことだ。放射能や放射性廃棄物を周辺部に押し付けたり，核兵器の拡散恐怖を助長するなど，他者を犠牲にしてまで「豊かさ」を求めることはもうやめにしたい，そんな「豊かさ」は真の「豊かさ」とは無縁のものだ。

際限もなく電力を大量に生産し，大量に消費することを前提としたライフスタイルを改め，「核の呪縛」から自由でありたいとの声をあげることが，そのためには必要だ。

　あらためて冒頭にある日本の発電量推移に目を転じて欲しい。これが原子力発電所の建設を推進しようとしてきた独占的電力業界の作為的な資料であることを承知のうえで，あえてそれに「乗ってみて」考えてみても，私たちが2017年予測の約6割の消費水準である1990年の電力生活に戻ることさえ覚悟すれば，原発への依存をほぼ完全に断ち切ることも，けっして不可能ではないことがわかる。さらに，省電力消費財の普及努力や代替自然エネルギー利用の広がりは，電力消費の節制目標の底上げに大きく寄与するだろう[16]。脱原発はけっして不可能ではない。止め処もなく資源を浪費し，地球環境に破滅的な結果をもたらしかねないライフスタイルを改める，その第一歩として，市民の目（監視）と手（管理）が届かない集権的なエネルギーシステムへの依存・従属に歯止めをかけ，自らが生産し，手軽に管理できる分権的・自主的なエネルギーシステムへの転換を目指すことを真剣に考え，行動することが重要だ。

　十和田市の苫米地さんは「放射能を出す原発と対抗するために」と，家庭に太陽光パネル発電装置を取り付けたという。「電気を生み出し，それを売ることで電力会社，原発，放射能とたたかっているんですよ。」－苫米地さんはそう明るく笑っていた。また，同じく六ヶ所村の再処理工場に反対する七戸町の農業家である听（さそう）清悦さんは，苫米地さんと共に来校されたおり，「私たちが電気を買うときに，コメと違って"ブランド"を選べないのはおかしなことです。まず，地域を電力会社の地域独占をやめさせ，電気を自由に買えるようにすべきだし，またコメと同様で"銘柄"を勝手にブレンドしないで，この電気は太陽光から，この電気は水力から，この電気は原子力からと明らかにした上で消費者に選択を迫るべきでしょう。たとえば，もし原子力が嫌，という人がいたらそれは買わないで済むというように」と語り，市民としての主体的な「電気選択権」の必要性を訴えていた。

　多くの日本人の心情として，「フクシマ」はヒロシマ，ナガサキに続く第三

の原爆投下とでもいうべき大事件だった。原爆という巨大な惨禍を経験したあの時の日本人が，その後にむかえた 1945 年 8 月 15 日を「リセットの日」とし，侵略戦争の拒否と国家による死の強要からの解放を心奥深くに誓い合ったように，2011 年 3 月 11 日は「豊かさ幻想」への無批判な追従への決別の原点となるべき日付として銘記されなければならず，戦後日本のエネルギー政策を転換する（おそらく）最後の機会となるのかもしれない。「フクシマ」を乗り越える道が原発への依存から脱却し，再生可能な自然エネルギーを主体とした社会経済の仕組みに作り変えてゆくことにあるのは明白だ。まずは，補助金と建設・運転に伴う利権に取り囲まれる政・官・産・学の「原子力複合体（原子力マフィア）」にメスを入れ，分厚い既得権を速やかにそこから引き剥がす。そして 1 基 4,000 億円にものぼる原発の建設費を，各工場や家庭に備え付けられるべきソーラーパネル装置などへの補助金にシフトし，家庭では消費電力の半分程度の自家発電が可能なようにし，併せて蓄電機能を高めるための技術革新を支援する。

　また聕さんがヒントを与えてくれた，電力の由来を「色分け」する手も有効かもしれない。たとえば，再生可能な自然エネルギー由来の電気は「緑」(グリーン)，化石燃料由来の電気は「赤」(レッド)，ウランやプルトニウム由来の電気には「紫」(パープル)といった具合に。現状の算出コスト比較では「緑」の料金は相対的に高くなるかもしれないが，「赤」には CO_2 排出対策としての環境税を，そして「紫」にはさらに再処理に伴う経費，放射性廃棄物の保管費，それに重大事故発生時のリスク税を上乗せしてもらおう。さらに，現在，電力会社が独占している発電，送電の所有形態を分離して自由競争を促すなど，地域独占となっている現在の電力供給のあり方を見直し，特に再生可能自然エネルギーを主体とした地方の中小電力会社の参入を積極的に認める。消費者は自由に「色」と会社を選択し，契約する。自然環境に優しく，事故時にも破滅的な災厄をもたらさない自主的・分権的な再生エネルギー志向の高まりは，「緑エネルギー・シフト」を支える力となりえるだろう。そして，それは緑エネルギー関連産業の育成をより強力に後押しし，技術革新への強い追い風ともなり，自然との共生という新し

い原理に基づいた経済発展の可能性を拓く。さらにいえば，国際競争力を備えた「緑インダストリーズ」の登場は，近未来の日本の産業構造さえをも一変せしめる転機となり得るだろう。

　発信するメッセージは，自らの生活は自らの手でこそ作り出されねばならないという信念，そして人々が協働して自身の暮らしを形作ってゆくための力を生み出す相互関係の尊さだ。いわゆる「豊かさ」・「便利さ」を担保にして，今ある生活スタイルやエネルギーの浪費構造に甘え続けるならば，地球温暖化問題さえもが原子力発電の推進に利用されるという倒錯した状況がこれからも続くことだろう。「核の道」を進むことに対して勇気と英断をもって立ち止まり，引き返すことが必要だ。そのための知的指針は，地球市民社会における相互の関係性をあらためて捉えなおし，周辺部に置かれ続けてきた人々の暮らしへの配慮と尊重に思いをはせること，そして公平公正な協業精神に基づいた新しい「公共性」を創造していく道筋のなかにこそ見出せるだろう。

【ディスカッションのために】
1. 原子力発電に代表される国家や地域独占の電力会社が占有する"集権的な"エネルギー生産と管理のあり方について，その問題点を考えてみよう。
2. 原子力の利用に関して，いわゆる「軍事目的」と「平和目的」の利用には，果たして明確な区分がありえるのだろうか。あるとするならば，それはどのような「基準」に基づくのだろうか。
3. 再生可能な自然エネルギーを利用していくことの必要性が叫ばれるようになってきているが，その意義はどこにあるのだろうか。また，それはどのように生活スタイル（あるいは生活の価値観）の変容を促していくのだろうか。
4. この章では自分たちが得る「便利さ・豊かさ」が誰かの犠牲の上に成り立っているのではないか，という疑問を提示している。現代社会の

中に見られるこうした関係性―いわゆる「共犯関係」に陥っている関係性―が明らかな事件として，他にどのような事例があるだろうか。

【リーディング】

雁屋哲・花咲アキラ『美味しんぼ104巻・食と環境問題』（小学館，2010年）
高木仁三郎『著作集1～10』（七つ森書簡，2001年～）
松下竜一『松下竜一・その仕事12・暗闇の思想を』（河出書房新社，1999年）
ユンク．R．（山口祐弘訳）『原子力帝国』（社会思想社・教養文庫，1989年）
グループ現代　映画「六ヶ所村ラプソディー」（2006年）
　〃　　　　　映画「ミツバチの羽音と地球の回転」（2010年）

【注】

(1) 原子力委員会編「原子力白書・平成21年版」16～17頁。
(2) 元素の周期律表で94番目にあたるこの元素の命名方法については，当時の天文学での惑星発見と並行して進んでおり，92番目のウラン／ウラヌス（天王星）の外側，93遍番ネプチウム／ネプチューン（海王星）の次という意味で，プルトニウム／プルートン（冥王星），すなわち「地獄の王」という名称があてられることとなった。
(3) 実験現場のコードネームは「トリニティー」，すなわちイエス・キリストの本質たる神／聖霊／人的属性の三位一体を表す用語として「神の到来」を想起させる場というわけだが，それとは裏腹に，「冥王の火」はアメリカ合衆国が最終兵器という切り札を得て大戦後の世界の覇権を握るというパワーポリティックスと膨大な資金，そして巨大科学技術を支えた超管理システムとの三位一体の産物だった。
(4) チャーチル（毎日新聞翻訳委員会訳）『第2次大戦回顧録』（毎日新聞社，1952年）。
(5) 大日本帝国の国策に利用された人々は結局，「国体護持」の名のもとに切り捨てられた。取り残された人々の逃避行進は悲惨を極め，満蒙開拓に携わった10万人以上の民間人が満州の土になり，シベリアなどに約60万人が拘留されたほか，**離散した家族の子どもたちの一部は現地中国人に引き取られ，いわゆる「中国残留孤児」の運命を強いられることともなった。**
(6) 1945年12月末推定集計，死亡者は後に14余万人とされた。長崎原爆資料館展示資料。
(7) 高木仁三郎『著作襲4・プルートンの火』（七つ森書館，2001年）中，吉川路明「解説と解題」696～697頁。

(8) 六ヶ所村の核燃料再処理工場の排気煙突や排気口からは大気・海水中にクリプトン，キセノン，トリチウムなどが捕集されずに放出される。放出される主な放射性同位体の半減期は以下の通り。トリチウム12年，クリプトン【85】10.3年，ストロンチウム【90】28年，ヨウ素【131】8.1日，セシウム【137】30年。
(9) 平成20年度実績，首都圏エネルギー懇談会資料より。
(10) 原発の立地促進を目的に1974年制定された電源開発促進税法，電源開発促進対策特別会計法（現・特別会計に関する法律），発電用施設周辺地域整備法を総称する。2008～10年度の当該予算項目では約1,300億円前後。
(11) 2011年5月9日付「毎日新聞」紙。
(12) 日本原子力委員会編，注1掲載書。
(13) ユンク R.（山口祐弘訳）『原子力帝国』（社会思想社・教養文庫，1989）115～116頁。
(14) 2010年7月5日付，文教大学国際学部「国際学入門」講座に関する講座受講生への手紙より。
(15) 松下竜一『その仕事12・暗闇の思想』（河出書房新社，1999年）140～142頁。
(16) 実際，2011年7月26日に民主党の国家戦略室が党成長部門会議に提出した試算によれば，一切の節電措対策を行わない場合でも，54基の原発すべてを停止した場合の2012年ピーク時電力の需給ギャップはわずか9.2％（供給1億6,297万kw，需要1億7,954万kw）に過ぎない。しかも，この試算は限られた時間の，いわば「瞬間値」でしかないピーク時電力をベースになされており，原発がなくても，多少の節電を行えば需給ギャップをほぼ解消できることは容易に推測できる。

（奥田孝晴）

第15章
市民社会とグローカリゼーション

> 【キーワード】
> 映画自主上映会,「幸せの経済学」, オルタナティブ・メディア, 市民, グローバリゼーション, ローカリゼーション, ニュー・エコノミクス, グローカリゼーション

1 はじめに

「幸せの経済学」という映画[1]がある。みなさんにとって「映画」とはおそらく, ショッピングセンターに併設されているシネコン (シネマコンプレックス=複合映画館) でみるアメリカのハリウッド・メジャー映画や日本映画などの娯楽劇映画のことだろう。あるいは「映画」とは, TSUTAYAなどのDVD／ブルーレイレンタルでみるものなのかもしれない。

日本国民のメディア接触の特徴は, テレビや新聞のマスメディア中心のメディア接触が世界的にみても長時間であることだ。もっとも, 若い世代 (特に20代男性) のテレビ離れ現象は, 世界的傾向と連動して, 顕著なものとなっている。映画に関しても日本国民の映画館での映画鑑賞数は年間1.3回で, 映画産業大国のアメリカ合衆国の4.5回に比較しても余り映画をみない国民になりつつあるのかもしれない。

こうしたメディア接触状況において, さらに日本国民はオルタナティブ・メディア (alternative media) への関心が余り高くないという傾向がある。オルタナティブ[2]・メディアとは, 既存の新聞やテレビなどのマス・メディアに代わる, 代替的な, もう1つのメディアのことである。ミニコミ, 無免許ラジオ, NPOラジオ, 市民ケーブルテレビ局およびインターネットなどの自主メディ

アや個人メディア，地域メディアなどのオルタナティブ・メディアは，世界の情報の均質化に抵抗するメディアなのである。

　欧米では1960年代以降，一般市民のメディアへの「パブリック・アクセス」が，権利要求され，1980年代からはコミュニティ市民が公共のメディア資源や財産にアクセスする権利が法的に制度化されてきている。市民が情報発信手段としてのメディアにアクセスしたり，市民が自主的にメディアの番組製作や番組放送に参加したりしているのだ。こうした市民メディアは，実質上，オルタナティブ・メディアとして機能している。

　日本でも1995年の阪神大震災をきっかけにオルタナティブ・メディア運動が多少はみられるようになっている。現在でもオルタナティブ・メディアとしての市民メディアにおいて，インターネット・ブログ・電子メール・SNS（ソーシャル・ネットワーキング・サービス／mixiやfacebookやtwitterなど）が注目をあびている。地域社会にある「大学」もこうしたパブリック・アクセスの番組を製作・放送する可能性が期待されている。実は，「大学」（の授業や科目）は，マス・メディアが扱っていない，あるいは扱うことができない情報／知識を（潜在的市民である）学生に発信・伝達するオルタナティブ・メディアとして把握することも可能なのである。

　ここではWebサイトではなく，市民メディア／オルタナティブ・メディアとしての「映画」の可能性に注目してみたいと思う。「映画」といってもシネコンの映画のことではなく，各地で開催される自主上映会形式においてみる「映画」のことである。映画の自主上映会も，これまではフィルム上映しかなく，映写技術が必要で上映会開催も技術的に困難が伴っていたが，昨今は，プロジェクターとDVDの再生プレーヤーがあれば，ある意味，市民の誰でもが（いくつかの手順を踏めば）上映会を開催できるようになっている。そこで映画館でなく，ある映画を上映する空間を地域に作ることで，オルタナティブ・メディア運動としての「映画」自主上映会が各地で開催されている。そのような「映画」の一つが，「幸せの経済学」というドキュメンタリー映画である。

　自主上映会で上映される「映画」は，娯楽劇映画というよりも，何らかの

「社会問題」を扱ったドキュメンタリー映画が多い。何かしらの問題提起，あるいはテーマやメッセージがある映画であり，マスメディアでは扱っていない社会現象について，人々に啓発・教化する面が大きい映画である。それゆえにドキュメンタリー映画のようなものを見慣れていない観客にとっては，こうした映画鑑賞は，情報過多になる傾向が大である。そのためにも上映会では，単に映画上映だけでなく，上映後の講演会，討論会，意見交換会，質疑応答の時間を持つことが重要になってくる。実はここに市民メディア／オルタナティブ・メディアとしての「映画」自主上映会開催の真骨頂があるのだ。

2 「幸せの経済学」

「幸せの経済学」は，どのような映画なのか。この映画の「あらすじ」は以下のように描写されている。

> 30年前まで外国人立ち入り禁止地域だったヒマラヤの辺境ラダック（チベット文化圏）にも押し寄せた近代化の波は，彼らの生活を一変させた。急速に世界に広がった西欧の消費文化は，彼らと自然との関わりを切り離し，人との繋がりを希薄化させることで，彼らの「伝統的生活様式」を一変させ，彼らの「アイデンティティーや伝統文化の誇り」までも奪っていった。それまでいきいきと目を輝かせて暮らしていたラダックの人々が10年後には，「欧米文化に比べて自分たちは何も持っていない，貧しいのだ。支援が必要だ」と訴えるようになった。この映画では消費文化に翻弄されるラダックの人々の姿を通して，グローバリゼーションの負の側面を指摘し，本当の豊かさとは何かについて説いていく。この映画の監督ヘレナ・ノーバーグ＝ホッジ[3]〜[5]は，その解決の糸口として，「グローバリゼーション」の対極にある「ローカリゼーション」を提案する。地域の力を取り戻すローカリゼーションの促進が，切り離された人と人，人と自然のつながりを取り戻し，地域社会の絆を強めていくと彼女は語る。実際に，本当の豊かさを求めて，持続可能で自立した暮らしを目指すコミュニティの構築は，世界的に広がりつつある。映画の中ではその例として，日本の小川町での取り組みや，キューバで起こったオイル・ピーク[6]

についてのサステナブルソリューション（持続可能な解決法）についても取り上げる。

　この映画のメッセージは，ISEC（エコロジーと文化のための国際協会）を中心とした思想家や環境活動家の訴えとして，気候変動や金融危機など人類が直面している最も緊急な問題の根本原因の大部分が，持続不可能なグローバル経済システムによるものではないかと考え，そしてこれらの問題の解決方法がローカリゼーションである，ということである。「グローバルからローカルへ」をテーマに，「文化的・生物学的多様性を尊重し回復させるためには，私たちの経済活動をローカル化させ，地域社会に目を向ける必要がある」と訴えている。グローバル経済から脱却し，暮らしをローカル社会へシフトさせることが，人を幸せにし，「豊かな暮らし」にする，と主張し，ローカリゼーション・ムーブメントへの参加を促しているのだ。消費型社会を見直し，「地域に眼を向けること」によって，その土地にある資源や文化を再認識し，人と人，人と自然との関係を紡いでいく「『コミュニティの再生』の重要性」が訴えられている。それゆえに，3・11という大きな震災を経験した私たちにとって，真の豊かさとは何か，どうやって持続可能で幸せな暮らしを作っていけるのかについて，この映画は，私たちに再考する機会を与えてくれているのである。

　今日のラダックは，伝統文化では知ることのなかった広範な問題に直面している。こうしたラダックの変化の原因を，この映画では，外部の経済圧力に見出そうとしているのだ。数世紀に渡りラダック文化の礎だった共同体や自然との結びつきを破壊し，強度の競争を作り出した圧力の背後に，グローバリゼーションがあると指摘するのだ。

　ある意味「情報過多」なこの映画のメッセージをよりよく理解するために，以下ではより詳しい映画の内容を，映画のナラティブ・ナレーションに沿って再検討してゆくことにする。ドキュメンタリー映画には，一冊の単行本以上の情報が含まれていることがある。特にグローバリゼーションおよびローカリゼーションについての情報を咀嚼するために映画のメッセージをみていく。

3 グローバリゼーションとは何か

　グローバリゼーションとは何か。英語のグローバリゼション（globalization）という用語は，通常，経済グローバリゼーションの用語と密接に結びついている。貿易や対外投資，資本の流れ，移民，テクノロジーの移転，軍隊の存在を通じて，各国の国民経済を国際経済に統合することなのである。効率のよい国際分業を通した物質的な富や商品やサービスの増大を目的とし，関税や輸出課徴金や輸入割当などの国際貿易への障壁を減らすことで，世界の経済秩序の統一化を増すことを意味しているのだ。

　他方でグローバリゼーションとは，通信や交通や輸送や貿易を通して，地域の経済・社会・文化が統合されてきた過程を記述するものでもある。グローバリゼーションは，経済的・技術的・社会的・文化的・政治的・生物的な諸要因の組み合わせによって推進されていると認識されてもいる。さらに文化変容を通して，思想や言語や文化が国家を越えて流布することも意味しているのだ。

　この映画では，「グローバリゼーション」を以下のように定義している。

グローバリゼーション（globalization）
1. ビジネスや銀行が地球規模に事業展開できるように貿易・通商や財政・資金調達などの規制緩和をすること。
2. 多国籍企業の支配する単一世界市場が出現すること。
3. ただし，国際協力（international collaboration）・相互依存（interdependence）・国際社会（global community）としばしば混同されている。

　グローバリゼーションは，今日，世界を変化させる強力な原因の1つであり，世界中の社会に影響を与えている。グローバリゼーションによって，世界の人びとの距離が近くなり，コミュニケーションや旅行がしやすくなるので，グローバル化の経済活動は，未来の大きな希望であり，特に世界の貧困問題の解決策だと考えている人もたくさんいるが，この映画では，グローバリゼーションの核心は，経済過程であり，規制緩和・自由化（deregulation）だと捉えており，今日私たちが直面している多くの諸問題の根本原因であり，進行中の脅威だと

見なしている。「利益」に焦点がある大手銀行や大企業が世界中の地域経済に「自由」に参入し，競争や分裂を加速させているのではないかと捉えているのである。

　こうしたグローバリゼーションは，約500年前にヨーロッパではじまった急速な膨張主義・拡張主義（expansionism）にさかのぼることができ，植民地主義の形をとってきた。現代の新植民地主義は，「援助」パッケージというローン（負債）の形をとって（途上国）国家の貧困化を生じさせているが，一見そうとは認識できないようになっている。植民地時代の商人の末裔である現在の多国籍企業や金融機関は，資金や財源や安い労働力を入手しやすくなっており，大いに発展成長し，事実上，国家政府を支配し，経済政策に影響を与え，人々の世論や世界観をも形作っているのだ【参照⇒第5章②：植民地主義と垂直分業システムについて】。

　大企業はグローバリゼーション／規制緩和／自由化を求めており，商品や金融のグローバル貿易は拡大し続けている。映画では，こうしたグローバリゼーションについて，「グローバリゼーションについての8つの不都合な真実」として，以下のようにまとめている。

グローバル経済の8つの不都合な真実[7]
① 人々を不幸にする（グローバリゼーションは私たちを不幸にする）
　欧米で増加している，うつ病。物質的な豊かさだけでは人は幸せになれないことを，アメリカの世論調査が示しています。その調査では，「非常に幸福」と答えた人の数は1956年以降，年々減少中。(です・ます調のところは，映画パンフからの引用，以下同様）

　ここでは，グローバリゼーションが私たちの日常生活のすべての面に深く関与していることが語られている。英米の精神科医や心理療法士などの言葉として，西洋におけるうつ病の増加，消費イメージにおけるフラストレーション（欲求不満）の高まり，過剰労働によるストレスの増大が，語られ，物欲のプレ

ッシャーは幸福をもたらさないと指摘されている。物質的な豊かさがコミュニティを蝕んできて，グローバリゼーションが独りぼっちの人間を作り出していると語られ，幸せな人とは，この世で自分が独りぼっちでないことを知っている人であることが述べられている。つまりここでの「不幸」とは，孤立のことであり，この孤立がグローバリゼーションによってもたらされている，と指摘されているのだ。

② 不安を生み出す（グローバリゼーションは不安定を産み出す）

企業は人々に最新の商品購入を促します。その消費行動からは，ねたみと差別化が生じ，つながりや愛は生まれません。「アメリカへの価値観を模倣している」とリチャード・ハインバーグは指摘しています。

近代の消費者資本主義以前には，人々の自分らしさの感覚は，主に共同体や近隣関係を通じて形成されてきたが，現代では企業やマーケティングや消費生活がアイデンティティのパッケージ商品を用意してくれ，こうした商品を購買・消費することで「自分らしさの感覚」が作られている，と指摘されている。企業は，子どもの「育ての親」として子どもたちの欲望（欲しいもの，食べたいもの，買いたいもの）を育成し，若者たちはピアグループ（仲間集団）のプレッシャーから，最新の商品やブランドもののファッションやファーストフードを「カッコよく」購買するが，こうした消費行動は，自分たちの自己肯定感やつながりの感覚ではなく，逆にねたみや分離や不満や競争心しかもたらさないのである。若者たちは自分の母語や文化や地域や農業を拒絶するようになり，「アメリカ」のライフスタイルへの憧れという欲望に魅せられてしまっているのだ。(クライヴ・ハミルトン参照)

③ 天然資源を消費する（グローバリゼーションは自然資源を浪費する）

消費主義を押し進めると，生態系が破壊され自然資源は限界に達します。しかし，現状の経済システムはより多くの消費を人々に促し続けています。これ以上工業化が進むと食糧難や飢餓を招き，人類滅亡の危険性も。

グローバリゼーションが促進する消費文化・消費主義は，資源集約型の都市化と相まって，大量生産／大量消費の工業化のために，大量の再生不能な自然資源を消費し続けている。これは，地球全体の生態系によくないことが起こる前兆となっているのだ。都市化は，インフラの整備，食料・水・エネルギーの供給，ゴミ処理という問題の解決のために，自然資源の消費を促している。しかし自然資源の消費やサプライ・チェーンの供給量は限界に達している。「もっともっと」の消費社会の先には，生態系の崩壊，世界的な飢餓や飢饉，そして種の終焉もみえるのだ。

④ 気候を激変させる（グローバリゼーションは気候変動を加速する）

　不透明な補助金やゆがんだ規制によって，遠方の品物が近くの品物よりも安いことが多々あります。アメリカでは，同じ品目の輸入量と輸出量がほぼ同量になるという現象が起き，環境破壊が進んでいます。

　グローバリゼーションの論理は，生産者から消費者への製品の長距離輸送を要求する。国家の隠れた補助金やゆがんだ規制のせいで，はるか遠方からの品物の方が地域産の品物よりも安いことがよくある。穀物・肉類・家畜・缶詰めの食料および廃棄物などありとあらゆる種類の製品が毎日地球上を行き来している。経済成長を促す自由貿易協定による国際貿易の結果として，今日の国々では同じ製品の輸入量と輸出量がほぼ同一となっている傾向がある。この国際輸送システムは，不経済であり，多くの無駄がある。こうした製品の国際輸送システムが，世界のCO_2排出量の増加の要因なのである。

⑤ 生活を破綻させる（グローバリゼーションは暮らしを破壊する）

　現状のグローバル経済は，失業者を生み出しています。特に小規模農民は，現在の開発モデルが都市化を促進しているため，農地での仕事量が減少。インドでは10万人の農民が自殺に追い込まれています。

　グローバル経済は，カジノである。潜在的敗者である私たちのうち，一番の敗者は失業者である。世界の人びとの暮らしが脅威にさらされており，賃金労

働をすることさえ困難になってきている。第一の犠牲者が小規模農民だ。グローバル経済の開発モデルは都市化を促進し，農民の数を減少させている。土地から引き離され都市に追い出された農民たちは，安価な労働力か失業者にならざるをえないのだ。使い捨ての人になることは，人間の最大の危機なのだ。

⑥ 対立を生む（グローバリゼーションは対立を増大させる）

　貧富の差を生じさせるグローバリゼーションは，選択肢のない人々を追い込みます。結果，テロリズムが生まれるのです。ラダックでは，かつて共存していた仏教徒とイスラム教徒の争いが生まれました。

都会に押し出された農民たちは，多様な民族的・宗教的背景の下で，希少な仕事を求めて競争をはじめる。かつては容認され共存してきた多様な差異が，ここでは脅威・原理主義・紛争の原因になる。都会で自分たちの言語・ルーツ・歴史を破棄してしまうと，人々は「誰でもない人」になってしまうのだ。グローバリゼーションは，世界をみる見方を画一化し，1つの世界観しかもてないようする。私たちの社会の多様性にとって危険な状態である。グローバリゼーションは，貧富の差を作り出し，失業者を量産し，競争を激化させ，死活問題で選択肢のない人を生み出し，その結果として摩擦・対立・暴力・不和・殺しあい・テロリズムが生じるのである。

⑦ 企業へのばらまきである（グリーバリゼーションは大企業への施し物＝補助金のうえに築かれている）

　例えば政府の援助なしに，原子力発電の開発はできません。多額な税金が企業に投入されているのです。また，中小企業にとって不公平で負担のかかる規制緩和が世界レベルで急速に進展しています。

グローバリゼーションは，止めることができない，自然過程のようなもので，自由市場によって導かれていると一般には思われている。どの政党も，自由市場の力と価値には同意しているようである。しかし，実際には本当の「自由市場」など存在していない。自由市場は，大企業本位の「効率」尺度によってい

るのだ。国家からの補助金がなければ，原発も存在できないし，多額の援助金が大企業の継続のために投入されている。政府からの援助金無しでは，現在のグローバル経済は維持できないのだ。また大企業への支援は，貿易や金融の規制緩和の増大を通じてもなされている。グローバル経済では規制緩和の結果として多国籍の企業や銀行が地球規模で「自由」に営業している。他方で国民経済では規則一点ばりのお役所的な官僚制があり，中小規模の企業には不公平なのである。国際的な金融協定や貿易協定の「自由市場」では，投機が王様で，地域の人々は貧者になる。(アンドリュー・シムズ参照)

⑧ 誤った会計の上に成り立つ（グローバリゼーションは偽りの会計・経理に基づいている）

　社会はGDP[8]を成長させようと必死になり，豊かさをGDPで測っています。石油の流出や水質汚染，戦争の発生，ガンの増加などでGDP値が上がるのです。現在の経済成長や人間の活動は限界を越えています。

　政策立案者は，経済成長の拡大のためにグローバル経済を促進している。経済・政治・文化・社会システム全体が経済成長／GDP成長に焦点が当たられている。どんな問題（貧困・失業・環境など）も，経済成長の拡大によって解決できるかのようである。しかしGDPを社会進歩の尺度として用いることには，疑問を呈することができる。GDPは，原因がなんであれ（水質汚染や石油流出への対策費用，戦争の戦費，ガンの治療開発費など）貨幣の交換（つまり消費）にかかわれば，バランスシートはプラスに上昇するのである。検討すべきは，経済成長の指標ではなく，成長概念それ自体なのである。(デビッド・C.コーテン参照)

　人類の活動は今や地球の限界を越えている。有限の地球（資源）で，無限の経済成長はありえないのだ。地球環境はこの20年間悪化し続けている。一方で大企業は「グリーン経済」（環境に配慮した経済）を推進していると，大金を費やしてコマーシャルで消費者を説得しているのだ。表面的な解決策は，一般大衆にも広がっている。消費者個人の行動の変化が強調されているのだ。たし

かに個人でできること（環境に優しいエコ製品の購買など）はたくさんあるが，「私たちは個人的に問題を解決できる」が結論ではないのである。「社会としての解決」のために何かをしなければならないのだ。現行の社会システムを駆動している大企業は，巨大な政治権力をもっているのである。

　実のところ，どんな制度であれそれに権力を付与しているのは，私たち市民である。その権力の正当性を認めているのは私たちなのだ。ゆえに私たちがその正当性を頓挫させるならば，その権力も喪失するのである。経済成長の妄想に取り付かれていない経済を考える必要がある。「新しい経済（ニュー・エコノミックス）」の目的は，利益を最大にすることではなく，質の高い，満足のゆく仕事を供給し，人々が本当に必要とする商品やサービスを生産することである。

　1972年にブータン国王は，国民総幸福量（Gross National Happiness, GNH）という「尺度」を提唱した。国民総生産（GNP）などで量る金銭的・物質的豊かさを目指すのではなく，心理的幸福や精神的豊かさを目指す国家の開発政策の概念を作り出したのだ。経済成長率や消費や所得が高い国の人は本当に豊かで幸せなのか。他者とのつながり，自由時間，自然とのふれあいなどが人間の安心な生活の不可欠の要素なのではないかと，考え直した世界中の経済学者たちが，幸福や繁栄について，もっと意味のある測定法を開発しはじめたのだ。そのような尺度の1つに，GPI（Genuine Progress Index）がある。

　GPIの目的は，生産物や物質的な富だけでなく，人間の社会コミュニティや自然環境の富についてももっと正確に包括的に測定することである。実際，GPIは社会的・環境的・経済的な利益と費用（コスト）のすべてを測定する指標なのである。遠く離れた所から輸送されてきた商品は地元で生産された商品よりもはるかに費用がかかることを理解しはじめたのだ。

　現行のシステムでは，生産と消費の距離が増大し，人々と政府権力の間の距離も増大している。経済のグローバリゼーションは，こうした増大に責任があるのだ。経済のグローバリゼーションによるこうした諸問題に対する打開策として，この映画では，ローカル経済への転換を提唱している。今こそ，政治・経済・文化・精神をローカル化しはじめるべきであり，ローカリゼーションを

始める時なのである。意味のある経済があるとするならば，それはローカル経済なのである，と指摘している。

4 ローカリゼーションとは何か

この映画ではローカリゼーションが，次のように定義されている。
ローカリゼーション（localization）
 1．巨大な多国籍の企業や銀行を現在のところ優遇している財政支援などの廃止
 2．地域のニーズ（需要）のための生産に利して，輸出市場への依存を減少させること
 3．（しばしば孤立主義や保護（貿易）主義や貿易の排除と混同されている）

つまり，ローカリゼーションとは，法人資本主義に代わる体系的な遠大な代替案なのである。基本的に，経済活動の規模を縮小させるのだが，それは国際貿易の終焉や国民経済主義を意味するものではなく，地元で必要とするものを生産すること（地域のニーズが第一ということ）で，説明責任のある持続可能な経済を作り出すことである。政策レベルの第一歩は，多国籍企業を民主的な統制下に置くというプロセスを開始することである。

経済を具体化するために，政府が実行できる3つのメカニズムに注目する必要がある。国民経済レベルと国際自由協定の両方で，規制の対象／税金の対象／補助金の対象についての選択メカニズムである。現在，あらゆる政府は，巨大なグローバル企業を優遇するためにこのメカニズムを使用している。今後の社会的・環境的な崩壊を防ぐのならば，「地ならし」が必要である。たとえば，現在，原子力や化石燃料に使っている補助金の一部だけでも再生可能なエネルギーのために使われたら，あるいは自家用車のためのインフラ整備に使っている補助金の一部が大量（公共）輸送システムのために使われたら，達成効果は信じられないほどになるのだ。

この映画では，「ローカリゼーションのムーブメント」として以下のものが紹介されている。

① 企業と銀行のローカリゼーション（ローカルなビジネスと銀行業）

BALLE[9]という団体の活動では，地元企業の団結が進められ，地域の価値観に基づいた経済が作られはじめています。小規模ビジネスとローカル経済は，公平で持続可能な富を生むことができます。

ローカル経済は，グローバルな法人経済から独立し，コミュニティ価値によるコミュニティに基づいた人間関係や新しい経済を作り出している。より人間的な規模で機能している経済では，自分たちの選択の影響（化学薬品で汚染された環境や労働者の搾取など）に気付くことが容易になり，ビジネスはより説明責任のあるものになるのだ。

経済問題を再定義することで，ローカル経済は，これまで巨大な勢力だと思っていたものを統制できるようになった。グローバル経済は少数の富裕層を生み出し，大多数は貧困層だが，他方で小規模なビジネスやローカル経済は公正で持続可能な財を産み出すのだ。ローカルなビジネスは，ローカルな弁護士や公認会計士を使ったり，ローカルなテレビやラジオで広告したりという高水準の経営チームを有することによって，ローカル経済に貢献できるのである。

銀行業や金融業でもローカル化の動きがある。金融業を再規制することで，「大きすぎて倒産できない」とされる銀行においても，投機機能を主要機能から分離させ，お金を怪物ではなく僕（しもべ）にすることができるのだ。ローカルな銀行業やローカルな年金は，より安定な財政制度になりうるのである。

グローバルなビジネスから撤退することは，世界や国際協力や文化交流を退けることではない。グローバルな問題の解決のためには，グローバルな協力は必要なのである。それは経済のグローバリゼーションとは異なるのである。

② ローカルフード経済（ローカルな食物）

ファーマーズマーケット[10]や（消費者）生産者協同組合，地域（コミュニティ）支援（型の）農業，パーマカルチャー[11]，都市農園（菜園）などの食にまつわる多くの活動がはじまっています。地域に根ざした小規模農業は，多くの雇用と豊富な生産量を生み出せます。

ローカリゼーションが好ましいだけでなく必要不可欠である領域は，食物生産の農業である。生産者と消費者の距離を小さくすることで，フードマイレージ[12]を削除することで，石油依存の排気ガスを削除することで，そのお金をローカルな経済に投資するのだ。ローカルフード経済では，消費者の支払いは少なくなり，農民たちの稼ぎは増えるのだ。このローカルフードシステムは，環境にも有益である。

　ローカリゼーションは，土地の多様性の再生化にも構造的に関係している。グローバルな市場では，狭い範囲の標準化された生産物（つまり単一栽培作物）に限定されるが，ローカルな市場では経済利益のためにも生産物の多様さが増すのである。

　いろいろな食に基づく運動が出現している。上記以外にもエディブル・スクールヤード（食育菜園）[13]，スローフード[14]がある。逆説的に，ローカルフード経済再建の効果的な発案は，大都市の現象である。ロンドン，シドニー，サンフランシスコ，デトロイトなど。デトロイトは，自動車産業の崩壊で打撃を受けたが，ローカルフードへの焦点化によって，自分たちの生活に対する制御を取り戻している。食物の必要な人は，土地を利用して野菜を栽培しはじめたのである。

　ローカルフード（地産地消）運動の急速な成長は，企業秩序への挑戦を表わすものになっている。逆に大企業も，自社製品が「ローカル」であると広告宣伝するようになってきている。

　西洋世界のローカリゼーションは，第三世界から重要な輸出市場を奪っているとの議論があるが，現実は違うのである。南半球の貧困の減少は北半球の市場へのアクセスに依るという考えは，グローバリゼーションのものである。当然ながら，資源や土地，水，エネルギーは限られている。土地／水／エネルギーを使って，たとえばイギリスの世帯向けに，特等品レタスを生産すると，それはインドの農民から米や麦，水を奪うことになるのだ。

　南半球のコミュニティを支援するためには，食物の自給などの自立を達成することが必要なのだ。それが世界から貧困をなくす考え方なのである。

グローバリゼーションの支持者の議論では，大規模の産業的農場によってのみ，人口過剰の地球の人びとに食物を供給することができるということになっているが，小規模の，ローカルに順応した農場の方が2つの重要な点で効率的なのである。第一に，機械化・産業化が少ない方が雇用を多く創出できる。第二に，エイカー当たりの食物生産性が実質的に向上するのだ【参照⇒第11章⑤：フェアトレードやスローフード運動について】。
③　エネルギーのローカリゼーション（ローカルなエネルギー）
　　風力発電や太陽電池などの再生可能エネルギーを利用すれば，必要なエネルギーが確保できます。それらを開発する仕事は，旧来のエネルギー産業が生む雇用よりも多いため，地域社会を守ることにもつながります。

　地球温暖化，安価な石油時代の終焉がいわれているが，将来のエネルギー需要計画は，たいがい長距離輸送やグローバルビジネスの成長の継続を前提にしている。それは石油燃料の大量使用の継続を意味しているのだ。
　本当のエネルギー需要について基本に戻る必要がある。消費文化が強制してくるモノは本当に必要なのかが問われなければならない。衣服，住宅，食物，穀物は，近くの地元で生産できるのではないか。現在のシステムにおける無駄を削減すれば，分散型の再生可能な資源から，かなり高い割合のエネルギー需要を満たすことができるのである。また広範な再生可能なエネルギーのテクノロジーは，中央集権型の時代遅れのエネルギー・テクノロジーよりも，雇用を増やすことができるのだ【参照⇒第14章⑧：「暗闇の思想」との共通性】。
　ローカル化したエネルギーの追求の議論は，南半球においてしきりになされている。産業化の進んでいない世界では，たいていの人々は，いまだ比較的分散型の町や村に住み，石油燃料にもあまり依存していない。「開発」はいらないということではなく，さまざまな再生可能なテクノロジーを例示することはできるのである。慣例的な化石燃料基盤のインフラよりも，分散型の再生可能な類のインフラを導入する方が，高価でなく，容易なのである。それによって，コミュニティの組織構造や社会の凝集性の持続が可能にもなるのだ。

④ アイデンティティと地域の知恵（ローカルなアイデンティティ，ローカルな知識）

　子どもたちの学びの場である地域社会の結束を見直せば，子どもたちにロールモデルを示すことができます。大切な信念や価値観に触れることは自尊心や敬意を育て，地域のつながりや人と自然とのつながりを強めます。

　ローカリゼーションは，子どもたちにロールモデルを与え，外部をみることなく社会のなかで自分が誰であるのかを肯定する，あるいは自己肯定するための基準を提供してくれる。グローバルな消費者文化に背を向けて，お互いとローカルなコミュニティをつなぎ直すならば，子どもたちには非常に異なったロールモデルが提供されるのである。

　グローバルなメディアや広告における職業イメージは，人々に劣等感をもたらし，後にそれは，心の狭小感や嫌悪感に変形する。他方で，ローカルな子どもたちは，強みも弱味ももっている本当の生身の人間と同一化し，現実的な自分観や可能な自己観を持つことができるのだ。ラダックには，セレブなどはいなく，皆が「誰か」であり，そのような帰属感が自信や深い自尊感を築き，それがこの次は他者への尊敬を生み出すのである。

　ローカルな経済は，コミュニティを強化することによってだけでなく，地球とのより深いつながりを自然なものにすることによって，より確実なアイデンティティを創造する。ローカルな知識は，人生について教えてくれる知識なのである。（辻信一，2001 参照）

⑤ 世界のローカリゼーション（グローバルにローカル化する）

　デトロイトの都市菜園や，イギリス・トットネス発祥のトランジション・タウン[15]，埼玉県小川町[16]のごみのリサイクル活動など，持続可能な暮らしを目指すコミュニティが世界中に生まれています。

　ローカルなレベルでは，より持続可能な方法に向けていろいろなことが起きている。エコビレッジ[17]，トランジション・タウン，脱炭素シティー[18]などである。人びとは，長距離貿易よりもローカルなニーズ（需要）のためのロ

ーカルな生産（地産地消）を優遇することで，土台から経済を再建する活動をしているのだ。

　トランジション・タウン運動は，イギリス発祥の社会実験であり，創設者のロブ・ホプキンズによれば，その目的はもっとローカルに注目することであり，国際市場からローカルな市場に向けたローカルな農業に依拠していくのである。

　日本の埼玉県小川町では，生ゴミのリサイクルシステムの町ぐるみの（生ゴミの資源化）プロジェクトがはじまったところだ。世界的なローカリゼーション運動が始まっている。世界で4億人以上の小農が参加しているビアカンベシーナ団体は，グローバリゼーションに反対し，ローカルな食物の自立運動をしている。オーストラリアのバイロンシャイア市の地方政府は，多国籍企業に依存せずに，ローカルへのシフトを支援している。

　ローカルなコミュニティは，世界中で結び付くことや協力や情報の共有によって，力を得ている。西洋人には，消費者文化の美化されたイメージの背後にある現実を途上国の人々に暴露することで，果たせる重要な役割がある。第三世界の人々に，消費するなとはいえないが，その土地に暮らしていることが，馬鹿で時代遅れで原始的なのではないとはいえるし，自分が価値のある人だと感じるために消費文化を盲目的に真似する必要はないと，主張することはできるのだ。西洋の状況について，社会環境問題について，そしてより生態学的な，持続可能な解決法の探求についても，情報を提供できるのだ。西洋人は，コミュニティや自然との結び付きや時間など多くのものを失ってしまったのである。

　グローバルな消費者文化は私たちの期待を裏切っているが，「グローバル」が唯一の仕方で他に選択枝はないといわれている。だが，代替案はあると考える人の数は世界中で増えているのだ。

⑥　ローカリゼーションの未来（ローカルな未来）

　経済のローカル化によって人生の豊かさがもたらされる。コミュニティの価値や相互ケアの再発見は，本当の幸福，より良い生活の質をもたらす。経済活動の規模を減少させることで，私たちの幸福は増えるのである。ローカリゼーションとは，「つながり」についてのことであり，他者や自然的世界との相互

依存の感覚を再確立することである。この「つながり」は基本的な人間のニーズなのである。

「経済を『専門家』に任せるのではなく，経済変革のための運動に参加せよ。」という言葉で，映画はエンディングとなる。

5 グローカリゼーションと市民

さて，これでこの映画「幸せの経済学」のメッセージ，つまりグローバリゼーション（グローバルな経済）からローカリゼーション（ローカルな経済，ローカルな社会）への変革は，ほぼ理解できたのではないかと思う。グローバリゼーションとローカリゼーションが，対立概念となっているのがその特徴である。対立しているのは，多国籍企業本位の規制緩和／自由化および世界市場そして消費者資本主義や法人資本主義としてのグローバル経済（経済のグローバリゼーション）と，経済規模の縮小，地産地消，コミュニティ本位のローカル経済（経済のローカリゼーション）である。

ここで注意すべきことは，ローカリゼーション・ムーブメントが，反「グローバル」となっていないことである。定義のところでも触れているように，国際協力や国際社会や相互依存，国際貿易に反対しているわけではなく，孤立主義や保護主義や反貿易を擁護しているわけでもない。経済のグローバリゼーションに反対することは，世界や国際協力や文化交流を排除することではない。グローバルな問題を解決するためには＜グローバル＞な協力は必要だと述べているのだ。世界のグローバリゼーション・ムーブメントの例示のところで，グローバルなローカリゼーションという概念を用いているように，このレベルにおいは「グローバル」と「ローカル」は対立概念ではないのだ。ゆえに，このレベルのグローバルなローカリゼーションを指して「グローカリゼーション (glocalization)」という用語を導入しておくことにする。

オルタナティブ・メディア／市民メディアとしての「映画」自主上映会で観た「幸せの経済学」を通して，反グローバリゼーションとしてのローカリゼーション・ムーブメントを知ったうえで，「グローカリゼーション」をどのよう

に実践していくのかが今後の課題となった。実のところ，オルタナティブ・メディア／市民メディアとしての「映画」自主上映会開催ということ自体が，「グローカリゼーション」運動の例証の1つなのである。私たちは，オルタナティブ・メディアとしての「映画」自主上映会に参加して，映画からあるメッセージを受け取り，上映後に参加者たちと討論／議論をすること自体が，この映画「幸せの経済学」で示された「グローカリゼーション」の運動にすでに参加していることになるのだ。

【ディスカッションのために】

1. 自分のメディア接触の特徴を考察し，自分のメディア接触経験のなかにオルタナティブ・メディアや市民メディアへのアクセスがあるかどうかチェックする。メディア接触において，自分たちはどうしたら市民になれるか話し合ってみよう。
2. 「幸せの経済学」のなかでの「グローバリゼーション」の定義と，あなたのこれまでの「グローバリゼーション」の定義の異同について，みんなで考えてみよう。
3. ローカリゼーション・ムーブメントに関して，自分の周りで探してみる。実際に調べてみて関心をもったものを1つ取り上げて，自分とのかかわりについてほかの人と意見交換してみよう。
4. 「幸せの経済学」などの自主上映会に参加して，映画を観て，上映会での討論などに参加したり，映画についてほかの人と話し合ってみよう。

【リーディング】

デイヴィッド・ボイル／アンドリュー・シムズ（田沢恭子訳）『ニュー・エコノミクス―GDPや貨幣に代わる持続可能な国民福祉を指標にする新しい経済学―』（一灯舎，2010年）

ミッチ・ウォルツ（神保哲生訳）『オルタナティブ・メディア―変革のための市民メ

ディア入門』（大月書店，2008年）
デビッド・C.コーテン（西川潤・桜井文訳）『グローバル経済という怪物—人間不在の世界から市民社会の復権へ（21世紀ヒューマン・ルネサンス（人間性復興）叢書）』（シュプリンガー・フェアラーク東京，1997年）
辻信一『スロー・イズ・ビューティフル—遅さとしての文化』（平凡社（ライブラリー），2001年）
ヘレナ・ノーバーグ＝ホッジ（『懐かしい未来』翻訳委員会翻訳）『ラダック懐かしい未来』山と渓谷社2003，増補改訂版『懐かしい未来ラダックから学ぶ』（懐かしい未来の本，2011年）
ヘレナ・ノーバーグ＝ホッジ＋辻信一（ゆっくりノートブック5）『いよいよローカルの時代—ヘレナさんの「幸せの経済学」』（大月書店，2009年）
クライヴ・ハミルトン（嶋田洋一訳）『経済成長神話からの脱却 GROWTH FETISH』（アスペクト，2004年）
「幸せの経済学」映画パンフレット，ユナイテッドピープル，2011年

【注】

(1) The Economics of Happiness 2010年，ヘレナ・ノーバーグ＝ホッジ／スティーブン・ゴーリック／ジョン・ページ監督，英国・日本ほか8カ国制作，カラー68分，配給：ユナイテッドピープル（映画「幸せの経済学」オフィシャルサイト http://www.shiawaseno.net/　英語 http://theeconomicsofhappiness.org/）

(2) alternative：「もともとの意味は，「もうひとつの」，「代替的な」，「別の可能性」などがある。特定分野での主流的，体制的なものとは異なるもうひとつのあり方を提示することを意味しているが，徐々に近代化の流れに代わる新しい文明のあり方を創り出そうとする潮流全体を指すようになってきている。特定分野の使用例としては，風力，水力，太陽光・熱利用など，石油などの化石燃料とは異なる再生可能なエネルギー（オルタナティブ・エネルギー），西洋医療などとは異なる伝統医療や民間医療（オルタナティブ・メディスン），学校制度とは別のフリースクールやホームスクール（オルタナティブ・スクール），マスメディアが伝えない情報を伝えるメディア（オルタナティブ・メディア），開発途上国の文化や自然に配慮した観光（オルタナティブ・ツーリズム）など。」（ノーバーグ＝ホッジ 2003. p5, 2011., p11.）

(3) ヘレナ・ノーバーグ＝ホッジ（Helena Norberg-Hodge）：スウェーデン生まれ。言語学者。40の言語に翻訳され，世界各国で高い評価を得ている「ラダック懐かし

い未来」の著者であり，グローバリゼーションに対する問題提起や啓発活動を行っている世界的なオピニオンリーダーの1人で，世界中に広がるローカリゼーション運動のパイオニア。1975年，インドのラダック地方が観光客に開放された際に最初に海外から入った訪問者の一人で，言語学者としてラダック語の英語訳辞典を制作。以降，ラダック[4]の暮らしに「魅了」され，ラダックで暮らすことになる。そこに暮らす人々とともに，観光化と開発により地域に流れ込む理想化された消費型文化から，ラダックの伝統文化を守るという草の根運動である「ラダックプロジェクト」をはじめ，失われつつある文化や環境を保全するプロジェクト LEDeG（The Ladakh Ecological Development Group）http://www.ledeg.org/を設立し，グローバル経済の破壊的なインパクトに対し，ラダックの自立と誇りを強化するこの活動が評価され，環境保護や人権問題，持続可能な開発，健康，平和などの分野で活躍した人物や団体に贈られる（第二のノーベル賞と知られる）「ライト・ライブリフッド賞」[5]を1986年に受賞した。社会・環境問題や文化・生物多様性の保護活動をしているイギリスのNPOであるISEC（The International Society for Ecology and Culture：エコロジーと文化のための国際協会）http://www.isec.org.uk/の創設者，代表として，ラダックにおける住民たちの活動を支援し，民族紛争から生物多様性の損失，失業問題や気候変動まで，さまざまな問題の根本の原因を探り，より持続可能で公平な暮らしのあり方を目指し活動している。著書：*ANCIENT FUTURES Learning from Ladakh*, Sierra Club books U.S.A.1991

(4) ラダックについて，この映画では次のように紹介されている。

ラダックは，西ヒマラヤの「リトル・チベット」であり，何世紀もの間，外部世界から孤立した山岳地帯であった。（インド北部のジャンムー・カシミール州に属し，現在23万人ほどの人口がある。）最近まで農業や牧畜や周辺地域の中継交易（物々交換）によって自給自足の生活を送ってきた。その生活様式は，地域環境に根ざしたものであった。ラダックは，人々に喜びにあふれた輝きや活力があり，物質的な生活水準も高く，広々とした家や十分な余暇時間をもち，失業ということもなく，飢える人もいなかった。もちろん，安逸や贅沢なものはないが，その生活様式は西洋のものよりも持続可能なもので，喜びに満ち，豊かなものだった。1974年に外国人訪問が解禁され，ラダックは，突如，外部世界にさらされた。補助金つきの安価な食糧が，補助金つきの道路を通って，補助金つきの燃料で走るトラックで運ばれ，ラダックの地域経済の土台が侵食されてしまった。同時に，ラダックは，西洋の消費主義によって美化された広告やメディアのイメージにとらえられ，自分たちの文化を，相対的に，哀れなものと見なしてしまった。消費者文化に触れることで，自

分たちの生活が遅れたもので，乏しく，貧しいと思い始めたのである。
(5) 1980年にスウェーデンの国会議員 J.v.ユクスキュルよって創設された賞。毎年，4人の受賞者が，スウェーデン議事堂で表彰される。ノーベル賞とは，「候補者」を推薦できること，ノミネート過程が公開されていること，賞のカテゴリーがないことなどの点で異なっている。日本からの個人受賞者としては，脱原子力運動の故高木仁三郎氏が1997年に受賞している。(Right Livelihood Award サイト：http://www.rightlivelihood.org/)
(6) 石油ピーク (peak oil) とは，石油の産出量が最大となる時期・時点のこと。2060年に石油生産量がピークに達するとの報告がある。それ以降，石油産出量の緩やかな減退（石油減耗）がある。
(7) 「不都合な真実」(An Inconvenient Truth) は，地球温暖化問題に取り組んできたアル・ゴア（元アメリカ合衆国副大統領，ノーベル平和賞受賞者）の講演をフォローしたドキュメンタリー映画（デイビス・グッゲンハイム監督，2006年製作のアメリカ映画，第79回アカデミー賞長編ドキュメンタリー映画賞受賞作品）のタイトルである。
(8) GDP：国内総生産 (Gross Domestic Product) とは，国民総生産 (GNP) から，海外からの純所得を差し引いたもの。国民総生産は，一国の国民によって生産された付加価値を集計したもので，国民が外国で生産した価値の送金・回収分を含めるが，国内で外国人が生産した価値は含めない。国内総生産は，一国の国内で生産された付加価値を集計したもの。
(9) BALLE = The Business Alliance for Local Living Economies は，社会的責任のあるビジネスの北米ネットワーク。(http://www.livingeconomies.org/)
(10) ファーマーズマーケット (Farmer's Market) とは，地域の生産者農家が自分の農場で作った農産物をもち寄り，消費者に直接販売するスタイルの市場である。
(11) パーマ・カルチャー：パーマネント (permanent：永続的) とアグリカルチャー (agriculture：農業) とカルチャー (culture：文化) の組み合わせの言葉で，1978年にオーストラリアで生まれた，持続可能な暮らしのデザイン体系である。
(12) フードマイレージ (food mileage) とは，食物の輸送距離という意味で，食物の輸送量と輸送距離を定量化する指標である。
(13) カリフォルニア州バークレー市の市立中学校での食育菜園プロジェクト。The Edible Schoolyard: http://www.edibleschoolyard.org/
(14) スローフード (slow food)：1980年代半ばにローマ（スペイン広場）にファーストフードチェーン店（マクドナルド）ができた時にイタリアの伝統や家庭の味が

忘れられてしまうのでないかと，その土地の伝統的な食文化や食材を見直そうという運動（スローフード運動）がイタリア北部ピエモンテ州のブラ町で始まった。1989年，国際スローフード協会設立。スローフードは，ファーストフードの対立概念（つまり不買運動）だけではない。

(15) トランジション・タウン運動は，2005年秋にイギリス南部ボデン州の小さな町トットネス（totnes）で，パーマカルチャーの講師ロブ・ホプキンスを中心にはじまった。ピークオイル後の地球規模の環境危機を乗り越えるための草の根運動の1つで，市民自らの創意や工夫そしてコミュニティの力を活用し，暮らしをゆるやかにスローダウンさせることで，持続可能な社会へ移行（トランジション）していくことを目指している。2010年11月現在，世界で300以上の地域がある。日本にも2011年5月現在で，23地域での活動がある。神奈川県では，藤野，葉山，鎌倉である。茅ヶ崎も準備中である。(NPOトランジション・ジャパン http://transition-japan.cocolog-nifty.com/blog/intro4.html　英語 Transition Network: http://www.transitionnetwork.org/)

(16) [生ゴミ資源化事業] おがわまちマップ：http://tubasa-u.com/eco-ogawa/bio/index.html, NPOふうど：http://www.foodo.org/)

(17) エコビレッジとは，持続可能性を目標としたまちづくりや社会づくりのコンセプトである。1998年に国連が，持続可能なライフスタイルのモデルの「最良の実践例の100のリスト」の1つとして選んだものである。クリスタルウォーターズ（オーストラリア）やイサカ（ニューヨーク州）など世界中に15,000カ所あるそうだ。

(18) 二酸化炭素の排出の少ない町／社会のこと。スマートシティ，脱炭素社会（低炭素型社会）ともいわれる。オランダの「ゼロ・エミッションの町」ヘーアヒューゴワード市内「太陽の町」参照。

（椎野信雄）

第 16 章
共同的自助と国際協力：
「私たち」と「彼ら」の望ましい関係性を求めて

> 【キーワード】
> 宇宙船地球号，後発途上国（LDC），共同的自助（joint self-help），非政府機関（NGO），非公式教育（non-formal or informal education），マイクロクレジット（小規模金融），ソーシャル・ビジネス，「一つの橋の思想」，エンパワーメント

1 はじめに

　現代世界にあっては70億人の人々（そのなかには，もちろん私たち自身も含まれる）のかかわりの度合いがますます増し，互いに与え合う影響の度合いもまた格段に強まってきた。世界のある地点で起きた1つの事件が，たちまちのうちに自分たちの暮らしに影響を与えるということは，たとえば2001年の「9・11」以降に飛行機に乗る際の検査（特にアメリカへ行く時は大変だ…）がずっと厳しくなったことや，2011年の東日本大地震と福島第一原発の事故が放射能を世界中に拡散させ，ドイツやスイスなどでは原発開発計画にストップがかかる，といった事態などからも明らかだろう。一方で，若者に（オジサン，オバサンにもかな？）人気のユニクロ商品の大半が"Made in China"であることや，日本の企業が提携して中国で作らせていた冷凍ギョウザに毒物が混入していたとして大騒ぎになった，いわゆる「毒ギョウザ問題」の顛末1つをとっても，自分たちの生活が世界の人々のそれとかなり密接に関係していることに多言は要しない。「因縁」，すなわち相互依存の関係の深まりこそが，私たちが向き合っているグローバリゼーション言われる「今」という時代の特徴と，そ

れに付随する諸問題の本質的構造をよく言い表している【参照⇒第1章①：ガウダマ・ブッダの言葉から】。

　「世界の一体化」が意識されるのは，たとえば地球温暖化問題や石油やマグロなどの資源の枯渇をめぐる議論などを聞いた場合などだろうか。この時，私たちは自分が「宇宙船地球号」[1]の一員であり，世界の人々すべてにとって共通の問題が確かに存在することを痛感するかもしれない。ただし飢餓と飽食の共存，いっこうに解消されない貧富の差など，「宇宙船地球号」といわれるわりに，この世界は不条理に満ち満ちていることには注意すべきだろう。温暖化や資源枯渇の問題にしたところで，それによって最初に，かつ最も痛ましい被害を受けるのは，海面上昇に対して適切な対策を実施できず，高騰する資源や食糧を購入するだけの経済的余裕がない国々に住んでいる人々—たとえばサハラ以南のアフリカ，南アジア，中南米，などの後発途上国（Least Developed Countries = LDC）と呼ばれる貧困国の低所得層に属する人々—である。今，平均的アメリカ人が毎日摂取する栄養カロリー量が健康的生活を営むのに必要なそれのほぼ1.7〜2倍の水準（つまり明らかな過剰摂取）にあり，ニューヨークの街中をさ迷う野良犬でさえ摂取栄養量がLDCの子どもたちよりもはるかに大きい（つまり，ニューヨークの野良犬は第三世界の子どもたちよりも「良いものを食っている」）という事実，そしてLDCの子どもたちの多くが飢餓水準に置かれているという現実，さらには環境問題などにみる今日の地球全体の危機的情況をも考え合わせると，「宇宙船地球号」のイメージは，20世紀はじめに就航し氷山にぶつかって沈没してしまった，あの豪華客船タイタニック号に何やら重なってみえてしまう。タイタニック号は豪華な設備の特等席キャビンから船底の三等席まで，料金差によって厳然と区分されていた。しかも氷山にぶつかって沈没する際の脱出用救命ボートは特等席ゲストに優先的に用意されており，船底の人々にはほとんど救命手段が与えられていなかった。それどころか，パニックをもたらすことを避けることを名目にして甲板の脱出ハッチは閉ざされ，安料金の客たちは沈んでゆく船と運命を共にさせられた。

　人類すべてが仲良く，協力して暮らしを営むべき存在であるという意味にお

いて,「地球市民」という言葉が最近ではしばしば使われるようになっている。しかし,「共に生きる」という理念とは別に,実際の世界の人々の暮らしには大きな格差があるばかりではなく,一方への富の集中や飽食が他方には貧困と飢餓をもたらしている。現代世界の構造は矛盾したものであり,「共に生きる」こと自体が極めて難しい情況である。要するに,今の世の中まったくオカシイ！ というわけだ【参照⇒第15章3：グローバリゼーションの問題点について】。

この章では,グローバリゼーションのもとでますますそのつながりの度合いを増している世界の人々のさまざまな「関係のあり方」を考えたい。そのうちでも,私たちにとってとりわけ重要と思われるのが,世界人口の8割以上を占める第三世界（発展途上諸国）の人々とのかかわりだ。彼らの多くは今なお飢え,貧困や低開発状態から脱却できないばかりでなく,時には紛争に巻き込まれ,疫病やエイズの蔓延によって日々死の恐怖に直面している。そのような困難な情況をもたらした原因の1つとして,過去の欧米列強による植民地支配の問題や,先進諸国の保護貿易的措置,現在の国際政治・経済の仕組みなどがあることはすでに他章で触れた【参照⇒第4章2：「日帝36年」と強制連行および第5章2：植民地型偏向経済について】。一般に「先進諸国」と呼ばれている国に暮らしを営んでいる私たちが,さまざまな困難とハンディを抱え込んだ第三世界の彼らと向き合う場合,それは一体どのようなつながり（関係性）をもっているのだろうか,あるいは,つながるべきなのだろうか。また,「私たち」は「彼ら」のために一体何ができるのだろうか,あるいは逆に,何をすべきではないのだろうか。

ここで扱う課題は,21世紀の地球市民としての共生—文字通り,自・他が互いに支えあいながら自分たちの運命を自分たちの力で切り拓くことができるように共に協力し,生きること—を営むことができるようになるために,「私たち」と「彼ら」の間の関係をどのようにとらえそれを作り変えていけばよいのか,というかなり重いテーマである。

2 「開発」,「協力」,「援助」のウサンクササ

いわゆる「先進諸国の私たち」と「第三世界の彼ら」とが望ましい関係性をどのように打ち立てていくべきなのかという課題は，国際学の最も重要な目標，国際学の"志"とでもいうべきものなのかもしれない。多分，この課題を考える際によく使われるのは「国際協力」とか，「開発援助」といった言葉だろう。ただし，これらの言葉を使う際には十分に気を付けておきたいことがある。世の中にはしばしばその中身にかかわりなく，語感だけで無条件に「良いこと」として受け入れてしまうような言葉がある。たとえば「協力」とか「開発」とか「援助」とかいった言葉には，「困っている人を助けてやる」との意味あいが含まれるためか，イメージが先行するあまり誰もが正しいこと，良いこと思い込んでしまって，その本質や具体的な中身をしっかり吟味することもなく，諸手を挙げて賛同してしまうことが多々ある。しかし，ここでいったん間をおいて，過去にそれらが事実としてあった（あるいは，今もなおそうかもしれない）ウサンクササを疑ってみることも大事なことではないだろうか。

思えば，19世紀末〜20世紀の帝国主義時代の西洋列強による植民地でのプランテーション経営や探鉱事業は，「開発」の名の下に営まれていた。そこでは現地住民が奴隷扱いされ，過酷な労働環境のもので働かされて宗主国への富の拠出に奉仕させられていた。つまり，この「開発」は植民地民衆に搾取を強い，宗主国を繁栄させるための手段でしかなかった。こうしたことは過去の出来事ばかりではない。私たちは現在，有名観光地などで進むリゾート「開発」などにも，それが現地で暮らしを営むごく普通の人々の意向とはまったく別の次元で推進され，土地ごとにある固有の歴史文化や自然環境を破壊するばかりでなく，巨大資本の利益誘導によって現地の人々の間に亀裂を生み，対立を助長し，地域コミュニティーを分断している姿を見出すことができる。

たとえば，沖縄。その自然，文化，人々の生活，そしてアジア太平洋戦争での犠牲や集中した米軍基地のあり方など，この土地と人々が抱える矛盾さえも全て含みこんで，私はこの「美しい島」が大好きだ。たまたまある卒業論文の発表会で「沖縄リゾート開発について」と題する一学生の発表を聞いたことが

あった。その学生は,沖縄の観光「開発」の度合いがなお本土に比べて遅れているとして,近代的巨大ホテルをもっと建てなければならないこと,本土からもっと多くの観光客を招き入れるために那覇空港の滑走路を拡張すること,さらにはカジノを作ってもっともっと金を落とさせる工夫をする,などといった「開発協力案」を滔々とまくしたてていた。その学生は相応に成績優秀な学生で,沖縄の観光産業の「発展」について自分なりに考えたには違いないのだろうが,実際のところ,彼の「開発」あるいは「発展」に関する主張はことごとく「開発する本土(ヤマトンチュー)の側」からのもので,「開発される沖縄(ウチナンチュー)の側」からのものでないのは明らかだ。そうでなければ,「美しい島」を育む無二のサンゴ礁を巨額の資本を投じて埋め立ててしまったり,あるいは60余年前に20万人以上の戦争犠牲者の血を吸い取り,今なお在日米軍基地の4分の3を押し付けられ,「戦争」と直結させられているこの島で,殊更カジノを作って儲けようなどといった発想は湧いてくるべくもないのではないだろうか。それらは,今日の沖縄が抱えている多くの矛盾を解決するには程遠いという点において,まったくナンセンスであるばかりでなく,それらの矛盾を生み出し拡大している構造とその責任所在を曖昧なものとしてしまう,という意味ではむしろ有害でさえあるかもしれない。自身の意志を反映させる仕組みや力をもたないままに本土の巨大資本に身を任すことがますます進んでゆけば,おそらく沖縄は貴重な自然や豊かな文化基盤を切り崩され,ついには自らの力で生活を切り拓く主体的な意志そのものをも剥奪されてしまうだろう。それが「琉球処分」以降,近代日本国家が沖縄に強いてきた数々の暴力の延長線上にあるものであることは明らかだ【参照⇒トピックス②:オキナワにおけるヤマトとウチナーの歴史的関係】。こうした「カジノ開発論」的発想が,沖縄の人々が最も渇望する「平和の島」・「心豊かな島」の樹立という願いといかにかけ離れたところにあるかを想像できない感性の欠落をこそ,私たちは自戒すべきなのだろう(蛇足ながら,使用空港問題云々を議論するならば,ここでも本当に沖縄が今抱えている矛盾の構造をきちんとおさえていくことが必要ではないだろうか。百歩譲って空港の集客能力を高める必要を認めるにしても,まず主張すべきは滑走

路の拡張などという施設や技術上の問題ではなく，那覇空港とその関連施設を民間航空機以上に占有している陸海空自衛隊の移転もしくは活動の整理縮小，さらには米軍の嘉手納基地や普天間基地の撤去といった政治的問題にあることぐらいわかって欲しい）。悲しいことに，私はこの発表者の顔つきが何やら，1900年代に南アフリカの金鉱山で現地の黒人労働者を使役していたヨーロッパ人経営者や，1970年代の「列島改造ブーム」のもとで土地を買いあさり，美しい自然や故郷の景観を食い物にして狂乱物価を演出した大手ゼネコン（建設会社）の中間管理職の顔つきに重なってみえてしまった。

　あるいは，発展途上諸国の社会経済構造への無理解，相手の情況への無思慮がしばしば傲慢で独善的な主張を生み出すこともある。たとえば，世界人口の急激な増加——その多くが第三世界での急増——を背景に，人口抑制の必要性が声高に叫ばれ，産育制限運動がさかんに行われているが，その直接的な効果はそう簡単には現れない。第三世界のある国では"数値目標"が掲げられ，硬直化した官僚行政はそのノルマを達成するために強制的に不妊手術を行ったり，またある国では副作用の強い経口避妊薬が充分な説明のないまま治験材料としてバラまかれるなどの悲劇が起きている。もともと地主制度・大土地所有制度が優勢な第三世界諸国の農村部では，子供は家計を担う補助労働力として必要不可欠な存在である。また社会保障の仕組みも充分に整備されていないとなれば，親としては老後保障の手段として「親孝行な子」をできる限り多くもとうとする（あとは"確率"の問題だ。子どもが多ければ多いほど，「親孝行な子」をもつ可能性はより高くなるだろう）。要するに，発展途上諸国にあっては，子どもは「口」＝家計の足を引っ張る消費的存在としてではなく，「手」＝家計に貢献する生産的存在なのだ。事情は都市にあってもそれほど変わらない。雇用機会に乏しい社会にあっては，慢性的失業・半失業状態にある多くの親に代わって，子どもたちが家族を養うということは必ずしも珍しいことではない。第三世界にあっては「子どもが多いから貧しい」のではなく，「貧しいからこそ子どもを多く産む」という"因縁"がまぎれもなく存在している。子どもは多ければ多いほど，家計にとってはありがたいという事情は，第三世界の貧困を再生産

している社会経済構造とけっして無縁ではない（発展途上諸国の農村部でコンドームを配布する家族計画普及員がしばしば目にする光景は、それを風船代わりのオモチャにして遊ぶ子供たちの姿である。多くの人々は避妊具を「訪問してくれた儀礼・善意の証」として受け取りはするが、本来の目的としては積極的に使おうとはしない）。

　以上取り上げたのは、「私たち」が善意や好意から良かれと思って提案したこと、やったことがしばしば「彼ら」にとっては迷惑で、時には有害でさえあるという事例だ。関係性という面からいえば、相手の置かれた立場を真摯に考え、「彼ら」が抱えている（あるいは抱え込まざるを得なかった）困難の原因がどこにあるのかを究明し、ひょっとしたら「私たち」が「彼ら」に対して何がしかの悪い影響を与えているのではないかといったことについて、思いを巡らせることがいかに重要かということだ。相互依存のなかにある世界にあっては、自・他の関係は相手の「痛み」をわかろうとする努力を続けない限り、それをよりよいものへ作り変えていくことは難しいだろう。想像する力を鍛え上げ、自分たちの感性を磨いてゆくことが、今日ほど求められていることはない。

3 「協同的自助」の精神：非公式教育の現場から

　では、「私たち」は「彼ら」に何を為すべきなのだろうか、あるいは逆に、何を為すべきではないのだろうか。国際社会においての理想として、すべての人々の共生＝共により善く生きることこそが最善であるとするならば、少なくとも「私たち」は「彼ら」が自分たちの運命を自分たちで決定し、自らの力で切り拓いていくことができるような社会的、経済的、物理的な諸条件を整えるために何がしかの支援を惜しむべきでない、ということはいえそうだ。現在、発展途上国支援を目的として、国際機関や政府の手で相応の資金がつぎ込まれている。たとえば、減少傾向にあるとはいえ、日本の政府開発援助（ODA）予算は2009年度6,722億円、2010年度6,187億円となっている。金額の多寡を巡っては議論の分かれるところかもしれないが、「援助」の流れは確かに存在する。

　多くの困難を抱えている発展途上国の人々の生活向上を期して「援助」を行うこと、それ自体はけっして悪いことではないのだろうが、ただ、それらが現

地の人々にとって真に役に立つものとなっているのか，となると話は別だ。援助物資が現地の官僚的システムの下で一部の特権層に掠め取られてしまい，本当に困っている人々にまで行き渡らなかったり，あるいは日本のODA資金が巡り巡って日本企業の儲けに還元されてしまったりする問題（現地での事業受注を日本企業に限定するなど，いわゆる"ヒモ付き援助"といわれるものだ）などは，もうずいぶん前から指摘され，その是正が叫ばれてきた。

　しかし「開発援助」や「国際協力」を語る際には，もっとおさえておかなければならない根源的な問題があるのではないだろうか。それは，たとえ現在援助や支援を必要とする人々が非常に多くいるという事実を差し引いても，そうした行為が限りなく続けられるとすれば，「与え続けられる彼ら」はいつまでも「お恵みを受ける客体」であることから免れず，本来の目的であるところの「自分たちの主体的な力による暮らしの営み作り」という目標から永遠に疎外されてしまうのではないかという，いわば「援助」と「自立」を巡る矛盾の構図だ。

　もちろん，「援助」が一定の功を奏して発展途上諸国の貧しい人々がだんだん豊かになってゆけば，やがて彼らは自分たちの経済力で新しい社会作りを行うことができるようになり，自立的な発展を遂げていくのではないかとの意見もあるだろうが，実際，ことはそれほど単純ではない。これらの国々の多くは「国際協力」や「開発援助」の資金がつぎ込まれるほど，かえって自立的な経済開発への刺激が働かず，停滞し，対外債務を膨らませ，それをカバーするためにますます多くの「援助」を必要とするという，いわば「援助漬け」の体質に浸りきってしまう。それに「援助疲れ」という言葉があるように，先進諸国への依存を深めるようになると，先進諸国が経済不況になって緊縮財政になったときには援助資金そのものが先細ってしまい，困るのは結局，当の援助に依存している国々ということになってしまう。皮肉な言い方かもしれないが，「国際協力」や「国際援助」がそれを現在必要としている人たちの自立能力を高め，他者に依存する情況を脱却して自らで将来を築いてゆく方策を作り出してゆくためにこそあるとするならば，その最終目標は「援助・協力」自体を必要としない状態を生み出すこと，言い換えるならば，「援助」や「協力」その

ものをなくすことこそがその目的とならない限り，あるべき理想形ではない，ということになる。

　そんなところから，最近の国際社会では先進諸国に過度に依存することを避けるために，途上国同士が結束して国際的発言力を高め，また共同市場の創設や産業協力などを通じて経済的自立を目指そうという動きがある。東南アジア諸国連合（ASEAN）やアフリカ連合（AU）[2]などにみられるこうした傾向を，国際経済学の領域では「共同的自助」（joint self-help）という言葉で表している。ただし掛声とは裏腹に，「共同的自助」の試みは加盟諸国間の利害対立や配分資金の不足などもあって，必ずしも顕著な効果が現れていないのが実情だが，発展途上諸国自身が自主的・主体的に相互協力を目指すというその"志"自体は，相応に評価しても良いのではないだろうか。

　また，「共同的自助」の理念を国家間ではなく草の根レベルで実践し，民衆の間に根付かせようとする試みが，発展途上諸国では主に非政府機関（NGO）の手で行われている。南アジアに位置するバングラデシュは一人当たりの平均年所得が500ドル程度の典型的なLDCの1つで，多くの子どもたちが小さい頃から農作業や賃労働に動員され，また多くの家庭には諸費用を負担する能力がないために，まともに学校へ通うことができないでいる（バングラデシュでは5年の義務教育期間があるのだが，就学率は近年著しく向上し8～9割程度にまでなったといわれるものの，毎年2～3割程度がドロップアウトしてしまう。結局，公教育での義務教育期間を修了できる子供たちは多くとも全体の半分程度ということになってしまっている）。そうした公教育機関に代わって，取り残されてしまった子どもたちに教育機会を与えているのがNGOによる"非公式な"学校である。一般に「非公式教育」（non-formal education あるいは informal education）と呼ばれるこの種の学校の施設は，けっして充分なものではない。私はバングラデシュの首都ダッカや農村部にあるこうした学校を数回訪ねたことがあるのだが，トタン屋根の粗末な校舎では数人から数十人の子どもたちが三々五々やってきてはベンガル語の学習や四則計算を教えてもらっていた。授業は1日に数回，不定期に開講され，子どもたちが仕事から解放されて時間があいたときなどに学べるよ

う配慮されていたばかりでなく，なかには子供の通学を親に納得してもらうことや栄養不良の状態を改善するための手段として給食を与えたり，また"ハレ着"としての制服を無料で支給するなど，さまざまな工夫を凝らして子供たちに学ぶ機会を与えようと努力している学校もあった。ダッカの非公式教育学校では黒板やチョークもあって子どもたちはノートや鉛筆をもっていたが，田舎の掘立て小屋"校舎"で学ぶ子どもたちの手には，明治時代の日本の子どものように，石と石版がしっかりと握られていた。

　ただ，NGO立非公式学校で学ぶ子どもたちの目は一様に輝いており，どこかの国にあるような"陰り"はみえない。思うにそれは，読み書き・計算の能力を身につけることで自分たちの生活の向上を確信でき，また自分が知覚できる世界の拡がりと人々の結び付きについての知恵を獲得できることを実感できるからだろう（たとえば字が読めるようになれば，スラムに住む親たちが高利貸に不当な高金利の返済金を払わずとも済むようになるだろう）。学ぶことが自分自身に力を授け，自身を変えてゆく。そして自分は変わること自立していくことによって生活を向上させ，より善く生きることができるようになる…そんな健全かつ楽観的な価値観がこの教育現場には貫かれているようだった【参照⇒第1章 4：非公式学校の教室建設への寄与について】。

　こうした共同的自助の試みは，それまでの一方的な資金供与や援助に頼らずに，自分たちの努力によってのみ「自立」が可能になるとの信条にもつながっている。理想と現実の開きはなお大きく，非公式教育を担うNGOの多くも国際機関や先進諸国から活動資金を援助してもらっているのが実情なのだが，少なくとも，仲間達との協働によって「彼ら」自身が現状を変えてゆこうとする運動は，今後の国際協力のあり方に1つの方向性を示唆するものだろう。

4 マイクロクレジット：「共同的自助による自立」の試み

　バングラデシュで特徴的なのは，非公式教育などの運動と連動しつつ，国内の貧困撲滅のための協同的運動として，これまで貧しいがゆえに金融機関との取引を拒絶されてきた低所得階層に属する人々に無担保で少額融資を行い，経

済的な自立を促す仕組みがかなり広範囲に行き渡っていることだ。マイクロクレジット（小規模金融）と呼ばれるこの仕組みは1976年，当時チッタゴン大学の経済学教授であったモハメド・ユヌス氏によって発案され，以来，30年の長きにわたって展開されてきた。この功績を顕彰し，2006年のノーベル平和賞はそのマイクロクレジットを実践してきたグラミン銀行（Grameen Bank, グラミンは「農村・農民」の意）とその総裁であるユヌス氏に与えられた。

　ユヌス氏によれば，そのはじまりは27ドルのポケットマネーからだった。ある日，田舎の貧しい家庭を訪問した際に，彼は竹細工で生計を立てている女性たちに返済など期待することもなく私財を投じた。彼女らはそれを活用して竹細工を売り，きちんと返済してくれたことにユヌス氏は目を開かれた。チャンスさえ与えられるならば，彼女たちは自らで立ち上がる力をもっている。お金がないとはいえ，彼女たちはけっして心までは「貧しく」はないのだ，と。1983年に特殊銀行となったグラミン銀行はバングラデシュの農村部に無担保少額融資のネットワークを張り巡らした。融資の総額は2007年末までに約67億ドル，741万人を超える人々がこれを利用している。

　グラミン銀行のネットワークに参画するメンバーの多くは，社会的に恵まれない立場にある貧困層の女性だ。各地区支部のもとにショミッティーと呼ばれる40〜60人のグループが組織され，さらにこのなかで5〜8人ごと小グループが作られる。彼女らは借り入れた資金を使って養鶏，織布，牛乳の販売，さらには携帯電話レンタルなど多種多様な"事業"を行い，自前でお金を稼ぎ出す。返済はグループでの連帯責任とされ，もしメンバーの1人が返済できないときにはグループの他の人が埋め合わせをする。しかし返済率は99％と非常に高く，また彼女らには貯蓄も義務付けられており，やがて借り入れそのものを必要としなくなることが期待される。最終的に「他人のお金」依存からの脱却を目指すこの方法論を，グラミン銀行はBuilt（打ち立てる）→ Operate（運用する）→ Trust（信頼を確立する）の「マイクロクレジット・ハイウェー」と命名している。

　グラミン銀行は単なる金融機関ではなく教育・啓蒙の機関である。マイクロ

クレジットは借り入れ資金の運用に必要な識字能力・計算能力の取得をメンバーの1人ひとりに奨励し，また子供を学校に通わせることを約束させ，さらに衛生的な住環境での生活，相互扶助の必要性を訴える。社会教育，公衆衛生，差別的因習の撤廃，社会への能動的かかわりのための意識改革をグラミン銀行は「16の決定」(Sixteen Decisions・1984年) として定めている。さらにNGOの諸活動は国際機関や各国からの資金援助によって支えられていることが多いのだが，グラミン銀行は自身の活動を目立たせるために1995年以来，海外からの援助・借款に依存することを止め，自前財源（メンバーからの預貯金やグラミン・エンタープライズと呼ばれる関連企業の収入）での融資体制を実現しようとしている。

　さらに最近では，新しいタイプの企業経営体として，営利活動を前提としながらもその利益を私物化せず，民衆の生活改善や社会環境の改善，医療設備の拡充など，社会全体に還元することを目的とした企業のあり方をユヌス氏は提唱しており，実際に一部の外国企業との合弁によって事業を展開している。ソーシャル・ビジネスと呼ばれるこのような経済活動体は，これまでの貧困救済に常識的な考え方だった，富者から貧者への一方向的な援助の枠組みを超えるばかりか，もともとは近代市民社会から生まれながらも，今日では市民社会を逆に圧迫することが多い企業のあり方，あるいは営利活動の本質に対して再検討を迫るものとものとしても，大いに注目されている【参照⇒第7章⑩：「新しい市民社会論」に見る世界観との共通性】。

　グラミン銀行の「共同的自助による自立の哲学」は極めてシンプルだ。人々の能力を信頼しよう。慈善（施し）は貧困の解消手段とはけっしてならない。依存心を断ち切り，貧しい人たち自らが自身を向上させようと努力し，創造性を呼び起こして貧困を解消してゆく。マイクロクレジットはそのための共同的自助であり，基本的人権の一部となるべきものだ。ユヌス氏が語る例え話として，「盆栽の話」といものがある。彼は「貧しい人は人間の盆栽である」として，こう続ける。「もし巨木になれる健全な種であったとしても，それが小鉢に植えられてしまえば大きく育たず，小さな盆栽となってしまうだろう。それ

は種に問題があるのではなく，種が育つべき大地に播かれることがなかったからだ。人々が貧しいのは社会が，彼らが成長するのに必要な社会的経済的な基盤を提供してこなかったからだ。グラミン銀行の仕事とは，彼らを真の大地に移しかえることだ」[3]と。

5 「一つの橋の思想」から

　助けを求めている人が目の前にいることを自分の問題として知覚できる人は，それだけ優しく，感性豊かで，また正義心にも厚いことは確かだろう。あまたの矛盾・不条理がまかり通っている現在の国際社会だからこそ，貧しい発展途上諸国の人々の現状を憂い，正義感の強い人ほど「何かしてあげたい」と思うのは，まったく健全なことだ（残念なことに，世の中にはこうした問題に無関心で，自分のこととして考えようともしない人がたくさんいるのだから，そういった人々に比べれば，彼ら彼女らは確かに素晴らしい存在だ）。ただ，ここでもう一歩進んで考えて欲しいのが，この時点での「私たち」と「彼ら」との間に関係性のことだ。少なくとも，何かをしてあげたいと思う「私たち」が一定の"高み"から，困っている「彼ら」を見下ろす形で「助けてやろう」と思っている限りにおいては，真の意味での平等互恵の関係は成り立たないし，「助ける─助けられる」の関係を固定化させてしまえば，真の意味での共生や対等な立場での相互協力は，いつまでたっても作り出せない。

　この章では「自立」という言葉をしばしば使ったが，それは個人個人がバラバラな形で成し遂げられるものではなく，相互の関係性のなかで触発され，自・他の協働あるいは協業のもとに初めて生み出されるものだ。先進諸国の「私たち」が発展途上諸国の「彼ら」と向き合うとき，「彼ら」に一方的な施しを授けるだけではけっして「自立」の運動にはつながらない。「彼ら」が共同的自助のもと，自らの努力で主体的に変わろうとする運動に「私たち」もまた積極的にかかわり，「彼ら」の自助努力に触発されて自らも自分たちの生き方・ありようを見直していく，そのとき，そうしたかかわりを通して「私たち」もまた自己決定権を欠く生活を営んでいることに気付かされ，「私たち」自身が自らを変

革していこうとする力を得ることができるだろう。このようにして,「私たち」と「彼ら」は相互に響き合いつつ自己変革のモーメントを介在させ,共振させていくことによって,問題の多い今の国際社会のありようを変えていくことができるのではないだろうか。こうした「関係性のメカニズム」とでもいうべきものの相互作用を,少なくとも国際協力や途上国支援問題に関心をもち,それにかかわろうと思っている人たちは是非心に留めて欲しい【参照⇒第1章4:「われわれ」の関係を作り出す努力,第2章5:他者とのコミュニケーションのあり方】。

共同的自助の精神を,第三世界の「彼ら」自身の言葉として表しているのがフランツ・ファノン(1925-61)の有名な言葉である。ファノンは西インド諸島の仏領マルチニック島に生まれ,リヨンで精神医学を専攻した後,1950年代後半から活発となったアルジェリアの独立戦争に身を投じ,この運動の理論的指導者ともなったが,36歳で夭折した。第三世界の反植民地独立・民族解放運動者の指導者の1人として,彼は「独立・解放」のあるべき姿を,ヨーロッパの植民者から自らの運命の決定権を奪還することにあるとした上で,さらに先進諸国からの「お恵み」として与えられる第三世界への「援助」や「開発」を批判し,民衆の共同作業としての自立を確立するための思想を,「一つの橋」の建設を例にしてこう述べている。

> 「…一つの橋の建設が,もしそこに働く人々の意識を豊かにしないものならば,橋は建設されぬがよい。市民は従前どおり,泳ぐか渡し舟に乗るかして,川を渡っていればよい。…橋は空から降って湧くものであってはならない…そうではなく,市民の筋肉と頭脳から生まれるべきものだ。…市民は橋をわがものにせねばならない。このときはじめて,いっさいが可能となるのである。」[4]

ここでファノンは第三世界民衆が自らの力をたくわえ,自分たちで運命を切り拓いていくことの重要さと,そのための市民的連帯の大切さを唱えているのだが,この精神は単に「彼ら」にとってだけでなく「私たち」にとってもまた

大事なものではないだろうか。実際,「一つの橋の思想」は日本でもいくつかの生活現場に共鳴してきた。たとえば,第14章で触れた松下竜一氏の「暗闇の思想」は,ファノンが唱える精神と充分に通じ合えるものだろう【参照⇒第14章⑨:「暗闇の思想」が訴えた「負の公共性」からの訣別】。火力発電所建設反対運動の一環として,自主的に灯火を消す「停電の日」,「暗闇の日」を設けた松下氏には,学生時代に極貧のため送電を止められた病気の友人と過ごした日々が体験としてあった。「私は夜毎にこの病友を訪ねて暗闇の枕元で語り合った。電気を失って,本当に夜空の美しさが分かるようになったと,友と語った」体験は,抑圧と貧困から抜け出そうと努力を続ける第三世界民衆への共感にも通じるものがある(5)。

「電気がなくてもいいのか」という,ある意味卑小な批判に対して,まったく異なったレベルから,「自分たちの暮らし,自たちの生活は自らの手で守り,かつ決めるのだ」という小気味良い応えは痛快だ。さらにいえば,「自分の暮らし」は自分1人の力だけで守りきれるものでなく,隣近所の人々,地域の人々との共同作業によってこそ作り変えることができることをこの人は知っていた。だからこそ,松下氏は家業(ちなみに松下家は豆腐屋さんを営んでいた)のかたわらに地域の人々と住民運動に加わった。地球市民としての自覚と連帯の意識はそうした「運動」を通してのみ得られ,育まれるものであることを「一つの橋の思想」と「暗闇の思想」は教えてくれる【参照⇒第15章⑤:グローカリゼーションの精神,目指すものについて】。それらが共通して伝えるものは,自らの生活は自らの手でこそ作り出さねばならないという信念,そして人々が共に協働して自身の暮らしを形成するための力を生み出す相互関係の尊さだ。そして,自立した市民の輪がグローバルな拡がりをもち,「新しい公共性」を創造し,世界に押し拡げて行く努力のうちに,私たちは現在世の中に存在する多くの問題・矛盾の解決への展望を見出すことができるだろう。

⑥ おわりに

「国際協力」や「援助」にかかわる実際的あるいは思想的問題をこれまで

議論してきた。最終的に浮かび上がってきたことは、「私たち」には「彼ら」との関係性と同時に、自身のありよう、いわば自らの「立ち位置」が問われているということだった。

　相互依存がますます深まる世の中である。自・他のかかわりを求めれば求めるほど、そのあり方は双方向にならざるをえない。「私たち」が「彼ら」に影響を与えているとすれば、それと同時に「私たち」もまた「彼ら」から何がしかの影響を受けていくことは明らかだ。たとえば、私たちがバングラデシュの非公式教育の学校を訪ね、子どもたちに接するとき、私たちはその明るい顔に多いに励まされる。そして、教育という行いに最も必要な目標が「自立」と「希望」にあるというごく単純な真理に気付かされることで、今度は否応なく、日本での教育のあり方――受験競争を強いられるなかにあって、それは必ずしも子供たちを幸福な方向に導いてはいないだろう――を考えさせられてしまう。すなわち、他者とかかわることを通じて、自らもまた変わる可能性を手に入れることができるのだ。ここにみる自・他の相互作用こそが関係性＝かかわりという行いのキーポイントなのだろう。

　進展するグローバリゼーションのもと、私たちは世界のあらゆる事象、人々の生活、生き様とのかかわりを避けては通れない。そのなかにあって、私たちは世界の事象を考えると共に、その礎となる自らの立場・立脚点を確認し、あるべき形をできる限り相互関係性の中で把握するという態度がますます大事になっている。「世界の中の自分」を確認し、「世界を考えること」を通じて「自分を考える」という自己検証努力を忘れず、世界中で日々の暮らしを営んでいる自・他の意識の差異および両者とのかかわりを再吟味すること、言い換えれば国家や民族といった枠組みを越えて、市民同士がそれぞれの持ち場で「自立」を求めながら手を取り合う可能性を探ることが、「国際協力」の本当の目的ではないだろうか。そして、「私たち」と「彼ら」のかかわりのなかで、私たち自身の生き様、アイデンティティの転変していく過程をみつめることこそが、「国際協力」の真の意味であるとはいえないだろうか。

　少々話が難しくなってしまったかもしれない。もちろん、皆が日々慈善的活

動を行うこと，たとえば途上国の人々のために募金する，ボランティア活動に参加することなどは，大変よいことだと思う。困窮にある人たちに手を差し伸べる，あるいはお金がそれを真に必要としている人々に行き渡り，生活向上の実際に役立つならば，それはそれで充分に素晴らしいことだろう。それを，「募金なんてお金をあげて自分たちがさも良いことをしているという満足感を買うだけのもの，そんなものは偽善だ」と切って捨ててしまうのは少しばかり酷というものだろう。ただ，もしお金をあげることで，「私たち」が「彼ら」との関係性を考える視点や，彼らの暮らしにあふれる矛盾を想像する力や，それらを自らの問題として知覚する感性などをも「あげてしまっている」としたら，それこそが大いに問題ではないだろうか。"慈善"活動が，差別や貧困に苦しむ世界の人々と自分たちとのかかわりや，そうした問題と自分たちの関係性を考えること，自分たちの「立ち位置」の検討を放棄してしまうことの言い訳あるいは免罪符となってしまい，結果として自らが変わっていこうとする意志をも放棄してしまうことこそが戒められるべきことなのだ。

　国際理解，国際協力とはそれほど難しいものではない。冷静な頭脳，温かい心，他者への想像力をもって「かかわり」を求める一歩を踏み出す時，相互の働きかけのなかから他者の変革を促すと共に自らもまた変わる力を感じることが出来るだろう。そのような相互作業をエンパワーメントという。エンパワーメントを身に付け社会にかかわっていくこと，そしてそれを通じた自己革新と社会変革への運動こそが，本当の「国際協力」の意味なのだ。

【ディスカッションのために】
1．第三世界（発展途上国）の貧困・低開発の原因について考えてみよう。また，それに対して私たちがなすべきこと，あるいはなすべきでないことがあるとすれば，それは何だろうか？
2．非公式教育やマイクロクレジットのような事例のほか，人々の「共同的自助と自立」の試みができるとすれば，それはどのようなものだろ

う。具体的な方策について話し合ってみよう。
3．本章で紹介した「一つの橋の思想」と第14章にあった「暗闇の思想」について感想を述べなさい。また，ここにみられる「エンパワーメントの思想」を身に付けるためには，私たちはどのようなことを為せば良いのだろうか。

【リーディング】

アマルティア・セン（大石りら訳）『貧困の克服』（集英社新書，2002年）
奥田孝晴『国際学と現代世界』（創成社，2006年）
ムハマド・ユヌス&アラン・ジェリ（猪熊弘子訳）『ムハマド・ユヌス自伝　貧困無き世界をめざす銀行家』（早川書房，1998年）
ムハマド・ユヌス（猪熊弘子訳）『貧困のない世界を創る』（早川書房，2008年）
本橋哲也『ポストコロニアリズム』（岩波新書，2005年）

【注】

(1) この言葉を誰が最初に"発明"したかは定かではないものの，1960年代末になって世界に広めたのは経済学者であり，また平和運動家・詩人でもあったK.ボールディング（1910－1993）である。
(2) ASEANは1967年結成，現在加盟国は東南アジア地域10カ国。当初はベトナム戦争の波及を警戒する反共的組織だったが，1990年代にはインドシナ諸国も加盟し，経済共同体としての性格を強めて東南アジア共同市場の創設を図るなどしてきた。AUはアフリカ統一機構（OAU）を発展改組して2001年に結成された。現在アフリカの35カ国が加盟。アフリカ大陸の紛争・対立を終息させ，民主主義の普及と人権の確立を目指すとともに共同市場の創設などをうたっているが，その成果が充分にあがっているとは言いがたい。
(3) Yunus M., *What is Microcredit?, Grameen Bank at a Glance*, Grameen Bank, September 2004.
(4) ファノン『地に呪われたる者・フランツ・ファノン著作集3』（みすず書房，1969年）113～114頁。
(5) 松下竜一『その仕事12・暗闇の思想を』（河出書房新社，1999年）140頁。

（奥田孝晴）

第17章
地球市民のコミュニティ・デザイン

> 【キーワード】
>
> コミュニティ,デザイン,まちづくり,協働,個人と集団,one for all, all for one,ガバナンス,多様性,共生

1 グローバリゼーションのなかでコミュニティを捉える

　人は人々に囲まれて生きている。ここでいう人々とは,血縁関係である家族であり,地縁であるご近所や町内などがその最も小さな集まりである。もう少し大きい規模でみると自治体が1つの単位である。いったい日本にはいくつの市町村があるか,あなたは知っているだろうか。2011年9月現在で約1,700であるが,かつてはもっと多くの自治体があった。日本では過去に明治,昭和,平成と3回に亘る自治体の大合併が行われた。近代的地方自治行政を実現することを目的として戸数300～500戸を標準として進められた明治の大合併により,明治21 (1889) 年には15,859自治体になった。戦後の地方自治を強化するために人口8,000人を標準として進められた昭和の大合併により,昭和28 (1953) 年に9,868あった市町村が昭和36 (1961) 年には3,472と約3分の1になった。そして平成の大合併は,平成11 (1999) 年から平成17 (2005) 年までは合併特例債や財政支援措置により,それ以後は市町村合併の特例等に関する法律に基づく国・都道府県の積極的な関与により推進され,1999年 (平成11年) 3月末に3,232あった市町村の数は,法適用の年限となった平成22 (2010) 年3月には1,727にまで減少した。だが実際には,合併によって統合された数以上の市町村が,少子化・高齢化・転出などによってここ数年内に消えている。このような統合の陰で,かつては当たり前に存在していた郷土の風土が急速に損

なわれ，ともすると，日本中のどこに行っても同じような店が立ち並び，似たような暮らしぶりが見受けられるようになってきた。今や地域づくりは全国的な課題となっている。

　時代を遡ると，明治21 (1888) 年以前には，現在の40倍を超える7万1,314の町や村が存在していた。驚くべき数字である。これはいったい何を示すのだろうか。実はこの数字は江戸時代から続いてきた「集落」や「部落」の数を示している。これほどの数の集落がなぜ生まれたのかといえば，人々の移動が今ほど自由ではなかったことに加え，その土地の自然環境を基盤とし，そのうえで持続できる生活体系と生産活動を築き，地域独自の文化圏を形作ってきたためである。かつてはこの集落こそが村（ムラ）であった。明治21年の市町村制制度により，その個性あふれるムラを解体・統合して現在の自治体は作られているのだ。いわばミクロなグローバリゼーションは，身近な村落というコミュニティのなかでも繰り返し行われてきている。

2 コミュニティとその変容

(1) コミュニティの2つの意味

　その地域に生き，暮らしを営む人々が作る集団，言い換えれば「地域共同体」をコミュニティという。あなたは地球という1つの惑星コミュニティに住む住人であると考えることができるし，もっと身近な町や村，町内会などという小さな単位のコミュニティの住人と考えることもできる。そのいずれにおいても，あなたは必ずどこかのコミュニティの一員である。つまり，たとえ意識していなくとも，あなた自身は常にコミュニティを作ること，すなわちデザインにかかわっているのである。

　広辞苑（第6版）によれば，コミュニティとは「一定の地域に居住し，共属感情を持つ人々の集団。地域社会。アメリカの社会学者マキヴァー（Robert M.MacIver 1882 1970) の設定した社会集団の類型。個人を全面的に吸収する社会集団。家族・村落など。」と説明されている。下線を引いた部分のうち前半部が定義，後半部が例示となっている。注意深く読むとわかるように，この定

義には次の2つの要素が含まれている。
　　① 人々が住んでいる「同一地域」という空間的な概念
　　② 何らかの「共属感情」を共有するという象徴的な概念
　この2つの概念を別の言葉で言い換えると，①は自然的，物理的，身体的な共同性とすれば，②は文化的，精神的，抽象的な共同性を指しているといえる。すなわち，コミュニティとは物理的な共同性（＝居住）と，精神的な共同性（＝共属）の2つの側面，ないしその双方の性格をもっている。
　具体例として，マレーシアの先住民族のコミュニティを取り上げて説明してみよう。東マレーシア・ボルネオ島のサラワク州に多く居住するイバン族は，伝統的に，山麓斜面に張り付くように作ったロングハウスと呼ばれる竹製の共同住宅に居住してきた。切妻式の屋根をもち，間口は狭いが斜面に沿った奥行はとても長く，内部をいくつかに仕切って，複数の家族が住んでいる。家の中央には廊下があり，廊下を挟んで一方が公共空間（居間），反対側が各家族の寝室となっている。居間空間の中では長老が座る位置があり，各家庭の寝室は夫婦，独身男女，子供など属性によって寝る場所が決まっている。1つのロングハウスに住む家族は集団で焼畑等による農作業や川漁を行って生活を営んできた。収穫期には年齢や体力に応じて作業を分担したり，子育てと労働に分かれたりする。小さなコミュニティだが，ともに居住し労働や作業を協働することの他に，立場による家という社会空間における場の近いわけや序列の表現，またロングハウスを共有することによる1つの閉鎖系社会の構築などを同時に成立させている。ただし，その両方ともが近年の都市文化の流入（アーバニゼーションという）やグローバリゼーションによって大きく変容してきている。
　生産・生業がコミュニティを結ぶ「協働」のもっとも重要な根拠であることは，説明を要さないだろう。人類のコミュニティの変遷を大まかに分けるなら，狩猟・農耕型コミュニティからはじまり，産業革命以降の工業型コミュニティ，さらには情報型コミュニティへと移行してきた。特に原初的な段階である狩猟・農耕型コミュニティでは，知恵と役割分担と協力が生業を継続するために必須であり死活問題であった。コミュニティを統括するために首長が生まれ，

規範を作り，食糧や富の分配と相互扶助を原則として，結束が重視された。19世紀以降に拡大した工業型コミュニティでは，生産と生活が徐々に分断され，効率的な大量生産と飛躍的な経済の成長が優先されるようになる。農村から都市部への人口流入がはじまり，農村では人口減少と過疎化が進み，都市部では一極集中と核家族化を招き，資本主義的競争原理が働いて，人々の精神的な疲弊を招いた。かつては，地域の人々が互いに助け合いながら農作業を営むのが当たり前であった。お互い様という間隔をもって，持ちつ持たれつの関係性がコミュニティに存在していた。ところが，このような「協働」のあり方が大きく変わってきているのである。人より物に価値を見出すといった現象も起きていった【参照⇒第7章各節：近代市民社会の成立，発展とコミュニティの変容】。これは物質文明の世紀と称された20世紀的現象ともいえる。その時代を経て情報革命と環境の世紀と呼ばれる21世紀の今，新しいコミュニティはどのような像を結ぶのだろうか。

3 実践ワークショップ「コミュニティ・デザイン」

　ここまではコミュニティをその「外側」から眺めて論じてきた。次に，これからあなたに主体的にコミュニティにかかわり，作ること＝コミュニティ・デザインに実際に挑戦してみてもらいたい。ここに2つのワークショップを用意した。1つはあなた自身が属する「コミュニティを理解する」ためのもの。もう1つは「コミュニティ・デザインを体験する」ためのものだ。2つの作業を通して，コミュニティ・デザインについて考えてみよう。

　コミュニティデザインの「デザイン」とは，広辞苑（第6版）で「製品の材質・機能および美的造形性などの諸要素と，技術・生産・消費面からの各種の要求を検討・調整する総合的造形計画。」と説明されている。単にきれいな絵を描いたり，自分が好きなように造形を行うことだけではない。キーワードを抜き出すと，「諸要素」と「要求」を「検討・調整」して「総合的」に「計画」することがデザインの本質である。では「コミュニティ」を「デザイン」するとは，具体的にどういうことか。それが本章の課題である。

(1) コミュニティ・タマネギの調理法—コミュニティの因数分解

　まずは，あなた自身を題材に，コミュニティを知る方法を体験してみよう。あなたは多くのコミュニティに属している。ではどのようなコミュニティの一員なのだろうか。そしてあなたとコミュニティの間にどのような関係性があるのだろうか。まずノートの白いページに四層の同心円を描こう。できるだけきれいに，層と層の間は充分に幅をとって。この4つの層には1つひとつ名前がある。第一層は「自分」。あなた自身の名前をつけよう。第二層は「他者」，第三層は「地域」，第四層は「自然」，その外側はより広い世界である。これから平板な紙の上に，まるでタマネギの輪切りのように描かれた各層について立体的に知ってゆくプロセスを体験する。題して「コミュニティ・タマネギの調理法」。

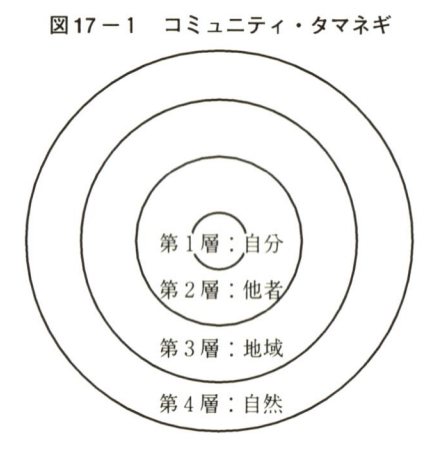

図17－1　コミュニティ・タマネギ

第1層：自分
第2層：他者
第3層：地域
第4層：自然

1）第一層－自分を知る
　あなたが属するコミュニティの中心にいるのは誰だろうか。市長村長や知事などコミュニティのトップの位置にいる人は，コミュニティの代表者ではあるが，決してコミュニティの中心にいる存在ではない。あなた自身のコミュニティのことを考える時，中心に据えなければならないのはあなた自身である。ま

ずはあなた自身のことを知ろう。

あなたとは何者なのか，ということだ。あなたがどこで生まれ育ったのかといったバックグラウンド，日頃何をしているのか将来の希望を叶えるために取り組んでいること，悩んでいること・困っていること等を自由に書き出してみよう。果たしてリアルな自分を捉えることができただろうか。

表17－1　ワークシート「コミュニティ・タマネギ」
各層ごとに1枚の用紙を使ってください。

	第1層：自分	第2層：他者・身近な人々	第3層：地域	第4層：自然
1．名称	氏名	氏名，かかわり ・ ・ ・ ・	地域名	名称
2．何者か	あなた自身のバックグラウンド，日頃取り組んでいることなど	あなたの身近な人々は何をし，どんなことを考えているか	どんな地域か。どのような背景か。	どんな場所か。どのような背景か。気付いたこと，発見したこと
3．これから	将来の夢	あなたの身近な人々はどんな夢をもっているか	将来構想は何か	
4．課題	将来に向けた課題	あなたの身近な人々が感じている課題は何か	課題は何か	抱えている課題は何か

2）第二層－他者を知る

次に，自分に向けたまなざしを外へ転じよう。あなたは日常生活において，どのような種類の集団に属し，そこにはどんな人々がいるだろうか。家族や大学の友人，教職員，バイトやサークル仲間など，さまざまな人々に囲まれているはずだ。日頃接している人々の顔を思い浮かべながら，書き出してみよう。

続いて，いま書き出した人々にインタビューし，彼ら自身をよく知ろう。彼らが今どんなことを考え，何を大切に生きているのか，どんな夢をもっている

のか，困っていることはないかなどを聞いてみよう。今までに聞いたことがなかったかもしれない身近な他者の生き方にあらためて耳を傾け，そこで聞いたこと，知ったことを書き出してみよう。

3）第三層－地域を知る
　次に，あなた自身が住んでいる「まち」に目を向けよう。日頃そこに「存在」していても，地域のことは意外に知らないものだ。ここでは「まち」の実体をさまざまな角度から捉えてみよう。これは，自分の周辺にありながら普段目に入ってこない人々や地域の問題に目を向ける作業だ。たとえば，どんな人々が住んでいるのか，いつ・どこで・どんなお祭りやイベントがあるのか，主要産業や主な企業にはどのようなものがあるのか，などテーマをあげながら調べてみよう。さらには，何が今問題になっているのか，問題の解決のためにどのような動きがあるのかを調べてみよう。地域の問題を調べるには，市長選挙や市議会選挙の時に候補者が作成するポスターや資料をみると，争点となっている地域の問題がまとめられていて参考になる。
　さらに地域を知るには，市役所や村・町の役場を訪れたり，広報誌を調べるなどのほかに，町の人々に話を聞くなどさまざまな方法がある。

4）第四層－自然環境を知る
　ここまでは「人」に関する要素について調べてきたが，続いて今度は人以外のコミュニティの構成要素に目を向けてみよう。「まち」の土台は何だろうか。それは足元に広がるもの，大地，そして自然である。
　私たち人間の暮らしは，その土地が置かれた地形や環境条件，地理的条件などが基盤となって動植物や水系などの地上の自然が成り立ち，人々の暮らしが営まれている。文化や歴史，産業は，それらを母体として後から起こったできごとなのである。
　こうした自然環境を自分で体験するために，公園や森，海辺など，この土地の自然を知ることができる場所をみつけて，足を運んでみよう。ガイドによる

案内を受けたりパンフレットをみたりしながら，より専門的に調査しても良いし，自分の目と耳でありのままの自然をゆっくり体験しても良い。この調べるプロセスで出会ったもの，体験したこと，面白い発見や気付いた問題点などを記録しよう。

5) あなた－コミュニティの関係性を考える

ここであなたを中心とするコミュニティ・タマネギの四つの層がそろった。あなたは，自分の身近な人，地域，自然をどの程度知っていただろうか。日頃，心を傾けて考えた事がなかったかもしれないが，これらはあなた自身が直接かかわり，働きかけることができる存在であり，隣人である。あなたとコミュニティはどんな関係にあるのか。またこれからどんな関係を結ぶことができるのか。それを考えるために次の3つの問いを用意した。

① あなたはこれらの「他者」「地域」「自然」の存在にどのように支えられてきただろうか，また，生かされているだろうか。具体的なエピソードをあげて考えてみよう。
② もっとも心にひっかかった課題や問題点は何だったか。
③ 自分が関わることで変えていくことができると思ったことは何か。

6) コミュニティ・タマネギの発信

以上の体験をもとに，あなたをとりまくコミュニティをほかの人にも知ってもらうための情報発信方法を考えてみよう。コミュニティがもつ魅力，課題，取り組んでいることなど，さまざまな側面をどのようにすれば多くの人に知ってもらうことができるだろうか。理解を得られれば，より広範な人々から協力や賛同を得ることができるだろう。そこにはあなたのコミュニケーション能力が不可欠である。グループ内で互いに披露しあい，評価してみよう。

コミュニティと外，コミュニティ内の各主体間の関係性を構築する作業は，国際理解と何ら変わりがない。コミュニティについて考えることは「国際学」

とイコールなのだ。それがこのワークショップを通して気付いてもらいたいポイントである。

(2) RPGで理想のコミュニティを作ろう―コミュニティ・デザインのためのワークショップ

次に紹介するのは，コミュニティを「デザイン」するとはどういうことかを体験するためのワークショップである。ロール・プレイング・ゲーム (RPG) を通して，コミュニティをデザインするためにはどのようなプロセスや個人の行動が必要なのかを考えてみよう。

ここで想定するコミュニティは，中山間地域に位置する人口3,000人程度の小都市とする。

名前は大学名・学部名やゼミナール名を合体してつけることにしよう（ここでは筆者らが教員を務める文教大学国際学部をもじって「文教国際村」とする）。どのような村できるだろうか。

1) 仮想の家族を作ろう

まず，受講生全員を5〜7人程度のグループに分ける。この人数は全員の顔がみえ，意見が適度に多様化し，話し合いがもてるというメリットがあり，グループワークをするための最適人数である。村長役と議長役も，全員のなかから1人決めておこう。

これから，この各グループを「仮想の家族」とする。家族構成，個々の生業，キャラクターを決めよう。必ずしも血縁関係になくてもよく，さらには人間でなくてもいいことにする。役割が決まったら，家族の名前，年齢，立場（父母，兄弟等）を決めよう。家族が結成できたら，さっそく家族会議を開いて各人の夢や悩み等を交換し，互いをよく知っておこう。

2)「わたし」がコミュニティに求めるもの

そんなある日，文教国際村の新村長が，全村民から村づくりへの要望を聞き

たいと語りかけた。トップダウンや中央政府の意向で村づくりを行うのではなく，村の主役は村民なのだから村民が村づくりの方針を考えるべきだ，というのが新村長の考えのようである。村長は，各家で意見をまとめることを望んでいる。

そこで，まずは家族の個々人がコミュニティに求めるものを考えよう。立場が異なれば，理想とするコミュニティの将来像も違うはずだ。

3)「○○家」が望む理想のコミュニティ像
次に，上記で挙げた個々人の「コミュニティに求めるもの」を披露しあい，家長役が議長となって家族全員の意見をまとめ，「○○家」としての要望書にまとめよう。要望書の書き方は，次のような構成にしてみよう。
① 村づくりの理想的なイメージ（キャッチコピー風に）とその説明
② 理想的なイメージの実現のためにやってほしいこと

4) 全家族の理想像の共有
要望書ができたら，全家族のものを一覧し，全体像を眺めてみよう。1つの「コミュニティ」（たとえば「文教国際村」）を構成する各家庭は，どのような理想像をもっているのだろうか。共通点はあるか，違いは何か。キーワードを拾い出し，話し合ってみよう。
次に，各家庭からの代表者が参加して，臨時議会を開こう。出揃った提案を題材にし，「文教国際村」をどんな村にするか，目標や具体的なプロジェクト計画，課題などを話し合って決める。きれいに1つにまとまるか，総花的な村づくりになってしまうかは，議論に参加する代表学生に委ねられている。
議長は結論をまとめて村長に報告しよう。これでワークショップの第一段階は終わりだ。

5) コミュニティの方針と個人
第二段階は，(4)の結論が各家庭，個人にどのように受け止められてゆくか

を体験する。協議して決めたコミュニティの目標や方針、具体的なプロジェクトをフィードバックとして説明された時、あなたの家族やあなた自身はどのように思うか。家族として協力できることや、個人としてできること、やろうと思うこと、できないこと、要望などをあげてまとめてみよう。

6）コミュニティ・デザインについて考えてみる

このワークショップは、個人と家庭からコミュニティ全体へというボトムアップ（下から上へ）というベクトルと、コミュニティ全体から各家庭、個人へというトップダウン（上から下へ）というベクトルの2つの流れを体験した。ゲームを通して、コミュニティをデザインすることの意味や課題などの発見はあっただろうか。コミュニティをデザインする時、その主導権はどちらにあるか。話し合い、意見を発表しよう。

(3) コミュニティ・デザインのキー概念

2つのワークショップを通して、「コミュニティ」とあなた、「デザイン」とあなたのかかわりについて考えてきた。ワークショップ1は、あなたという個人から地域や自然へと、コミュニティがもつ垂直方向の広がりに思いをめぐらせた。ワークショップ2では、家族やほかの家族など水平方向へのコミュニティの広がりについて考えた。あなたはどんなことを考えただろうか。

4 コミュニティ・デザインの事例

コミュニティ・デザインの実際を事例を使って考えてみよう。取り上げるのは徳島県上勝町の事例である。人口減少、高齢化、少子化が一気に押し寄せている典型的な中山間地域（平地と山地の中間にあり、農業を主体とする地域のこと）の自治体の1つである。徳島駅からバスを乗り継いで吉野川沿いにひたすら上流を目指してようやく到着する山間の町だ。人口約1,800人弱、高齢化率52.4％のこの小さな町は、後述する「葉っぱビジネス」をはじめ、さまざまな先鋭的な取り組みによって、今や日本国内だけでなく海外からも注目されてい

る。それは，町自身が抱えているさまざまな課題や制約が基盤となっている。

　合併を繰り返して現在の上勝町になったため，旧村は距離的にも離れており，旧村の各区の独立意識は今でも高い。地区内の人々はそれぞれ，祭や生業を中心として強いつながりで結び付いており，一様に高齢化が進んでいる。町の将来を築くためには，地区ごとに新しいビジョンやアクションを作り出し，住民の生きがいを創出していくことが必要だ。そこではじめたのが地区ごとの「1Q運動会」だった。1Qとはまちづくりという Q（問い）を一休さんのように頓智で解決していこうという意味の，シャレである。地区公民館で定期的に集まりをもって課題や提案を話し合い，行政の手助けが必要なところは応援を求める。住民が声を出しやすい場をつくり，行政はそれを聞き取って対応するという循環を作り出すのがこの運動会の狙いだ。ある地区では外の人に訪れてもらい交流をしたいと考えた。そこで町は，民家にホームステイし村の生活を体験してもらうツアーとして「里がえるツアー」を企画し，成功すると特区を取得して，今では「ワーキングホリデー」として商品化されている。

　すべての住民が笑って住み続けることができる町にしたい，という基本理念をもって，町はさまざまなアイデアを出して実行に結び付けている。「ゴミステーション」の設置とリサイクルの奨励を徹底的に行っているのもその1つ。ゴミを各家庭から一カ所にもってきてもらい，その場でボランティアが指導しながら分別し，可能な限りリサイクルに回している。そのまま使えたり，直せば使えるようなものはステーションで持ち出し自由コーナーに回されるのだ。家庭ごみをもち込むことが困難な高齢者は，町の商店からやってくる宅配車にゴミを持って行ってもらえる。指定日のゴミ回収も不要となり，ステーションはゴミ教育の場にもなった。今では，上勝町発「ゼロ・ウェイスト運動」の発信基地となり，リサイクルショップ「くるくる」も併設されている。

　先にあげた「葉っぱビジネス」も，そんな上勝町だからこそ生まれたビジネスの1つである。刺身などの「つまもの」を採取・出荷するというものだ。元は基幹産業のみかんが冷害等で壊滅的に冷え込んだ頃，悩みに悩んだ農協が出したいくつかの代替産業の1つにすぎなかった。上勝町にあるもので商品価値

があるものを探した結果である。農地から目を山に転じるとそこにはあふれるほどの木々があった。里には桜や紅葉，季節の実をつける樹木などが植えられている。その若芽や葉を切り出して売る。それだけのことだが，瞬く間に日本国内でのシェア7割を占めるまでになった。家の周りの草木を摘むだけなので，コツさえつかめれば高齢者が働ける。「いろどり」と名付けられたつまものビジネスの企業は65歳以上を社員とした。今では参加職員の家にPC端末を置き，市場からのニーズを瞬時に流し，出荷に応じる家はすぐにエントリーして製品を届けるシステムが定着した。PCを前ににっこりほほ笑むおばあちゃんは年収ン百万円だったりする。「孫におみやげを買ってあげられる」，それが一番うれしい，という声が最も多いそうだ。

現在，上勝町は自然エネルギー100％の町を目指している。町の人のさまざまなアイデアや助言をもらいながら，まずは急峻な地形を利用した小水力発電の「復活」に取り組んでいる。「上勝らしいことを」，というのが町長以下町の職員の合言葉である。町の意志を決定する行政と住民の間には，立場の違いはあるが上下関係はない。町は次々と新しいアイデアを打ち出し，人や地区や自然などの多様性を活かしながら町民が暮らしやすくなるしかけを考え，町民は楽しみながら協力する，「協働」の関係が成り立っている。

1人ひとりの「個の欲求」に応えようとすると，達成されない時に不満が生じ，アメリカ型の暴動が起きる。最大公約数的に「全体の平等」だけを考えたのでは課題に対応することができない。コミュニティの意志と行政の意思決定の間には，One for all, all for oneという双方向の思いやりが必要なのだ。上勝町の事例が示唆するのは，それなくして血肉が通ったコミュニティ・デザインはできないということであろう。

5 グローバリゼーション下における地球市民のコミュニティ・デザイン

現代の都市住民は，日常生活の中でコミュニティを意識する機会は希薄になっている。それは垂直・水平のいずれへの広がりがなくても生活が完結するようになってきたからである。たとえばiPadやiPhone，SNSなどのメディアの

改革は，'音楽を聴く'という行為すら，「皆で一緒に楽しむ」ものから「個人で楽しむ」ものへと変質させてしまった。他人に迷惑をかけないことは必要だが，他者とのかかわりを避ける・断つことにつながっているように思えてならない。皆さんは，コミュニティについて考えること自体が難しい時代を生きているのだ。国際学を学ぶ者が，それでよいのだろうか。国際学はあなたの足下からはじまっているというのに？【参照】⇒第15章各節：グローカリゼーションという考え方について，第16章各節：国際協力のあり方に関する議論から】

【ディスカッションのために】
1．次の言葉について調べ，コミュニティ・デザインとのかかわりについて話し合ってみよう。
　　① 合意形成
　　② 市民参加
　　③ ガバナンス
2．あなたの町では，誰がどのようにかかわって政策を決めているだろうか。たとえば「ゴミリサイクル」や「景観」「緑化」などを例にとって調べてみよう。

【リーディング】
苅谷・森田・大西・植田・神野・大沢『創造的コミュニティのデザイン，教育と文化の公共空間』（有斐閣，2004年）
西井涼子・田辺繁治『社会空間の人類学—マテリアリティ・主体・モダニティ』（世界思想社，2006年）
総務省報道資料『「平成の合併」について』（2010年）
内堀基光「社会空間としてのロングハウス」『社会空間の人類学—マテリアリティ・主体・モダニティ』（世界思想社，2008年）

（海津ゆりえ，井上由佳）

終　章
「大切なもの」がみえるものとなるように

　本書は国際学の入門案内書です。国際学を志すすべての人々に一度手にとって読んで欲しい，そんな願いをこめて，私たちはこの本を作ってきました。
　たぶん，本書を読まれた皆さんには理解していただけると思うのですが，この本はそれと同時に，「国際学の現場を訪ねる旅」のガイドブックでもあります。この世に生起している諸事象，世界の諸事件と私たちの暮らしが密接にかかわっており，それらの問題＝「現場」にできる限り肉薄することを通じて，私たちは自身の立ち位置を問われ，今の暮らしのありようを考えされられる，国際学はそうした往復運動＝「旅」のなかから，より望ましい未来を志向する，知の運動の1つとして捉え得るものなのです。
　「旅」という言葉がもたらす未知の世界への期待と不安のイメージは国際学にも共通します。人はしばしば苦労して旅をし，それを通じていろいろな経験を得，自分のあり方，生き方を変えてゆきます。同じように，よりよき世界の明日，よりよき自分の姿を獲得するためには，皆さんが踏み出してゆく「知の旅」の中身がより充実したものとなるべきであり，また相応の労苦を伴うものとなるべきでしょう。ノンフィクションライターの沢木耕太郎氏は20代半ばに，デリーからロンドンまでをバスで一人旅するという素っ頓狂な試みをした人物ですが，日本からインドに行くまでの旅の顛末もあわせて，その体験を記した彼の著書『深夜特急』は，かつて「バッグパッカーのバイブル」とまでいわれる名著となりました。その沢木さんが「おじさん世代」となって，別の著作で若い時に試みたあの旅のことを，次のように振り返っています。

　「…旅は人を変える。しかし変わらないという人も間違いなくいる。旅がその人を変えないということは，旅に対するその人の対応の仕方の問題

なのだろうと思う。人が変わることができる機会というのが人生のうちにそう何度もあるわけではない。だからやはり，旅には出ていった方がいい。危険はいっぱいあるけれど，困難はいっぱいあるけれど，やはり出ていった方がいい。いろいろなところへ行き，いろいろなことを経験した方がいい，と私は思うのだ。」[1]

　この文章中にある「人」を「あなた」に，また「旅」を「国際学」に置き換えてみましょう。本書で提起してきた「国際学の現場」を訪ね，真剣に問題と向き合い，考え，行動を起こすことによって，世界は，そしてあなたは変わり得る，そうした知の運動への誘いを，私たちは試みてきたつもりです。
　グローバリゼーションと呼ばれる現象が進むなか，私たちは地球環境や世界70億の人々とのかかわりを否応なくもたざるをえません。よりよい明日を求め，それを実現していくための智恵と想像力が今ほど大切なときはなく，あらゆる人々の多様な経験，価値観，生き様を交錯させ，1つの「道」を見出すことが今ほど問われていることもありません。自分が一体ナニモノであるのか，他者とどのようなかかわりをもっているのか（あるいは否応なくもたされているのか），そして，これからどのような明日を皆で作り上げてゆくのかといった課題，いうなれば，地球市民的な感性に立った自分と世界との関係性への想像力，多様で多元的な世界への理解，そして共生への行動指針こそが国際学で問われる内容であり，これらの課題を追求してゆけば必ず気付かされてしまうだろうこの世の不条理や理不尽さに憤り，一市民の立場から，世界の人々との協働作業を通じてより良い未来を目指す運動として，私たちはこの学を捉え，理解し，発展させていきたいのです。すなわち，国際学は単なる机上の理屈ではなく，頭脳と心と身体を駆使して参画する地球市民間 (intra-people) の「旅」に他なりません。
　最近，大学にやってくる若者が勉強しなくなったといわれています（さまざまな経済的・社会的条件のもとで，大学生になれるのは世界のわずか1％の人たちに過ぎません。「学び」への意欲の欠落は，それ自体，かなりモッタイナイことなのですが…）。いくつかの原因があるのでしょうが，最も深刻なことは，若者が自分を変えるた

めに必要な「知」への関心を見失い，自分たちにとって「大切なもの」への想像力を働かせるだけの余裕を失っていることです。若者を非難するのはやすいでしょうが，その一方で，自分たちが彼(女)らを知的に刺激できるだけの有効なメッセージをどれだけ発信してきたのか，どれほど真剣に自分たちの教育や学問体系のあり方を検討し，彼(女)らの自己実現を図るべく努力しているのかという問いかけに対して，多くの大学あるいは既成の学問はあまり能弁ではありません。

　少々乱暴な言い方かもしれませんが，若者たちの潜在能力を考えれば，その気にさえなれば，「学力」などはいくらでも後からついてくるのではないでしょうか。要は，大学・学問が自己教育力の源泉とでも呼ぶべき彼(女)の知的好奇心を刺激するための有効なメッセージをどれほど発信し，彼(女)の人生目標や自己実現の可能性，さらには「より良い世界」を求めていく手立てを共に考えてゆこうとしているか，という問題なのではないでしょうか。フランスの作家サン・テグジュペリ（1900 – 1944）は童話『星の王子さま』のなかで，登場するキツネや主人公の王子さまをして「大切なものはね，目にはみえないんだ」といわしめていますが，皮肉を承知のうえで，あえてその言に挑戦させていただくならば，その「大切なもの」を目にみえる形で，耳に聞こえる形で，そして鼻でにおいを嗅ぐことさえできる形で提示し，発信することこそが国際学の課題なのではないか，と私は思っているのです。

　またまたみなさんを混乱させてしまったかもしれません。いまはこの本が「国際学とは何を学び，何を実践するのか」のメッセージを受け渡し，「旅」支度を整えるための案内書であって欲しいとの願いのこもったものであること，そして世界のさまざまな矛盾や不条理に対して「かかわる」ことにこだわり続けることの大切さを理解してさえいただけるならば，執筆者の1人としては幸甚です。

　この本が世に出るまでには多くの関係者皆様から多大なご協力がありました。もともとこの本の刊行は，文教大学国際学部ではじまった「国際学入門」講座用のテキストとして2005年に刊行した『グローバリゼーション・スタディーズ［入門編］』，さらには2008年改訂版『新編グローバリゼーション・ス

タディーズ』をベースとして，その改訂を企図したことから進められたものです。世界の情勢は良い意味でも悪い意味でも日々変化し，またそれにかかわろうとする私たちの意識にも相応の変化・発展がありました。そうした諸々を含み込んで，今回の新たな「案内書」は仕上がりました。冒頭で「入門」という言葉を使いましたが，国際学そのものに本来，「入門」という入り口もなければ，また「完成」という出口もありません。刻一刻と変転するグローバリゼーションの姿をとらえるためには，まずもって自分の身の回りを見渡し，そこに存在する幾多の問題に向き合い，豊かな叡智と鋭い感性を通して体感し，行動を定めてゆく他はありません。本書を手にされた皆さんには，そうした知的さすらいを図るための手引きとして，この本を利用していただきたいと願っています。

　最後になりましたが，本書を構成する各章を執筆してくれた先生方に対しては，この労多い仕事を引き受けていただいたことに，まずもって感謝いたします。また，文教大学学長をはじめ大学当局各位からは学長調整金など，予算支援等の面でもご高配を賜りました。さらに創成社の塚田尚寛さんはじめ同社皆様には出版事情が困難な折にもかかわらず，本書出版に伴うさまざまな課題を克服するための労をとっていただきました。そして，これまで国際学をともに考え，共に行動することを通じて豊穣な学びの未開地を耕し続けてきた諸先輩，同僚たち，学生の皆さん，本当にありがとう。紙面をお借りして心からの感謝を表する次第です。

　この本を手にした皆さんにとって「大切なもの」が次第に目にみえるものとなり，共に「知の道程」へと歩みだしてくれることを心から願って，まずは筆を置くことといたします。

【注】
(1) 沢木耕太郎『深夜特急ノート・旅する力』（新潮社，2008 年）253 頁。

（奥田孝晴）

索 引
INDEX

[A − Z]

GPI ……………………………………257
iPod ……………………………………191
NGO ……………………………………25
UNHCR（国連難民高等弁務官事務所）
……………………………………………153

[あ]

アウトバウンド ……………………………114
アジアが見つめる眼 ………………………59
アジア新興工業経済群（NIES）………68
アジア太平洋共同体市民 …………………73
新しい経済（ニュー・エコノミックス）
……………………………………………257
新しい市民社会論 ……………101, 105
アタワルパ ……………………………………20
アフガニスタン ……………………………153
アブラヤシ ……………………………………171
アメリカ独立革命 …………………………97
アリストテレス ……………………………34
安全保障 ……………………………………177
アントニオ・ネブリーハ …………………34
意思疎通のための道具 ……………………30
石橋湛山 ……………………………………72
イスラーム …………………………………152
異端審問所 …………………………………39
IQ 運動会 …………………………………299

異文化理解 …………………………………200
──の場 ……………………………………141
今福龍太 ……………………………………204
移民政策 ……………………………………212
因縁 ……………………………………4, 270
インバウンド ………………………………114
ウィーン万国博覧会 ………………………138
ウエストファリア条約 ……………………84
ウォークマン ………………………………191
ウチナンチュー（ウチナー）……………123
宇宙船地球号 ………………………………271
──カリキュラム ……………………………215
映画の自主上映会 …………………………248
英語帝国主義 ………………………………44
エコツアー …………………………………159
エコツーリズム ……………………………172
ECO の語源 …………………………………162
エミネム（Eminem）……………………201
エンパワーメント …………………………286
オルタナティブ・メディア ………………247
音楽のグローバリゼーション ……………198
音声中心主義 ………………………………35

[か]

階級による線分 ……………………………88
外国人登録証 ………………………………45
外国籍児童・生徒 …………………………207
改宗ユダヤ人（コベルソ）………………39

開発援助	273
カイロ宣言	53
ガウダマ・シッダールタ（ブッダ）	4
書きことば	34
核拡散防止条約（NPT）	235
核燃料サイクル計画	229
核燃料再処理施設	231
カスティリャ語	32
──文法典	34
片面講話	55
価値観	218
ガラパゴス諸島	163
ガラパゴス特別法	168
環境差別	185
環境問題	27, 160
関係性のメカニズム	283
雁行形態論	69
韓国併合	47
感情の記憶	123
管理型観光	166
危機遺産	165
企業博物館	138
帰国生	207
帰属意識	178
義務教育	211
9.11	152, 270
キュレーター（Curator）	140
教育保障	211
共感	28
恭順化	195
共生	27
共同的自助	278
共犯関係	8
極東のキーストーン	124

ギリシャ語	34
近代家族	90
近代国民国家体制	178
近代社会	27, 75
近代的世界	26
グラミン銀行（Grameen Bank）	280
暗闇の思想	240
グランド・ツアー	111
クレオール	204
──主義	190, 204
グローカリゼーション	264
グローバリゼーション	251
グローバル意識	15
グローバル化	15, 28
グローバルからローカルへ	250
グローバル経済	252
啓蒙思想	95
結節機関	217
言語の支配	23
原子力発電環境整備機構（NUMO）	233
原子力複合体（原子力マフィア）	243
権力の非対称性	11
公教育システム	210
構造的暴力	185
高速増殖炉「もんじゅ」	229
後発途上国（Least Developed Countries = LDC）	271
公用語	23
声の分化	35
国語	33
国際化	207
国際教育	216
国際教室	208
国際協力	273

国際博物館会議	139
国民	86
──国家	86
──総幸福量（GNH）	257
──統合	195
──文化	180
国立科学博物館	138
国連先住民年	25
湖水地方	119
五族協和・王道楽土	58
国家と社会が分離	98
ことばの身体性	40
近衛上奏文	125
コミュニケーション・スタイル	28
コミュニティ・タマネギ	292
コミュニティ・デザイン	291
コミュニティ・ベースド・ツーリズム	172
コミュニティ開発	217
コミュニティの2つの意味	289
コルテス	20
コロン人形	113
コロンブス・デイ	19

[さ]

在日韓国人・朝鮮人問題	46
サウンド・スケープ（音の景色）	193
査証問題	115
サステナビリティ（持続可能性）	173
雑音	197
里がえるツアー	299
三一独立運動	49
三角貿易	26
産業資本主義	99

サンフランシスコ平和条約	126
幸せの経済学	247, 249
自己肯定感（セルフエスティーム）	215
自己実現	215
自然権	96
自然法思想	96
自尊心	213
自治体の大合併	288
実践の知	8
シティズンシップ論	102
自文化中心主義	200
資本主義	26
──社会	97
市民	264
──概念	101
市民革命	93
──の時代	85
市民権	104
市民社会	93
──と国家の一致の公式	98
社会契約説	97
社会福祉制度	184
ジャズ	201
宗教裁判	36
従軍慰安婦	55
集団死	126
主権国家	85
出入国管理事務所	46
出入国管理法	207
商業の旅	110
小日本主義	72
商品作物	184
縄文杉	119
植民地型偏向経済	48

植民地主義 …………………15, 40	戦後犯罪 ……………………………53
食糧自給率 ……………………177	先住民言語 …………………………23
ジョン=レノン ………………12	先進国 ………………………………18
人権 ……………………………212	1492 年 ……………………………31
───問題 ……………………27	戦争の旅 …………………………110
信仰の旅 ………………………109	想像する力 …………………………10
人材派遣業者 …………………207	ソーシャル・ビジネス …………281
人種という線分 …………………88	尊厳 ………………………………218
人種の日 …………………………19	
新大陸発見 ………………………19	[た]
進歩史観 ……………………18, 22	大英博物館 ………………………140
親密性 …………………………191	大航海時代 …………………………26
垂直分業（システム）…………66	大衆観光 …………………………109
水平分業 …………………………69	第二言語としての日本語 ………210
ステレオタイプ化 ……………198	対話 …………………………………28
スペイン性の日 …………………19	ダーウィン ………………………163
スミソニアン博物館群 ………147	多国籍企業 ………………………185
スローフード運動 ……………185	多国籍住民 ………………………212
征韓論論争 ………………………57	多神教的世界観 ……………………25
精神的征服 ………………………22	脱亜入欧 ……………………………57
政府開発援助（ODA）…………276	脱亜論 ………………………………57
性別の自然概念化 ………………89	旅する権利 ………………………114
世界遺産 ………………………118	旅の起源 …………………………109
───条約 …………………164	多文化共生 ………………………218
世界観 ………………………19, 20	多文化主義 ………………………195
世界自然遺産 …………………164	タリバン政権 ……………………153
世界自然保護基金（WWF）…171	談話政治 …………………………192
世界と自分とのかかわり ………9	地域社会 ……………………216, 217
世界の記述 ……………………110	地球球体説 …………………………80
世界の周辺部 ……………………11	地球市民 …………………………217
世界の先住民の国際 10 年 ……27	───教育 …………………215
世界の地球化 ……………………75	知の運動 ………………………4, 12
絶対君主制 ………………………81	知の公共性 ………………………130
ゼロ・ウェイスト運動 ………299	朝鮮人強制連行 ……………………49

朝鮮人被爆者 …………………………51
朝鮮戦争 ……………………………54
朝鮮特需 ……………………………54
帝国主義の時代 ……………………65
電源三法 ……………………………234
テンペア欲求 ………………………108
ドゥ・グージュ ……………………88
同化 …………………………197, 208
東方見聞録 …………………………110
取り出し授業 ………………………208

[な]

ナショナル・アイデンティティ ………178
南北問題 ……………………………26
日米安保体制 ………………………8
日米同盟 ………………………8, 128
日韓基本条約 ………………………55
日系人 ………………………………207
日本語指導教室 ……………………208
日本発見展 …………………………142
ニューエイジ ………………………194
ネットワーク ………………………217
ノリ …………………………………194

[は]

ハイブリッド ………………182, 204
博物館と異文化理解 ………………140
博物館法 ……………………………137
創氏改名 ……………………………49
発展段階史観 ………………………18
発展途上国 …………………………18
葉っぱビジネス ……………………299
話しことば …………………………34

パブリック・ミュージアム
　（Public Museum）………………137
反グローバリゼーション …………185
非公式教育 …………………………278
ピサロ ………………………………20
非政府機関（NGO）………………278
日帝36年 ……………………………47
一つの橋の思想 ……………………283
非日常性 ……………………………191
標準語 ………………………………35
ファーストフード …………………186
ファットマン（プルトニウム爆弾）…226
不安定な弧 …………………………124
フェア・トレード（公正貿易）………185
フォルクローレ音楽 ………………196
複合文化主義 ………………………204
福澤諭吉 ……………………………57
福島第一原発 ………………………221
複製音楽 ……………………………194
複製技術 ……………………………193
不登校 ………………………………211
負の公共性 …………………………240
プラトン ……………………………34
フランクリン・D・ルーズベルト …192
フランス革命 ………………………97
フランス人権宣言 …………………97
フランツ・ファノン ………………283
プランテーション経済 ……………184
ブリティッシュ・ミュージアム ………140
プルサーマル発電 …………………230
ブルジョア市民階級 ………………93
ブルース ……………………………202
プルトニウム239 …………………224
プロダクト・サイクル論 …………70

文化相対主義 …………………200
文化の商品化 …………………195
ヘブライ語 ………………………33
ヘロドトス ……………………109
方言 ………………………………35
封建制 ……………………………81
北緯38度線 ……………………54
母語 ……………………………210
ボサノバ ………………………202
ホモ・アトミクス（原子力人間） ……237
ボルネオ ………………………163
本土の捨て石 …………………125

[ま]

マイクロクレジット（小規模金融）…280
マイノリティ（少数派）………214
マジョリティ（多数派）………210
マラーノ …………………………33
マリー・シェーファー ………193
マルコ・ポーロ ………………110
満州事変 …………………………57
マンハッタン計画 ……………225
満蒙生命線論 ……………………58
ミュージアム（Museum）……135
民族音楽 ………………………197
もう1つの1492年 ………………32
モノカルチャー経済 ……………65
モハメド・ユヌス ……………280

[や]

ヤマトンチュー（ヤマト）…123

輸出指向工業化 …………………68
ユダヤ人 …………………………32
  ───の追放令 ………………31
ヨーロッパ国際社会 ……………84
ヨーロッパ中心主義 ……………19

[ら]

ラジオ …………………………191
  ───体操 …………………195
ラスカサス ………………………23
ラップ …………………………201
ラテン語 …………………………34
ランバダ ………………………195
リトルボーイ（ウラン爆弾）……226
琉球処分 ………………………123
歴史観 ……………………………20
レコード ………………………191
レコンキスタ（国土再征服運動）……31
恋愛 ………………………………91
  ───結婚 ……………………91
ローカリゼーション …………257
  ───のムーブメント ……258
ローカル経済 …………………259
六二五戦争 ………………………54
六ヶ所村の再処理工場 ………232
ロール・プレイング・ゲーム……296

[わ]

ワールドミュージック ………195
われわれの関係 …………………10

著者紹介 (執筆順)
AUTHOR'S PROFILE

山脇千賀子（やまわき・ちかこ）担当：序章，第2章，第11章，第12章・第13章
　現　職：文教大学国際学部准教授
　専　門：ラテンアメリカ地域研究，社会学，移民研究

奥田孝晴（おくだ・たかはる）担当：第1章，第4章，第5章，第14章，第16章，終章
　※編著者紹介参照。

藤巻光浩（ふじまき・みつひろ）担当：第3章，第12章
　現　職：静岡県立大学国際関係学部准教授
　専　門：レトリック，批評理論

椎野信雄（しいの・のぶお）担当：第6章，第7章・第15章
　現　職：文教大学国際学部教授
　専　門：社会学，エスノメソドロジー

海津ゆりえ（かいづ・ゆりえ）担当：第8章，第10章，第17章
　現　職：文教大学国際学部准教授
　専　門：エコツーリズム，地域計画，観光学

井上由佳（いのうえ・ゆか）担当：第9章，第17章
　現　職：文教大学国際学部専任講師
　専　門：博物館・美術館教育学，国際理解教育学

今津文美（いまず・あやみ）担当：第13章
　現　職：神奈川県藤沢市小学校教員

≪編著者紹介≫

奥田孝晴（おくだ・たかはる）担当：第1章，第4章，第5章，第14章，
第16章，終章

現　職：文教大学国際学部教授
専　門：アジア経済論，開発経済論

<主要著書>

『東アジア共同体への道』（監修・主筆）文教大学出版事業部，2010年。
『新編グローバリゼーション・スタディーズ』（共著）創成社，2008年。
『国際学と現代世界』（単著）創成社，2006年。
『グローバリゼーション・スタディーズ』（共著）創成社，2004年。
『二十一世紀アジアの産業と企業経営』（共著）白桃書房，2000年。
『途上国の経済統合アフタとメルコスル』（共著）日本評論社，1999年。
『アジアの経済発展と流通機構』（共著）晃洋書房，1997年。など

（検印省略）

2012年4月20日　初版発行　　　　　　　　　　略称―グローバリ

［三訂版］グローバリゼーション・スタディーズ
―国際学の視座―

編著者　奥　田　孝　晴
発行者　塚　田　尚　寛

発行所　東京都文京区春日2-13-1　株式会社　創 成 社

電　話　03（3868）3867　　FAX　03（5802）6802
出版部　03（3868）3857　　FAX　03（5802）6801
http://www.books-sosei.com　振　替　00150-9-191261

定価はカバーに表示してあります。

©2012 Takaharu Okuda　　　組版：ワードトップ　印刷：Ｓ・Ｄプリント
ISBN978-4-7944-7071-3 C3036　製本：宮製本所
Printed in Japan　　　　　　　落丁・乱丁本はお取り替えいたします。

創成社の本

［三訂版］グローバリゼーション・スタディーズ ―国際学の視座―	奥田孝晴 編著	2,800円
国際学と現代世界 ―グローバル化の解析とその選択―	奥田孝晴 著	2,800円
はじめての観光魅力学	山口一美 編著	2,300円
はじめての国際観光学	山口一美 椎野信雄 編著	2,300円
夢実現へのパスポート	山口一美 編著	1,400円
夢実現へのパスポート ―大学生のスタディ・スキル―	山口・横川・金井・林 海津・高井・赤坂・阿野 著	1,400円
市民のためのジェンダー入門	椎野信雄 著	2,300円
マンガでわかる 街角の行動観察 ―ちょっと得するマイペース思考―	久宗周二 著	1,400円
実践 参加型自主改善活動 ―自主的な労働安全衛生の実施を目指して―	久宗周二 著	1,700円
実践 産業・組織心理学［改訂版］ ―産業現場の事例を中心にして―	岸田孝弥 監修 久宗周二 水野基樹 編著	2,800円
市民参加のまちづくり［英国編］ ―イギリスに学ぶ地域再生とパートナーシップ―	浅見良露 西川芳昭 編著	1,800円
市民参加のまちづくり［事例編］ ―NPO・市民・自治体の取り組みから―	西川・伊佐・松尾 編著	2,000円
市民参加のまちづくり［戦略編］ ―参加とリーダーシップ・自立とパートナーシップ―	松尾・西川・伊佐 編著	2,000円
会計専門職大学院に行こう！［2012年度版］	会計専門職大学院に 行こう！編集委員会 編	1,800円
数字でみる観光［2011-2012年度版］	(社)日本観光協会 編	600円
よくわかる保育所実習	百瀬ユカリ 著	1,500円
すぐに役立つ保育技術	百瀬ユカリ 著	1,400円

（本体価格）

創成社